MURAT

La chevauchée fantastique

CHEZ LE MÊME ÉDITEUR

DU MÊME AUTEUR

LE MARÉCHAL DE SAXE

•

SUFFREN
« L'Amiral Satan »

•

DUQUESNE
« Le Cent Diables »

Bibliothèque Napoléon
par Jean Tranié et J.-C. Carmigniani

NAPOLÉON ET L'ANGLETERRE
préface de Jean Tulard

•

NAPOLÉON BONAPARTE
1re Campagne d'Italie 1796-1797

•

BONAPARTE - La Campagne d'Égypte
préface de Jean Tulard
Grand Prix du Souvenir napoléonien

•

NAPOLÉON BONAPARTE
2e Campagne d'Italie 1800

•

NAPOLÉON 1812
La Campagne de Russie
préface de Jean Tulard

•

NAPOLÉON 1813
La Campagne d'Allemagne
préface de Jean Tulard
Grand Prix du Souvenir napoléonien

•

NAPOLÉON 1814
La Campagne de France

FRÉDÉRIC HULOT

MURAT

La chevauchée fantastique

Présenté par
Son Altesse le Prince Murat

Pygmalion
Gérard Watelet
Paris

Sur simple demande aux *Éditions Pygmalion/Gérard Watelet*
70, avenue de Breteuil, 75007 Paris
vous recevrez gratuitement notre catalogue qui vous tiendra au courant de nos dernières publications.

ISBN 2-85704-536-0

Préface

Ne serait-ce que pour son sous-titre, il fallait introduire l'excellent livre de Frédéric Hulot, « La Chevauchée fantastique » : c'est tout Murat. Fabuleuse, irrésistible, envoûtante, unique. Emportant, irriguant, subjuguant tout sur son passage. Que le sacrifice pour l'indépendance des nations, la tragédie finale du Pizzo, viendra interrompre brutalement. Nous laissant interdits. Fascinés. Éblouis. Comme par un météore illuminant son époque.

Car telle est bien la magie de l'étincelante trajectoire de Joachim Murat, que nous restitue dans toute sa gloire Frédéric Hulot. De sa course haletante, semant les victoires les plus spectaculaires, prestigieuses sur sa route grandiose. Au nom de la liberté, de l'égalité, de la fraternité. De la générosité et de l'humanité. Du don de soi, et du courage. De la transparence.

Cette vie flamboyante aux multiples splendeurs, aux accents shakespeariens, et romantiques, tient en effet du roman ou de la chanson de geste. Au cœur même de l'Empire. Où l'humain le dispute au surhumain.

Et c'est avec rigueur et talent, érudition et détermination qu'Hulot nous déroule ce long fleuve baroque, met en scène ce film infiniment séduisant d'une destinée foisonnante, fulgurante. Hors normes.

Cette chronologie brillante qui retrace avec émotion

les joies et les souffrances, les faiblesses et les forces, les aspirations de Murat, sa quête d'absolu, est non seulement attachante, mais aussi d'une grande pertinence.

En effet, l'extraordinaire saga militaire du chef de guerre y est évidemment merveilleusement évoquée : le dieu de la cavalerie, l'idole de l'armée, le héros de la percée d'Aboukir, de la poursuite d'Iéna, de la charge d'Eylau ou de la prise de Borodino, le commandant de l'aile gauche de la Grande Armée à Austerlitz collectionne les prouesses d'un croisé, d'un chevalier des temps modernes, les prodiges de légende. Il les transcende en les faisant entrer d'emblée dans le Panthéon, dans l'Imaginaire de l'Histoire.

Hulot les dépeint magnifiquement.

Mais il ne limite pas l'admiration qu'il nous communique à cet aspect de la grandeur de Murat. Car la réelle grandeur de Joachim Murat est précisément en ce qu'elle ne se limite pas à ses illustres exploits militaires.

Son rayonnement va bien au-delà. Car le chantre des batailles témoigne d'un sens politique et de dons d'analyse hors du commun. Cet autre Murat d'une intelligence ouverte à tout fut également grand administrateur, précurseur d'une cohérence européenne, unificateur... Hulot nous le rappelle avec clairvoyance. N'en déplaise à d'aucuns qui se complaisent souvent à minimiser ces qualités évidentes de Murat.

Quelques exemples.

Le 13 vendémiaire, n'est-ce pas lui qui permet à Bonaparte de briser l'insurrection royaliste avec les canons de la plaine des Sablons ? Début de l'ascension de son futur beau-frère. Et, sauvant la journée du 18 brumaire par son action audacieuse, ne donne-t-il pas à Bonaparte les clés du pouvoir ? Sans lui, pas de Consulat, pas d'Empire... Son discernement ne faillit pas.

Ainsi en va-t-il de ces hommes fondateurs d'épopées qui firent la France. Malraux me l'écrivit.

De même, en effet, à bien des tournants du Consulat et de l'Empire, ses conseils, ses observations furent d'une troublante justesse : que ne l'a-t-on écouté... Il s'inscrivit ainsi sans succès contre l'exécution du duc d'Enghien, bien que gouverneur de Paris. Il tenta vainement de stopper la désastreuse intervention de Napoléon en Espagne en tant que lieutenant général de l'Empereur, puis en Russie en tant que commandant en chef. Il fut de ceux qui n'engagèrent pas Napoléon à épouser Marie-Louise. Il sentait que les anciennes monarchies n'accepteraient jamais réellement comme gendre un Empereur issu de la Révolution comme lui, et érigeant la primauté du mérite personnel comme critère de noblesse et de promotion sociale. Nous savons ce qu'il est advenu de toutes ces étapes cruciales de l'Empire.

Fouché et Talleyrand, comme Balzac ou Garibaldi, et aussi Chateaubriand, Stendhal, Dumas... ne s'y trompèrent pas. Murat avait l'étoffe des grands chefs d'État. Il appréhendait d'instinct les situations, les évolutions, les mutations. Nous le verrons aussi à Naples, où il accomplira une œuvre considérable, majeure, fondatrice, de progrès, d'administration, de restructuration, de démocratisation, de libéralisation. Nous en reparlerons.

Hulot l'explique très bien. Et n'hésite pas à préciser combien Napoléon sera injuste dans ses relations et ses jugements envers Murat, ne lui reconnaissant pratiquement jamais de vertus, contestant ses décisions, ne supportant pas ses remarques par trop judicieuses, nous l'avons vu. Certains historiens influencés par cette attitude systématiquement négative critiquèrent ainsi Murat, sans chercher à identifier la réalité et la teneur de ses entreprises. La lumière est faite à cet égard, dans la lignée de Tulard et de Lacour-Gayet.

Napoléon n'accepta pas que Murat lui oppose fréquemment une « résistance » positive. Ou qu'il puisse prendre des initiatives dictées par des circonstances pressantes et par souci tactique.

Ce climat de tension entre les deux hommes atteindra son paroxysme dans les échanges entre l'Empereur des Français et le roi de Naples.

Ainsi, si le roi de Naples temporise avec les Autrichiens en 1814, n'est-ce pas pour mieux les circonvenir, les abuser, pour gagner du temps et, en maintenant son royaume, pour soulever les Italiens contre eux, devant les silences de l'Empereur auquel il écrit la gravité de la situation en Italie et les dispositions qu'il doit prendre, et qui ne répond pas, absent des problèmes du Mezzogiorno, absorbé qu'il est évidemment devant les innombrables difficultés qui se posent alors au Grand Empire. Silence consentant, pourrait se dire Murat. N'est-ce pas déjà au nom de l'Unité italienne qu'il pressent, et pour laquelle il va œuvrer. Et qui sera la meilleure des armes pour chasser les Autrichiens d'Italie et la rendre indépendante. Ce qui ne peut que consolider la position de Napoléon, qui d'ailleurs de l'île d'Elbe, sortant de loin en loin de son mutisme, le presse de l'aider, ce qu'il n'a jamais cessé de faire, et à la disposition duquel il met son épée légendaire, durant les Cent Jours.

Battu par les Autrichiens le 3 mai 1815. Sans doute. Mais au nom de l'unification péninsulaire. Car il s'agit de la bataille de Tolentino, premier combat pour l'Unité italienne dont Joachim Murat fut un pionnier, comme l'estiment les spécialistes. Et qui fait suite à sa fameuse proclamation de Rimini du 30 mars 1815 pour l'indépendance de l'Italie, où il déclare : « Italiens, l'heure est arrivée où de grandes destinées doivent s'accomplir. La Providence vous appelle à la liberté. Un cri se fait entendre depuis les Alpes jusqu'au détroit de Scylla et ce cri est “l'indépendance de l'Italie”. Italiens, unissez-vous et qu'un gouvernement de votre choix, une constitution digne de ce siècle et de vous protègent votre liberté et vos propriétés. »

Et comme le dit Jean Tulard dans son *Napoléon, le pouvoir, la nation, la légende* (Le Livre de Poche, 1997) : « En réalité, Murat vient trop tôt. Sa proclamation ne suscite pas les réactions attendues. Les campagnes, faute d'un encadrement révolutionnaire, ne se soulèvent pas. Les patriotes sont trop peu nombreux dans les villes. Murat est battu à Tolentino. Il perd son trône et finalement la vie, le 13 octobre 1815, dans la reconquête de ce trône. Mais il restera comme celui qui a rêvé, face à l'Autriche, d'une Péninsule unifiée et indépendante. Sa statue se dresse devant le palais royal de Naples et plusieurs films italiens lui ont été consacrés.

« Nationalisme et indépendance, ces mots ressuscités à Valmy, enterrent philosophes des Lumières et despotes éclairés. Murat les a probablement entendus et compris avant Napoléon qui ne s'en fera l'écho (et encore ses propos ont peut-être été fabriqués par Las Cases) que trop tard, à Sainte-Hélène.

« Ainsi c'est le "sabreur" qui a dans la tête une Europe des nations qui eût été plus solide que le Grand Empire, et eût évité les révolutions de 1830 et 1848. Entre deux oncles, Napoléon Ier et Murat, c'est du second que Napoléon III est le véritable héritier. »

Murat rêva ainsi superbement l'Italie, qui se fera après lui. Et c'est sur l'autel de ce rêve évanoui, de ce rêve inachevé, qu'il sera immolé.

« Murat était l'homme le plus brave du monde. C'était un Paladin », dira de lui Napoléon à Sainte-Hélène.

Paladin. Incontestablement. Majestueusement. Napoléon le savait bien. Et venant de lui, qui fut si souvent dur et ingrat pour Murat, ces paroles inspirées prennent la tonalité d'une impériale incantation pour la postérité.

Murat fut aussi un visionnaire. La citation de Jean Tulard que je me suis permis d'évoquer, car elle rentre tout à fait dans l'esprit du livre de Frédéric Hulot, l'exprime intensément. Doublé d'un grand roi : il administra remarquablement le royaume de Naples ; il le modernisa, le délivra de la féodalité, développa son économie, pacifia et assainit ses provinces, y fit s'épanouir l'art et la culture sous toutes leurs formes. Cela est parfaitement souligné par Hulot.

J'étais moi-même récemment en Calabre pour d'émouvantes manifestations à la mémoire de Joachim Murat. Le vainqueur d'Aboukir, d'Iéna ou d'Eylau y est admiré, aimé, célébré, comme un souverain exceptionnel. D'une immense envergure. Mythique.

Ce n'est pas le moindre des honneurs qu'il devait rendre à son pays...

Telle est la véritable mesure du héros que magnifie Hulot.

MURAT, LA CHEVAUCHÉE FANTASTIQUE

De Joachim Murat, maréchal et grand amiral de France, prince de l'Empire, roi de Naples et des Deux-Siciles.

Et ce livre qui nous invite avec une objectivité sereine à suivre, à défricher tant de pistes, tant de facettes sur le personnage de Murat, nous en fait comprendre passionnément la richesse et la profondeur.

En éclairant sa dimension historique authentique, il lui donne le cadre légitime qui est le sien : celui de l'éternité.

Joachim MURAT

« Il faut préférer la foudre au canon. »

Napoléon Bonaparte.

PROLOGUE

TERRE DU QUERCY
(1767-1777)

Au sud-ouest de la France se situe l'ancien duché d'Aquitaine. Dans sa pointe septentrionale, au nord-est de Cahors, s'étend le comté de Quercy. Entre les vallées profondes et fertiles de la Dordogne et du Lot, on découvre le causse de Gramat, vaste plateau aux assises granitiques recouvertes d'une épaisse couche de calcaire. C'est, dans un climat aimable, un pays pauvre, sec, presque aride. À l'exception des « sotchs », rares dépressions dont l'argile retient l'eau, celle-ci ne séjourne nulle part mais s'enfonce pour former des grottes et des rivières souterraines qui ressurgissent loin.

Déjà au XVIIIe siècle, le causse de Gramat passait pour une région déshéritée et peu fertile. Les forêts y étaient maigres, la vie plus rude qu'ailleurs. De petits champs limités par des murets de pierres sèches portaient de rares cultures. Ils entouraient les villages peu nombreux, trapus, aux maisons solides, construites en force pour résister aux intempéries.

Pratiquement pas d'élevage, en dehors du mouton. Les troupeaux gardés par des enfants parcouraient les vastes communaux, à la recherche d'une maigre nourriture. Et il fallait les défendre contre les prédateurs. La seule animation tenait à la route royale de Cahors à Tulle, qu'empruntaient les très nombreux pèlerins pour se rendre à Rocamadour.

Au milieu du causse, bâti sur l'un des points les plus élevés du plateau, se dressait le village, presque un bourg, de La Bastide-Fortunière, devenu depuis La Bastide-Murat. C'est là qu'était installée depuis près de trois cents ans la famille Murat qui, pour se distinguer des autres – car le patronyme était fort commun –, se faisait appeler Murat-Jordy.

Pour les uns, Murat vient de Maure, voire de Mourad, et les cheveux noirs et crépus de notre héros, son teint basané, ses lèvres épaisses donnent quelque consistance à cette thèse. D'autres, plus prosaïques, y voient une altération du mot « mur », synonyme de fortification, et le nombre de châteaux portant Murat dans leur nom vient à l'appui de cette dernière interprétation. En fait, ni l'une ni l'autre ne sont très convaincantes. Si les Murat-Jordy étaient roturiers et ne s'en cachaient pas, il existait une famille de vicomtes de Murat dont le fief se situait dans le massif du Cantal, au pied du Lioran. En 1804, un flatteur nommé Murat-Sistrière, pas même un parent, écrira à Joachim pour lui démontrer qu'il était d'ascendance noble et d'une branche cadette. À cette avance le maréchal, que sa généalogie intéressait peu, ne répondra même pas.

Depuis qu'ils étaient fixés à La Bastide, les Murat-Jordy avaient exercé le métier de cultivateurs, vivant chichement des produits du sol, à deux exceptions près : au XVIe siècle, un ancêtre s'était élevé jusqu'à devenir procureur du bailliage, magistrat de petit rang, et un peu plus tard un autre avait accédé à la prêtrise et était devenu chapelain de l'abbaye de Marcillac. Mais c'était tout et ces promotions étaient demeurées sans lendemain.

Le dernier en date, Pierre, né en 1721, fit preuve d'un esprit entreprenant. Il ne se contenta pas de sa condition de laboureur mais commença par ouvrir ou acquérir une auberge et, comme il n'entendait pas s'en tenir là, il en confia la gérance à sa jeune femme, Jeanne Loubière. Peut-être avait-il investi sa dot dans ce fonds de commerce ? L'établissement prospéra, sans doute sous la férule de Mme Murat. Ce n'était pas un simple cabaret. Comme les Murat-Jordy logeaient de nombreux chevaux dans leurs écuries, tout permet de penser qu'ils avaient acquis le privilège de tenir un relais de poste, moyen commode de s'assurer une clientèle régulière. Ces activités n'allaient pas empêcher Jeanne Loubière de procréer de nombreux enfants puisqu'elle en mit au monde onze et que six survécurent, ce qui était normal à une époque de mortalité infantile importante.

Pendant que sa femme tenait la maison, Pierre courait le pays. Ce n'était plus un « travailleur », ainsi que le rapporte son acte de mariage, mais un « marchand ». Il avait trouvé un créneau, dirions-nous aujourd'hui, dans la gérance de biens ecclésiastiques que les propriétaires étaient peu capables de faire fructifier. C'étaient des terres de prieurés, un moulin, un four à pain. Allant plus loin, il prit à bail des biens de la famille des Talleyrand. La chose a été contestée mais plus tard ils serviront une sorte de bourse pour les études du fils Murat, et on peut bien penser que cette famille ne se serait pas montrée généreuse à ce point si Pierre ne leur avait rendu de nombreux services.

Il grandissait donc peu à peu. De paysan, il était

devenu un petit notable de son village. On le consultait, et peut-être également sa femme qui montrait un certain sens du commerce. Sous sa direction, l'auberge était florissante, ce qui ne l'empêchait pas d'élever correctement sa progéniture ; parmi celle-ci, ses préférences allaient sans conteste au dernier-né, Joachim, qui vit le jour le 25 mars 1767 alors que Jeanne avait dépassé la quarantaine. Une sorte de complicité tendre s'établit très vite entre la mère et le fils, qui allait durer tant qu'elle vécut, jusqu'en 1806, où elle s'éteignit à quatre-vingt-cinq ans. De son côté, Joachim étala toujours son attachement pour la vieille dame, n'hésitant pas à faire servir à sa table, à la fin des somptueux festins qu'il offrait à ses amis, des pots de raisiné, sorte de confiture qu'elle lui envoyait régulièrement, car elle savait qu'il en raffolait. Il en clamait bien haut l'origine.

Le Quercy allait donner deux autres grands soldats, sabreurs de la Révolution et de l'Empire, contemporains de ce fils au destin prodigieux : Bessières, tué au feu en 1813, et Fournier-Sarlovèze, dont la carrière n'est pas sans quelques analogies avec celle de Murat, mais qui la termina sous Louis XVIII comme inspecteur général de la cavalerie.

*

On sait peu de chose sur la petite enfance de Murat. Comme beaucoup de gamins de la campagne, il se comportait en franc galopin turbulent, et étonnait ses camarades en montant d'instinct les gros chevaux de poste qu'abritaient les écuries de son père. Celui-ci ne tarda pas à remarquer les dispositions du petit, qui approchait sans aucune crainte les animaux les plus rétifs. Aussi le chargea-t-il de leur entretien. C'était un curieux spectacle que de voir ce garçonnet manier l'étrille, la brosse et l'éponge, puis sauter d'un bond sur le dos des chevaux, à cru, et les conduire au pré en se riant des difficultés. Il allait ainsi acquérir une science profonde de l'équitation sans vraiment prendre de leçons, sauf plus tard, dans ses premiers mois de régiment. Il faut dire que son art manquait de finesse. Il dominait, maîtrisait, mais ne dressait pas.

Sa mère faisait cependant pour lui d'autres projets moins brutaux. Se remémorant les antécédents de sa belle-famille et férue d'ascension sociale, elle projetait dans sa grande piété de faire de son chéri un prêtre, mais son ambition limitée voyait en lui un futur curé de La Bastide. Pierre, sembla-t-il, bien qu'il se montrât sceptique, car il avait deviné le caractère de l'enfant, ne s'opposa pas à cette idée ; pas davantage Joachim, à qui sa mère fit très tôt part de ses projets, même si une telle carrière ne l'enthousiasmait visiblement pas. De toute manière, dans ces dernières années de l'Ancien Régime, l'horizon se trouvait singulièrement bouché pour un enfant de la campagne dont la famille n'était pas riche. Il n'était d'ailleurs pas question de s'opposer aux désirs de ses parents. Pour l'instant, il ne lui restait qu'à s'incliner. On aviserait plus tard.

Mais même pour devenir un modeste desservant de campagne barbouillé de latin, à une époque où les candidats au séminaire se faisaient rares, il fallait des connaissances de base. La Bastide possédait une école et pendant plusieurs années Joachim y apprit les quatre règles, quoiqu'il se montrât un élève moyen. Non qu'il manquât d'intelligence ni de vivacité mais, plutôt que de perdre des heures assis sur son banc, il préférait s'occuper de ses chers chevaux. Mais comme sa mère persévérait dans ses rêves, il fallait bien suivre.

CHAPITRE I

DU SÉMINAIRE AU RÉGIMENT
(1777-1789)

Joachim avait à présent dix ans. Le magister de l'école de La Bastide ne pouvait plus rien lui enseigner, et si sa mère persistait dans son désir de le voir embrasser l'état ecclésiastique, il devait aller au collège. Mais les études coûtaient cher. Non pas que Pierre Murat-Jordy n'en eût les moyens, encore que, s'il avait dû en faire autant pour tous ses garçons, cela eût représenté beaucoup, mais surtout il ne voyait guère Joachim en curé ! La religion semblait médiocrement l'intéresser. Même la foi naïve des habitants du village ne le touchait pas. Alors pourquoi s'obstiner ? Il n'opposa pas un veto formel, parce qu'il ne voulait pas contrarier le désir de sa femme qui semblait tourner à l'idée fixe. Aussi s'avisa-t-il d'un subterfuge. Approchant la famille Talleyrand, grands seigneurs du Quercy dont il gérait avec succès certains biens, il leur exposa que son fils avait la « vocation ». Ils comprirent. D'ailleurs chez eux on comptait plusieurs ecclésiastiques, en attendant un futur évêque qui se rendrait célèbre. En payant les études du jeune Joachim, ils espéraient sans doute l'intégrer dans leur clientèle, où un prêtre, même de campagne, pouvait se révéler utile. Il fut donc envoyé à leurs frais au collège Saint-Michel à Cahors où il allait faire ses humanités. Il habitait chez une de ses tantes, qui avait accepté de le prendre en pension. À Saint-Michel, il révéla vite son caractère : élève au-dessus de la moyenne, doué pour le latin et le grec mais toujours bagarreur, il prit vite la tête de ses camarades qu'il organisa en bande et conduisit dans des expéditions dont les enfants revenaient souvent couverts de bleus et les habits déchirés. Joachim posait problème à ses professeurs. Jamais il ne niait ses fredaines, mais il savait si bien jouer de son charme, étaler sa bonne foi, verser des larmes abondantes, simuler le repentir et jurer que « c'était la dernière fois », qu'à chaque écart il parvenait à obtenir le pardon des régents. Seule sa tante semblait y voir clair et lui aurait même prédit :

– Toi, Joachim, tu seras curé quand les oies tiendront chapitre !

Ses seules joies étaient les vacances, quand il rentrait au pays et pouvait monter les chevaux de son père.

Cahin-caha, il mena à terme ses études classiques qui durèrent huit ans. À ce moment, un choix s'imposa. Entrerait-il au grand séminaire ou emprunterait-il une autre voie ? Là encore, le rêve aveugle de sa mère eut raison des objections que purent élever les membres de la famille. Il irait au séminaire ! Pierre, une fois de plus, sollicita ses protecteurs. Demanda-t-il encore aux Talleyrand, approcha-t-il les comtes de Corn dont il gérait « à bail les fruits décimaux du prieuré d'Anglars » ? Sur ce point, l'incertitude persiste. Retors comme il l'était, peut-être s'adressa-t-il aux deux. Toujours est-il que ses protecteurs acceptèrent de nouveau de prendre en charge la dernière partie des études de son fils.

Joachim pour sa part se voyait de moins en moins en prêtre mais, adorant sa mère, il ne voulait pas aller contre sa détermination, même si le fait de devoir son instruction à la charité de quelque gentilhomme l'irritait secrètement. Il se laissa donc conduire au début de 1786 au séminaire des lazaristes à Toulouse, d'où il ne devait sortir que pour prononcer ses vœux définitifs. Y fut-il reçu sous-diacre, comme certains l'ont soutenu ? C'est sans doute s'avancer un peu vite, car on n'en a pas la preuve, encore que le fait soit mentionné dans son dossier militaire.

La discipline au séminaire était bien moins sévère qu'au collège et le jeune homme en profita. Certes, il apprit la philosophie à laquelle étaient consacrées les études de première année, et n'y réussit pas trop mal. Mais il paraît qu'il consacra au billard, aux cartes et aux petites femmes qui commençaient à l'intéresser au moins autant de temps qu'à Platon ou à saint Augustin. Au début, il se montra prudent dans ses frasques. Il n'était pas tenu comme à Cahors et pouvait facilement aller et venir. Mais bientôt il prit moins de précautions, fit des dettes, et ses écarts de conduite finirent par être connus des pères lazaristes. Alors ce fut de sa part la tactique habituelle : repentirs, pleurs, contrition, charme, promesses. La comédie se renouvela plusieurs fois avec succès. La patience des bons pères semblait inépuisable. Du reste, il n'était pas mauvais élève et son caractère ouvert, franc, aimable, semblait à leurs yeux le disposer à faire un passable curé.

Tout de même, ils commençaient à se poser sérieusement des questions sur la vocation de leur séminariste, et si la crise de vocations religieuses n'avait alors été aussi grave, peut-être n'auraient-ils pas fait preuve de tant d'indulgence. Joachim était en deuxième année, lorsqu'un incident mit brusquement fin à sa carrière ecclésiastique.

Certains historiens et non des moindres [1] ont raconté qu'un matin, pendant les cours, un régiment de cavalerie, musique en tête, trompettes sonnant, passa sous les fenêtres du séminaire, distrayant les étudiants. À cette vue, le sang de Joachim n'aurait fait qu'un tour et, jetant aux orties son petit collet, il se serait précipité pour s'engager dans les chasseurs des Ardennes, estimant que là était sa vraie vocation. Mais la réalité est moins brillante et surtout moins glorieuse.

Au mois de février 1787, il se prit de querelle avec un étudiant de troisième année, Jean Arispure, excellent élève, qui allait soutenir avec un grand succès une thèse suite à laquelle il reçut le titre de « licencié ès arts et maître de philosophie ». On ne connaît pas le motif de la dispute. Mais un pugilat se déroula dans la cour du séminaire, au cours duquel Murat plus grand, plus musclé, plus sportif que son camarade, lui administra une formidable raclée dont trois semaines plus tard, lorsqu'il soutint sa thèse, il portait encore les marques. Quel scandale ! Pour le coup, les pères se devaient d'agir et le renvoi s'imposait. Mais qui frapper ? Qui était le provocateur ? Il semble que l'enquête ne put l'établir. Alors, entre le brillant étudiant et le bambocheur, même bénéficiant de hautes protections, le choix fut assez vite fait : dans la seconde moitié de février 1787, Joachim fut poliment prié d'aller se faire pendre ailleurs. Cette fois, il n'était plus question de jouer le repentir et il semble

1. Bertaut, Dupont, Lucas-Dubreton.

que le jeune homme ne prit pas trop mal la chose, car le jour même, ou le lendemain 23 février 1787, il s'engagea dans le régiment de chasseurs des Ardennes qui, se rendant d'Auch à Carcassonne, faisait étape à Toulouse. Il fut affecté à la compagnie de Carrière, du nom de son capitaine.

*

C'était pour le régiment une magnifique recrue comme on en trouvait trop rarement : grand de 5 pieds, 6 pouces et 2 lignes, soit environ 1,80 mètre, ce qui était assez inhabituel dans la « légère », qui recherchait plutôt des hommes petits. Large, musclé, la tête assez fine mais les lèvres gourmandes et épaisses, souple avec de longues jambes, il avait tout pour faire un adepte de l'équitation ; avec cela, très instruit pour une époque où c'était peu fréquent, débrouillard, il apparut par-dessus tout qu'il s'y connaissait en chevaux et était déjà un passable cavalier.

Dès le début, ses supérieurs le considérèrent avec sympathie et comme il se montrait gai, serviable et bon camarade, il ne tarda pas à faire partie de la « clique » des loustics du régiment, sorte de club très fermé dont seuls pouvaient se targuer d'être membres les soldats débrouillards, un peu turbulents et ayant la tête suffisamment près du sabre pour être capables de défendre l'arme à la main l'honneur de leur unité dans les rixes avec d'autres militaires.

En attendant, dès le premier jour il avait été ébloui par l'uniforme au demeurant fort seyant : « Habit et veste de drap vert foncé, culotte hongroise de même garnie aux ouvertures, à l'échancrure et aux coutures d'une ganse plate de laine ; ornement des retroussis blancs, deux cors de chasse en drap vert, les boutons blancs timbrés d'un cor de chasse et du numéro du régiment, épaulettes de laine blanche, chapeau bordé de laine noire à visière coupé rond, relevé des deux côtés avec des ganses noires », nous rapporte le commandant Dupuy. L'armement était très complet : un sabre courbe, une carabine, un pistolet et une hache à marteau.

Murat ignorait tout de l'escrime, mais il ne fut pas long à devenir une fine lame, ajoutant encore au caractère exceptionnel de son personnage. Incontestablement, au régiment il fut heureux, même si la discipline était stricte, la nourriture souvent médiocre, la solde maigre, et que les hommes devaient encore prélever dessus l'achat des quelques fantaisies de leur tenue. Mais la vie était facile, les cabaretières peu farouches, même si l'avancement apparaissait limité (un roturier comme lui, quelle que fût son instruction, ne pouvait espérer dépasser le grade de sous-officier, surtout depuis l'ordonnance Ségur de 1780). La vie quotidienne lui semblait merveilleuse. D'ailleurs, même l'avenir pouvait se révéler plein de promesses. N'était-il pas question dans les conversations de princes d'Orient dont le fameux Tippoo Sahib, en conflit permanent avec l'Angleterre, qui recrutaient parmi les sous-officiers français des hommes jeunes et aventureux pour instruire et commander leurs armées ? Là-bas tout était possible : faire fortune, devenir général et épouser des créatures de rêve.

À La Bastide, ses parents avaient fini par apprendre, sans doute par les lazaristes, ce qu'était devenu leur fils. La nouvelle fit l'effet d'une bombe ! Surtout sur Jeannne Loubière. Son fils, son chérubin, son « curatou » ! Ces maudits soldats l'avaient forcé, entraîné, enivré par surprise ! Mais Pierre ne prit pas la chose au tragique, car il n'avait jamais vraiment cru à la vocation de son héritier. Depuis toujours, il avait compris que c'était un homme de cheval. Simplement il était un peu ennuyé, parce qu'il devenait ridicule aux yeux de ceux qu'il avait sollicités pour payer les études de Joachim. Aussi ne se fit-il pas trop prier pour demander encore une fois de l'aide aux familles qui s'étaient intéressées à l'enfant. Une telle démarche était tout à fait dans la logique des choses. Les Talleyrand agirent et l'intendant du Languedoc, M. de Ballainvilliers, qui avait reçu un mémoire rédigé à la demande des Murat, dans lequel ils exposaient les faits à leur manière, demanda des explications au ministère de la Guerre. Il exigeait qu'on voulût bien lui fournir les raisons pour lesquelles on racolait des sujets du roi avec des procédés qui ressemblaient à la presse maritime. Très ennuyé, le maréchal de Ségur, qui ne savait rien d'une aussi mince affaire, répondit en priant l'intendant de s'adresser au colonel du régiment, ce qu'il fit sans tarder.

Le colonel répondit de bonne grâce et preuves à l'appui que l'engagement avait été parfaitement régulier, que le jeune homme avait été volontaire, qu'il semblait satisfait de son nouvel état et qu'au demeurant il donnait toute satisfaction à ses chefs puisque l'on songeait à en faire un sous-officier. Devant de tels arguments, l'intendant décida de classer le dossier après avoir écrit aux parents que malheureusement il était impossible de délivrer son congé au jeune Joachim. Murat resta donc soldat. Entre-temps, les chasseurs des Ardennes avaient quitté Carcassonne pour Sélestat [1] en Alsace, devenant en même temps le 12e régiment de chasseurs de Champagne, et un peu plus tard le 12e de chasseurs à cheval. Une fois sur place, survint un nouveau colonel, M. de Loménie de Brienne, parent du ministre de

1. On écrivait alors Schelestadt.

Louis XVI. Pour le jeune Murat, le dépaysement était complet mais comme il était bien intégré dans la famille régimentaire, il en fut peu affecté. Presque aussitôt après ce changement, il fut nommé maréchal des logis, ce qui en raison de son âge, vingt et un ans, pouvait être considéré comme une promotion au grand choix.

On était à présent en 1789 et les idées dites libérales se répandaient dans tous les milieux. Un des vecteurs de celles-ci était une société secrète, la franc-maçonnerie, dont un des buts avoués était la transformation radicale de la société et du régime politique. Elle recrutait partout, notamment dans l'armée, l'un des piliers du régime. Grâce à une excellente présentation de ses idées, elle était parvenue à faire des adeptes dans le corps des officiers et également, avec des objectifs différents, dans celui des sous-officiers. Là, ses représentants ne parlaient plus d'esprit éclairé mais d'inégalités sociales, d'injustice et des moyens à mettre en œuvre pour en venir à bout.

Le 12e chasseurs n'échappa pas à la vague. Il eut bientôt ses loges et Murat, brillant maréchal des logis à l'esprit délié, ne tarda pas à en faire partie. Les preuves manquent de la date exacte à laquelle il devint maçon, mais aussi bien son comportement que l'appui dont il bénéficia pendant toute cette période et celle qui suivit démontrent suffisamment qu'il jouissait de protecteurs puissants chez ces futurs organisateurs de la Révolution. C'était du reste pour eux une recrue intéressante. De son passage chez les pères lazaristes, il avait acquis une bonne technique du débat et du discours en public. Dévoré par l'ambition comme il l'était, il lui suffisait de regarder autour de lui pour réaliser qu'il ne la satisferait pas par des procédés ordinaires.

Un premier mouvement, rapidement étouffé,

secoua le régiment, auquel Joachim ne participa sans doute pas, car il dut passer trois mois à l'hôpital ; mais peu après son retour, une nouvelle tentative de rébellion éclata. Un matin, poussés par leurs sous-officiers, les chasseurs de son peloton refusèrent d'obéir à leurs supérieurs et d'aller à la manœuvre. Ils exigeaient simplement la démission de leurs officiers ! L'affaire là encore fut arrêtée. Cette fois, les meneurs étaient connus. Murat, avec sa manie de pérorer en public, s'était fait remarquer davantage que les autres, encore qu'il n'ait pas été le seul coupable. Empoigné sur l'ordre des officiers et sans doute dépité de constater que malgré son éloquence il n'avait pas été suivi par la majorité des chasseurs, il fut mis au cachot. En d'autres temps, l'affaire se serait très mal terminée pour lui : rébellion armée, l'issue était automatiquement la potence ou le peloton d'exécution. Mais on était en 1789 et la discipline militaire elle-même connaissait de curieux relâchements. Murat ne chercha du reste pas à nier les faits. Ils étaient trop patents. Traduit en conseil de guerre, il fut en partie défendu avec chaleur par M. Niel, son capitaine, d'origine du Quercy. Cet officier plaida avec habileté, rappelant au tribunal les excellents états de service du prévenu. En outre, sa loge, pour laquelle il s'était compromis, dut intervenir en sa faveur.

En fin de compte, bien qu'il ait été reconnu « qu'on ne pouvait rien lui reprocher de déshonorant », il fut cassé de son grade, ce qui pour un sous-officier turbulent représentait un risque permanent. De plus, et ceci était beaucoup plus grave, le conseil de guerre vit en lui un élément perturbateur trop sérieux et il fut envoyé en « congé absolu », en d'autres termes chassé de l'armée. Le corps des officiers, colonel en tête, ne tenait pas à donner trop de publicité à l'événement ; aussi, semble-t-il, il ne fut pas dégradé. On le pria de disparaître le plus discrètement possible, et comme il alléguait qu'il n'avait plus de vêtements civils et pas les moyens d'en acheter, il fut autorisé à conserver son uniforme après en avoir décousu tous les insignes et parements.

Chapitre II

L'OFFICIER JACOBIN
(1789-1795)

Il n'avait nulle part où aller, pas de métier, pas d'argent. Considérant que pour le moment le plus sage était de prendre le chemin de La Bastide, il traversa à pied la moitié de la France. Dans quelles conditions, nous l'ignorons. Murat se montra toujours discret sur cette période de sa vie. Pendant le trajet, il eut le loisir de réfléchir sur les circonstances de son renvoi de l'armée et son sentiment de révolte contre l'ordre établi ne fit que croître. Enfin il arriva chez lui mais, contre toute attente, l'accueil qu'il reçut fut des plus froids. Son père, à présent âgé de soixante-huit ans, le considéra comme un bon à rien, presque un gibier de potence. Sa mère ne lui pardonnait pas de l'avoir déçue dans ses espérances et ne se montra pas plus chaleureuse. Après l'avoir accablé de reproches, lui jetant à la face qu'ils n'avaient pas l'intention de l'entretenir à ne rien faire, ils le mirent à la porte. Toutefois Mme Murat, dans un geste de compassion, lui indiqua qu'un de leurs cousins éloignés, épicier à Saint-Céré, cherchait un commis. Si le travail lui convenait… Il ne pouvait guère se montrer difficile et accepta la place, même si elle lui plaisait médiocrement.

Pendant des mois il porta des caisses, roula des fûts, servit des lentilles, mesura de l'huile, brûla du café et dut se montrer poli avec la clientèle. Son vrai plaisir était ailleurs. Dès qu'il avait un moment de libre, il se rendait à Cahors et là, soit dans les cafés, soit dans les petits clubs, tenait des discours ardemment révolutionnaires. Bientôt il fut connu, d'autant qu'il était prêt à défendre avec talent et fougue les positions les plus démagogiques et ne manquait pas d'arguments qui semblaient frappés au coin du bon sens. Une fois de plus, son instruction le servait. Au début de l'année 1790, il ne fut question que de la fête qui se préparait à Paris pour le premier anniversaire de la prise de la Bastille. De toute la France, des délégations monteraient dans la capitale pour assister à la cérémonie.

Murat se mit immédiatement sur les rangs à Cahors, mais son renvoi du séminaire et de l'armée constituait un handicap difficile à surmonter. Même ceux qui avaient pris l'habitude de l'écouter avec sympathie hésitaient à porter leur choix sur lui. Finalement, à force de chercher, il réussit à se faire désigner, non sans peine, par le canton de Montfaucon dont dépendait La Bastide. Avec ses camarades, il prit le chemin de Paris. Parmi eux, il fit la connaissance d'un garçon avec qui il sympathisa malgré l'opposition de leurs caractères. Il se nommait Jean-Baptiste Bessières. Une fois sur place, noyé parmi les 14 000 délégués, il fut réduit au rôle de spectateur de la fête qui se déroula sous une pluie battante, et ne put même pas obtenir le remboursement de ses frais de déplacement. Il rentra au pays quelque peu frustré et beaucoup moins enthousiaste que ses camarades qui pleuraient de joie. Chez lui, le lyrisme laissait la place au réalisme le plus cynique et son ardeur révolutionnaire fut sur le moment refroidie.

Le problème de son avenir allait se reposer, car les affaires de l'épicerie étaient rien moins que brillantes et qu'au demeurant il ne comptait pas y rester. C'est alors que, faisant bon marché de toutes ses convictions révolutionnaires, il songea à émigrer. L'armée que tentaient de lever les gentilshommes qui avaient quitté la France avait du mal à recruter. Il pensa qu'un sous-officier de valeur comme lui y serait accepté sans difficulté et qu'on lui donnerait peut-être de l'avancement. C'était l'aventure pour les Indes sans quitter l'Europe. Il se rendit donc chez le chevalier de Corn qui précisément se préparait à gagner Coblentz et avait toujours conservé de bonnes relations avec les Murat. Au chevalier, il offrit son sabre pour le roi. Mais le comportement du jeune Joachim, dont les débordements en paroles étaient connus, n'inclina pas le chevalier, prudent, à donner suite à une telle proposition. Ses fréquentations jacobines ne se servaient-elles pas de ce garçon pour lui tendre un piège ? Il lui répondit donc que puisqu'il désirait servir le roi, ce qui était fort louable, Murat en trouverait certainement l'occasion tout en restant en France.

Ainsi, toutes les portes se fermaient devant le jeune homme. Il s'adressa alors, ultime ressource, à un bourgeois de Cahors ami de son père : Cavaignac, bon républicain qui, appuyé par d'autres représentants du Lot, Jean Bon Saint-André et Salette, mit en avant les qualités de patriote du jeune Murat (ils ignoraient tout de sa récente démarche auprès du chevalier de Corn) et obtint ce que celui-ci désirait le plus :

sa réintégration dans l'armée, dans son régiment d'origine, mais comme simple chasseur.

*

Arrivé en janvier 1791 à Sélestat, où le 12e chasseurs tenait toujours garnison, Joachim évita de se mettre en avant tout en continuant à professer les idées révolutionnaires très à l'ordre du jour. N'entendant pas demeurer longtemps simple cavalier, il reprit un rôle important dans son ancienne loge maçonnique et obtint en juillet d'être délégué par ses camarades auprès de la municipalité de Mont-Midy (Montmédy) en Argonne, où cantonnait un détachement du régiment. Il s'agissait d'assurer ces bourgeois que le 12e chasseurs n'avait nullement trempé dans la conjuration militaire aux ordres du marquis de Bouillé qui aurait dû fournir au roi une escorte lors de sa fuite interrompue à Varennes.

Peu après, dans une lettre à son frère Pierre à qui il racontait ce déplacement, il ajoutait : « Je travaille à mon avancement, j'y réussirai. On va me faire fourrier. »

Mais une meilleure occasion, lui sembla-t-il, s'offrit bientôt. L'Assemblée législative qui avait succédé le 1er octobre 1791 à la Constituante décida de supprimer la garde royale, composée dans son ancienne forme de mousquetaires, gardes du corps, gardes françaises et suisses, et de la remplacer par une garde constitutionnelle qui, espérait-elle, serait moins dévouée à Louis XVI.

Sollicité une fois de plus par Murat qui pensait trouver là une occasion de sortir du rang, le bon Cavaignac usa de son influence et notre chasseur fut désigné comme un des trois hommes du département. Au début de 1792, il vint quelques jours à La

Bastide où il se réconcilia avec ses parents, mit un terme à une idylle ébauchée avec une jeune fille de son village et prit la route de Paris en compagnie de l'ami Bessières, choisi lui aussi pour faire partie de cette nouvelle unité.

D'un an plus jeune que Murat, Jean-Baptiste Bessières était né à Prayssac dans le Lot, où son père était médecin. Sa famille lui avait donné une excellente éducation et espérait bien qu'un jour il remplacerait le docteur. Aussi ses études avaient-elles été orientées en ce sens. Mais plutôt que de soigner ses semblables, il préférait les sabrer. De plus, comme Murat, c'était un excellent cavalier. Engagé dans la garde nationale, il y était devenu rapidement capitaine, mais dans la garde constitutionnelle il devait repartir à zéro. On aurait difficilement trouvé deux êtres plus dissemblables que Murat et lui. Autant le premier était exubérant, vantard, tapageur, vaniteux, autant le second se montrait renfermé, sec, froid, taciturne. C'est peut-être en raison de ce contraste qu'ils devinrent et restèrent d'excellents amis qui allaient se rendre service l'un l'autre tout au long de leur existence.

Le commandement de la garde constitutionnelle, qui comprenait des régiments d'infanterie et de cavalerie, avait été donné au duc de Brissac et bien qu'assez naïvement les députés de la Législative aient cru que cette nouvelle unité leur serait particulièrement attachée, ce fut le contraire qui se produisit. À quelques rares exceptions près, les gardes constitutionnels étaient des jeunes gens de familles riches, dont la fidélité au roi était sans faille et qui professaient le plus profond mépris, pour ne pas dire davantage, vis-à-vis de l'assemblée. On comptait même dans leurs rangs d'anciens gardes du corps. En un mot, ils haïssaient la Révolution !

Murat ne tarda pas à comprendre dans quel milieu il était tombé et estima qu'il s'était fourvoyé, sans compter que nombre de ses nouveaux camarades regardaient avec dédain ce fils d'aubergiste. Aussi, entré dans la garde le 8 février 1792, en démissionna-t-il dès le 4 mars de la même année. Étonné, son colonel, M. Descours, le fit appeler et lui demanda les raisons de son geste. Joachim intimidé donna des explications vagues et passablement ténébreuses. Royaliste fervent, un peu naïf, M. Descours crut discerner chez son subordonné un ardent royalisme qui s'accommodait mal de la situation ambiguë où se trouvait son unité. Aussi, par sympathie, il le pressa vivement de rejoindre les émigrés à Coblentz où il serait davantage à sa place et alla jusqu'à lui offrir quarante louis d'or pour payer ses frais de voyage. Murat, en réponse, confirma sa démission, partit en claquant la porte et en criant au scandale. Le surlendemain, il écrivit au directoire du Lot, dont il connaissait les membres, une lettre virulente dans laquelle il clamait : « Quand vous m'avez nommé garde du roi, je ne m'attendais pas que ce nouveau poste que j'allais occuper dût imposer silence à mon patriotisme » ; et il jugeait honteux « de rester plus longtemps parmi des jeunes gens, la plupart vendus à l'aristocratie et qui se font un devoir, une gloire de vanter leurs sentiments antipatriotiques ».

Après quoi il dénonçait la manœuvre de son colonel.

Sa lettre fit du bruit. Émus, les membres du directoire du Lot la transmirent le 8 avril au comité de surveillance de la Législative où elle contribua à la dissolution de la garde constitutionnelle. La fidélité de Murat à la cause révolutionnaire se confirmait, même si son geste n'était pas des plus élégants. Il retourna à son régiment où il reçut un accueil triomphal. La chance tournait enfin en sa faveur. Son ancien colonel, avec qui il ne s'entendait pas, allait émigrer comme tant d'autres et être remplacé par un autre ci-devant, M. d'Urre de Molans, qui savait qu'il devait donner des gages à la Révolution.

*

Le 20 avril 1792, la France avait déclaré la guerre à l'Autriche et à la Prusse. Pour une fois, le roi et l'assemblée avaient agi de concert, encore que poussés par des motifs opposés. Les députés comptaient sur la victoire pour « exporter » la Révolution. Le roi, bien informé de l'état de décomposition de l'armée, espérait un succès des autres souverains qui le rétabliraient sur son trône dans la plénitude de ses pouvoirs. Depuis le 29 avril Murat était brigadier. Peu après, le 15 mai, il récupérait son grade de maréchal des logis. Il ne s'arrêta pas là. Le 19 août 1792, il était promu sous-lieutenant et quinze jours après lieutenant. Puis, en avril 1793, le colonel d'Urre de Molans, nommé général, le prit comme aide de camp en en faisant un capitaine. Cet avancement foudroyant, dont on connaît peu d'exemples, a beaucoup intrigué. On l'a attribué à la protection du colonel d'Urre, qui aurait vu en lui un soldat exceptionnel en même temps qu'un révolutionnaire convaincu. Ses amis députés du Lot n'y auraient pas non plus été étrangers et l'auraient recommandé. Enfin, il n'est pas interdit de penser que ses camarades maçons, qui dès cette époque s'employaient à pousser les leurs en avant, y aient été pour quelque chose. Peut-être faut-il y voir une combinaison heureuse des trois sources, car il est remarquable que pendant toute cette période Murat n'ait pas été une seule fois au feu, son régiment affecté à l'armée de Champagne, puis à celle du Nord, n'ayant participé à aucun engagement.

Le nouvel officier ne doutait de rien. Il estimait ses promotions dues à son seul mérite et écrivait en octobre 1792 à sa famille : « Contre le despotisme expirant, j'ai tout souffert... Il est expiré, tout me rit. Si le colonel est fait général comme il n'y a pas de doute, je suis son aide de camp et capitaine. À mon âge, avec mon courage et mes talents militaires, je puis aller un peu plus loin. »

Mais de telles élévations n'avaient pas été sans faire des envieux. À cette époque où chacun s'essayait à accuser son voisin comme suspect de tiédeur patriotique, Murat fut dénoncé. Ses ennemis, pour noircir le tableau, en firent non seulement un adversaire de l'ordre établi mais encore un aristocrate, le comte de Murat, qui dissimulait son titre ! Heureusement prévenu à temps, il se débattit comme un beau diable, fit intervenir une fois encore les députés du Lot membres de la nouvelle assemblée, la Convention, démontra que son père était un simple laboureur et finit par réussir à se justifier.

Quels qu'aient été les motifs de son avancement, il considéra toujours qu'il devait tout au général d'Urre et lui en garda une vive reconnaissance. Bien des années plus tard, alors que lui-même serait maréchal de France et roi de Naples, il continuerait à s'intéresser au sort de son ancien chef, humble général en retraite, presque dans la gêne, et lui ferait verser une pension sur sa cassette.

Cependant, la Terreur commençait à exercer ses ravages en France. Murat réfléchit que l'appui d'un général ancien ci-devant, même rallié à la Révolution, n'était pas par les temps qui couraient la meilleure des recommandations, surtout après la dénonciation dont il avait été victime quelques mois auparavant. Il se mit donc, presque clandestinement, à la recherche d'un autre patron dont le profil conviendrait mieux dans le moment. Son général se trouvant dans le Nord à Hesdin, il l'y avait suivi et là il fit la connaissance de Jean Landrieux, commandant du régiment des « hussards braconniers ».

C'était un assez curieux personnage, pour tout dire quelque peu inquiétant. Ancien clerc tonsuré chassé du séminaire pour avoir engrossé une jeune fille, il avait ensuite beaucoup roulé sa bosse. Médecin puis avocat sans en posséder les diplômes, il avait échoué comme inspecteur des relais, autant dire domestique, chez le comte de Provence, futur Louis XVIII. Lorsque son maître avait émigré, Landrieux s'était inventé une vocation de sans-culotte et avait alors servi dans une incertaine garde nationale de province. Ayant découvert que l'on pouvait bien vivre aux crochets de l'État, il s'était mis à recruter des volontaires pour former des unités de mi-partisans, mi-soldats et avait même réussi à convaincre le nouveau Comité de salut public de l'utilité de sa troupe. Il lui avait soutiré 25 000 livres comme frais de recrutement.

Où avait-il été chercher ses hommes ? Plutôt dans une population marginale, et sa bande comptait bon nombre de braconniers qui, avec leur connaissance des bois, pouvaient se révéler utiles. Landrieux lui-même, n'ayant aucune formation militaire, avait besoin d'officiers confirmés pour instruire et encadrer son « régiment » tout en demeurant à sa dévotion. Évidemment, on ne se bousculait pas pour s'engager dans cette singulière unité dont les débuts avaient été rien moins que prometteurs puisque deux compagnies, à peine formées, s'étaient empressées de déserter avec Dumouriez. Mais son caractère même intéressa Murat. Y servir représentait un brevet de civisme. Du reste, Landrieux et Murat, au moins au début, s'entendirent assez bien. N'étaient-ils pas tous deux anciens séminaristes ? Cela créait des liens. Mais pour s'assurer la collaboration du capitaine, Landrieux comprit qu'il devait l'appâter avec quelque chose de substantiel. Il lui proposa donc de faire jouer ses relations pour lui obtenir le brevet de chef d'escadrons. Méfiant, Murat, qui semble-t-il ne se faisait pas trop d'illusions sur son compère, préféra tenir que courir. Il mit le marché entre les mains de Landrieux : le grade d'abord, l'affectation ensuite. Landrieux accepta et quelques jours plus tard Murat était promu pour passer aux « hussards braconniers » qui devaient bientôt devenir le 21e chasseurs à cheval (14 août 1793). Il n'était capitaine que depuis 4 mois !

Ainsi assuré de ses arrières, le « colonel » Landrieux réserva pour son service un des trois escadrons du régiment et confia les deux autres à Murat pour qu'il en fît quelque chose de présentable. Avec sa poigne et sa connaissance du métier et des hommes, le nouveau chef d'escadrons parvint rapidement à transformer ses étranges recrues en des soldats passables. Ce fut alors que le ministre de la Guerre, Bouchotte, métamorphosa ces drôles de hussards en honnêtes chasseurs à cheval. Du reste, l'enseignement de Murat semblait avoir porté ses fruits. Il engagea ses escadrons dans un combat d'avant-poste à Pont-à-Marcq dans le Nord, affaire insignifiante mais dans laquelle les chasseurs montrèrent qu'ils savaient se tenir au feu.

Pendant ce temps, Landrieux avec son troisième escadron se livrait à une besogne aussi étrange que profitable. Il chassait les ci-devant cachés pour les livrer au tribunal révolutionnaire, autant dire à la guillotine. Mais une fois qu'il les avait débusqués, il commençait par leur proposer un petit marché : moyennant finance, il les laissait aller en paix et même leur garantissait sa protection, ce qui en ces temps troublés n'était pas à dédaigner.

Murat ne tarda pas à être au courant de l'étrange comportement de son chef. C'était un arriviste et non pas une canaille. Il tenait avant tout à rester un soldat qui fréquentait certes les clubs révolutionnaires, mais entendait rester probe et honnête. Aussi, comme Landrieux paraissait de moins en moins souvent dans les cantonnements des escadrons de guerre, Murat, jouant de l'orthodoxie révolutionnaire, se mit à dénigrer l'étonnant colonel. Ce civisme exacerbé l'amena à envisager de changer son nom de Murat en Marat, ce qui éclairerait définitivement les gens des bureaux sur ses opinions et éviterait qu'un esprit malveillant ne remît sur le tapis le vicomte Murat. Heureusement pour lui, il échoua dans sa démarche et il faut encore voir là la main de l'ami Cavaignac.

Landrieux n'était pas un sot. Il perça bientôt à jour les menées de son adjoint, et comme il possédait de solides protections auprès de conventionnels avec qui il partageait le fruit de ses rapines, il exhuma l'affaire de l'année précédente et accusa Joachim, ce ci-devant vicomte..., etc. Une fois de plus dénoncé, Murat se défendit avec acharnement et décida pour le coup de se débarrasser de Landrieux. La chance allait le servir. Il rencontra à Hesdin un commis d'intendance qui avait été cocher chez le comte de Provence et apprit de lui que Landrieux avait servi ce dernier. Murat se hâta donc d'écrire au ministre pour lui apprendre la chose, ajoutant pour faire bonne mesure que Landrieux était totalement incapable de remplir les fonctions de colonel, qu'il puisait dans la caisse, bref qu'il fallait le relever. Il croyait bien tenir le poste.

Seulement le ministre, s'il fit effectivement arrêter Landrieux, soupçonna que la lettre de Murat avait quelque chose d'intéressé et, tout en le félicitant pour son sens du devoir, nomma à la tête du 21e chasseurs (il avait changé de numéro) un inconnu, le nommé Dupré, qui allait se contenter de tenir son rôle. À peu près en même temps, il envoyait au régiment un autre chef d'escadrons plus ancien que Murat, le commandant Rey, ami intime de Landrieux. Après quoi il fit savoir qu'il souhaitait ne plus entendre parler de cette affaire.

Cependant, du fond de sa prison Landrieux s'agitait, criait son innocence et demandait que l'on examinât d'un peu plus près sa gestion du régiment (il passait sous silence ses autres sources de profit). Mal lui en prit. Le ministre dépêcha un commissaire, M. Pille, qui rédigea un rapport écrasant : incapacité, concussion, incurie, rien n'y manquait. Landrieux frôlait la guillotine. Il se tint coi. Mais bientôt la chute de Robespierre amena la réaction thermidorienne et du fond de sa prison le coquin se découvrit une vocation de modéré victime des enragés terroristes. Depuis sa geôle, il accabla Murat, le présentant comme un anarchiste dangereux. Le changement de nom de Murat en Marat y figurait en bonne place et le chef d'escadrons fut incarcéré à Amiens, non loin de son détracteur. Heureusement, Cavaignac et ses amis continuaient à veiller sur lui. Il fut assez vite relâché [1]. Contrairement à une légende tenace, il ne fut ni dégradé ni laissé sans emploi, comme ce fut le cas de Bonaparte, mais renvoyé dans son régiment comme chef d'escadrons en septembre 1794. Il

1. Élargi à son tour, Landrieux reparut à l'armée d'Italie comme adjudant général. Lui et Murat prirent soin de s'éviter. Utilisé par Bonaparte pour fomenter des révoltes dans le sud, il reçut pour cela d'importantes sommes d'argent et les mit dans sa poche. Chassé de l'armée en 1800, il parvint à toucher une pension, se fit oublier et mourut en 1825.

séjourna alors à Paris car le 21e chasseurs était caserné à l'École militaire, mais étant tombé malade il sollicita la permission de se rendre chez lui car il était le 22 décembre 1794 à Cahors.

De retour au régiment, il reprit le service. Il ne semble pas que le 21e chasseurs ait été envoyé aux armées. Au contraire, il fut employé pour une mission particulièrement fastidieuse et sans gloire. La famine régnant en France, les vivres étaient rares et précieux. Aussi les transports de blé étaient-ils organisés en convois. Mais les habitants des régions traversées n'hésitaient pas à les attaquer et à les piller. Le gouvernement se vit contraint de les faire protéger par la troupe.

Au matin du 20 mai 1795, Murat rentrait lentement à Paris, venant du Havre, à la tête de ses escadrons, escortant un important convoi de blé, lorsqu'il vit accourir bride abattue sur la route un officier de la place de Paris qui s'arrêta et demanda à parler au chef de brigade. Comme celui-ci n'était pas là, il expliqua en quelques phrases la situation à ce commandant. Une révolte avait éclaté à Paris, vide de troupes. Les émeutiers avaient envahi la Convention, assassiné un député et présenté sa tête au bout d'une pique au président Boissy d'Anglas, contraint de la saluer. Heureusement, le comité militaire qui avait gardé son sang-froid avait dans la nuit expédié des estafettes dans toutes les directions pour rameuter des régiments et leur donner l'ordre de revenir à marche forcée. Puis l'officier avait repris sa chevauchée.

Comprenant sa chance, Murat n'attendit pas et ne prévint ni son colonel ni le reste du régiment mais gagna Paris à fond de train avec ses escadrons, dépassant en cours de route d'autres unités déjà en marche. Aussi, comme il l'avait supposé, il arriva le premier à la Convention, où les députés tremblant de peur lui firent un accueil enthousiaste. Le représentant Delmas lui donna l'accolade et lui demanda son nom. Après quoi, quand un peu plus tard les émeutiers reparurent, Murat, comme les autres chefs de corps arrivés entre-temps, leur fit tirer dessus sans hésiter. L'ami du peuple était loin. Il pensa que sa conduite lui vaudrait une récompense, car on le lui avait laissé entendre. Or on ne le paya que de bonnes paroles avant de le renvoyer à son unité, où son comportement avait été assez mal perçu. Il ne chercha pas à cacher sa déconvenue. Quoi qu'il fît, personne ne semblait s'intéresser à lui et c'est avec une sorte de rage qu'il déclara à son camarade, le capitaine Thiébault : « Un régiment est un cul-de-sac. On y est confondu avec la masse et parvient-on à se distinguer, la jalousie empêcherait que personne y parlât de vous. Thiébault, vous, vous serez général avant que moi, chef d'escadrons, je ne sois colonel. »

Pourtant il n'avait pas à se plaindre, puisqu'en moins de cinq ans il était passé de simple soldat à officier supérieur.

*

Les derniers mois de la Convention furent assombris par des émeutes à répétition qui n'avaient pas les mêmes causes et n'étaient pas fomentées par les mêmes citoyens. L'assemblée, avant de se séparer, avait pris une mesure peu élégante, très autoprotectrice et que les Parisiens goûtèrent peu. Elle s'était avisée que les électeurs mécontents seraient bien capables de renvoyer les conventionnels dans leurs foyers en ne les réélisant pas. Or ils tenaient à leurs mandats et, sous le vague prétexte qu'ils avaient une connaissance des affaires, ce qui ne serait pas le cas de nouveaux venus, décrétèrent que les deux tiers d'entre eux feraient de droit partie des nouvelles institutions. C'était se moquer.

Le mouvement royaliste avait connu un renouveau après Thermidor. Recrutant parmi les gardes nationaux des quartiers aisés de Paris, il espérait reprendre le pouvoir par un coup de force et ramener le roi en la personne du comte de Provence, frère de feu Louis XVI. L'affaire des deux tiers lui parut une bonne occasion, et un soulèvement éclata le 13 vendémiaire(5 octobre 1795). Cette fois, le gouvernement ne manquait pas de troupes. Il disposait au camp des Sablons de six bataillons d'infanterie, deux régiments de cavalerie et d'un peu plus de six batteries d'artillerie, sous le commandement du général Menou. Celui-ci, que ses opinions rapprochaient des insurgés, ayant reçu l'ordre d'entrer dans Paris pour protéger la Convention, obéit, mais avec mollesse et sans disposer ses hommes en ordre de bataille. Mieux, il entra en contact avec les rebelles et commença à parlementer avec eux.

L'assemblée s'affola, destitua Menou mais, n'ayant aucun autre général sous la main, offrit le commandement de l'armée à l'un des siens, Barras, qui avait été officier dans sa jeunesse. S'il accepta sans hésiter, Barras comprit très vite qu'il ne ferait pas le poids, d'autant que tout indiquait que les insurgés se préparaient à passer à l'attaque. Ils étaient près de 30 000. Malgré l'entraînement supérieur des troupes, la disproportion des forces était telle que l'issue de l'affrontement semblait incertaine. C'est alors que Barras, faisant appel à ses souvenirs, se rappela qu'au siège de Toulon il avait fait la connaissance d'un jeune officier d'artillerie dont il avait apprécié l'énergie et le sens du commandement. Le sachant à Paris et sans emploi, il le fit appeler et l'assemblée en un tour de main le nomma adjoint de Barras. Il se nommait

Bonaparte. Celui-ci ayant fait venir Menou, qu'il garda sous la main pour mieux le contrôler, comprit immédiatement que pour écraser l'insurrection il avait besoin de l'artillerie. Où était-elle ? Menou, piteux, avoua qu'il l'avait laissée aux Sablons sans protection. Bonaparte ne connaissait personne. Il demanda à Barras de lui désigner un officier de cavalerie ayant de l'esprit de décision, pour se hâter d'enlever les pièces. La chance de Murat fut que le représentant Delmas assistât à l'entretien. Se souvenant du commandant de chasseurs du 20 mai, il le proposa et on lui demanda de l'amener sur-le-champ. Murat, avec son régiment, n'était pas loin. Quelques instants plus tard, il se trouvait devant Bonaparte qui d'un coup d'œil le jugea, puis lui donna ses ordres : qu'il prenne trois cents hommes, galope aux Sablons et ramène les quarante canons.

Suivi de Delmas, Murat courut au bivouac, rassembla cent cinquante chasseurs et autant de dragons, se mit à leur tête et partit à fond de train. Le jour se levait quand il déboucha dans la plaine des Sablons, l'actuel Neuilly. Ce fut pour constater que plusieurs milliers de sectionnaires royalistes, parfaitement renseignés, qui avaient eu la même idée que Bonaparte, se trouvaient déjà aux portes du camp. Murat n'hésita pas une seconde. Malgré son infériorité flagrante, il mit sabre en main et commanda la charge. À peine s'était-elle ébranlée que les gardes nationaux, braves bourgeois peu habitués à affronter de la cavalerie en rase campagne, se débandèrent et s'enfuirent. Murat ne songea pas à les poursuivre mais s'assura des pièces. Les caissons et les coffres étaient garnis, les avant-trains attelés. Il suffisait d'y accrocher les canons. Encadrant les conducteurs pour qu'ils n'aient pas la tentation de se sauver ou de couper les traits, Murat et ses hommes reprirent aussi vite que possible le chemin de Paris. Un peu après sept heures, ils franchissaient les guichets du Louvre. Bonaparte avait en main l'instrument qui allait lui permettre d'écraser l'insurrection quelques heures plus tard.

La récompense qu'escomptait Joachim ne vint pas immédiatement. Du reste, le 26 octobre, la Convention s'était séparée et avait été remplacée par le Directoire, conformément à la Constitution de l'an III. Il attendait avec impatience et crut un instant qu'on le destinait au commandement de l'escadron de la garde du Directoire auquel il avait posé sa candidature. En vain ! Les idées les plus folles lui traversèrent alors l'esprit. Il pensa partir à Constantinople offrir ses services au Grand Turc puis comprit qu'il n'obtiendrait pas les autorisations. Alors il s'avisa d'un subterfuge et écrivit au ministère le 20 janvier 1796, demandant un congé prolongé. Il voulait revenir à La Bastide pour y apprendre le métier de laboureur ! Le 2 février, les bureaux lui répondaient en l'informant de sa nomination de chef de brigade (colonel) avec effet rétroactif au 18 novembre 1795. Et comme un bonheur n'arrive jamais seul, il reçut début mars, avant même de savoir à quel régiment il était affecté, la visite de Junot, aide de camp et ami de Bonaparte depuis Toulon. Le général l'avait demandé lui aussi comme premier aide de camp. Il venait de recevoir le commandement de l'armée d'Italie (2 mars) et comptait l'y emmener avec lui.

Chapitre III

LES DÉBUTS D'UNE COLLABORATION (1796-1798)

Le plan de campagne qu'avait mis sur pied Carnot pour mener à bien l'offensive contre l'Autriche au printemps 1796 n'avait rien de très original. Il ne faisait que reprendre un de ceux établis par l'état-major royal lors de conflits précédents. Articulé autour de trois armées, deux partant d'Allemagne et une d'Italie, il prévoyait de leur donner Vienne comme objectif. C'était du moins la mission des deux armées d'Allemagne, qui devaient progresser par les vallées du Main et du Danube. Fortes chacune de 80 000 hommes, parfaitement équipées, elles avaient été confiées à deux généraux éprouvés qui connaissaient bien leur métier : Jourdan et Moreau.

La troisième, celle d'Italie, beaucoup plus faible, à peine 40 000 soldats plus pauvrement approvisionnés, ne devait, pour Carnot, remplir qu'un rôle de diversion et retenir loin du point focal de la manœuvre les forces sardes et d'importants contingents autrichiens. Pourtant, Carnot hésita longtemps avant de la confier à Bonaparte malgré la pression qu'exerçait sur lui son ami et collègue Barras, un des quatre autres directeurs.

Les états de service de ce jeune général, ancien ami des frères Robespierre, lui semblaient bien minces pour qu'il le nommât à la tête de cette armée. Mais Barras se fit pressant. D'autant plus qu'il tenait à se débarrasser de Bonaparte, qui venait d'avoir pour lui une certaine complaisance en se préparant à épouser une de ses anciennes maîtresses, trop connue à Paris pour sa vie dissolue. En l'expédiant dans le sud, où tout permettait de penser qu'il se ferait oublier, Barras comptait bien ne plus entendre parler de lui.

Bonaparte, nommé le 2 mars, arriva à son quartier général de Gênes à la fin du mois et l'accueil qu'il reçut de généraux plus anciens que lui, désormais ses subordonnés, lui montra qu'il devrait faire preuve de diplomatie vis-à-vis d'eux. Rien à voir avec cette soumission instantanée à son regard d'aigle que devait tisser beaucoup plus tard la légende. Masséna le traita d'intrigant, ce qui était vrai, et Augereau d'imbécile, ce qui l'était moins. Pour les soldats, avec une ou deux de ces proclamations dont il avait déjà le secret, il les mit dans sa poche en leur parlant de gloire et surtout de richesses dont l'Italie regorgeait et qu'il allait, dit-il, leur offrir. Car Bonaparte avait concocté un excellent plan qu'il allait mettre à exécution, et ce que n'avaient prévu ni Carnot ni Barras serait que, les armées d'Allemagne tenues en échec, celle d'Italie se taillerait la part du lion dans le succès de la campagne.

Murat pour sa part commença par jouer un jeu extrêmement prudent tant pendant le voyage qu'à son arrivée à l'armée d'Italie. Si les états de service de son général pouvaient paraître légers, les siens l'étaient davantage encore et Bonaparte qui se les était fait communiquer se demandait s'il n'avait pas commis une erreur en s'attachant ce soldat politique. De son côté, Murat qui avec sa finesse habituelle sentait qu'entre lui et Bonaparte cela « n'accrochait » pas, s'interrogeait pour savoir s'il ne ferait pas bien de se chercher un autre patron. En fait, ils étaient trop éloignés l'un de l'autre. Bonaparte restait le très petit gentilhomme, mais gentilhomme tout de même, ancien élève d'une école d'officiers du roi. Murat à ses yeux n'était qu'un fils de paysans sorti du rang dont l'éducation demeurait primaire, ce qui était faux. Jamais Bonaparte ne le compta parmi ses intimes. D'ailleurs la faconde, l'étalage, la vantardise de Murat l'énervaient. Les amis du général s'appelèrent Lannes, Berthier, Muiron, jamais Murat. Mais comme il découvrit très vite ses talents et eut besoin de lui, Bonaparte le conserva, plusieurs fois à son corps défendant, et ne l'aima jamais. Du reste ses jugements, même prononcés à Sainte-Hélène, furent sévères : « Impossible à Murat de n'être pas brave, remarqua Napoléon. On n'avait pas moins de tête que lui. »

Très vite, en Italie, Murat se mit à porter des uniformes rutilants, ce qui agaça Bonaparte, surtout que l'armée gardait encore l'esprit jacobin. Et toute sa vie, il ne cessa de lui faire des reproches, souvent parfaitement injustifiés. Au fond, Bonaparte ne supportait pas de ne pas être le seul à occuper la scène de son théâtre, et Murat s'y étalait trop.

Solitaire, ne connaissant personne à l'armée d'Italie ni dans l'état-major, Joachim eut tout de même la chance de retrouver un ami, cavalier comme lui : Bessières. Puis il fit la connaissance d'un Corse, Saliceti, envoyé du Directoire, avec qui il se lia sans se douter qu'ils collaboreraient étroitement des années plus tard.

Le véritable miracle pour Murat sera sa découverte de lui-même en tant que manœuvrier sur le terrain et entraîneur d'hommes hors pair. Et puis, même s'il se savait courageux, il ne pouvait soupçonner qu'avec un brio incomparable il mènerait des charges folles et irrésistibles.

*

L'offensive de l'armée d'Italie démarra le 9 avril 1796. Son premier objectif fut de séparer ses adversaires piémontais et autrichiens. Ses hommes étaient en guenilles mais avaient les dents longues. Bien commandés, ils se révélèrent d'excellents soldats. La cavalerie, par contre, avait un point faible. Il lui manquait un chef capable de l'entraîner. Ses officiers n'étaient pas motivés. Il est vrai qu'en face de l'excellente cavalerie hongroise merveilleusement montée, ils ne pouvaient aligner que onze régiments de dragons, hussards et chasseurs dont les effectifs n'étaient même pas complets et qui avaient des chevaux en piteux état. Dans une première rencontre avec l'ennemi à Dego, le général eut l'occasion de juger Murat.

Le terrain était très accidenté et l'officier commandant la seule force de cavalerie, deux cents dragons, hésitait à les engager. Sur un signe de Bonaparte, Murat se porta à leur tête, les entraîna avec crânerie sans se soucier des obstacles et fonça sur les 4 000 Sardes de Wukassovitch, pas du tout habitués à se voir chargés par des escadrons français. Ce fut une panique totale. Les Sardes se débandèrent et seule la faiblesse de son effectif empêcha Murat de les poursuivre. Bonaparte apprécia cette action.

Huit jours plus tard, à Mondovi, Murat assit définitivement sa réputation. L'assaut contre la place était difficile, les Sardes nombreux et décidés. Menés par Stengel, général brave et assez compétent, les cavaliers français du 5e dragons ne faisaient rien jusqu'au moment où Stengel crut avoir trouvé une ouverture. Mais il se heurta aux dragons du roi de Sardaigne plus nombreux, et fut ramené grièvement blessé. Sa troupe se débandait. Survint Murat, envoyé par Bonaparte pour juger de la situation. À grands coups de gueule, il rallia les fuyards, y joignit le 20e dragons, reprit l'offensive, se jeta comme un furieux sur les ennemis et par son action contribua grandement à nous assurer la journée. Le soir, il avait fait 1 500 prisonniers, enlevé dix drapeaux et huit canons. Pour couronner le tout, Mondovi capitula.

Désormais, le général en chef savait ce qu'il pouvait attendre de Murat. Il le signala dans son rapport au Directoire, le combla de prévenances, l'invita à assister aux préliminaires des négociations avec les Piémontais, puis le 28 avril le chargea d'une mission de confiance pour tester ses autres qualités. D'abord, porter avec Junot au Directoire le texte de l'armistice en même temps que les drapeaux pris à l'ennemi. Ensuite, il lui remit une lettre pour sa femme, en priant secrètement son aide de camp de la lui ramener. Il écrivait à Joséphine :

« Murat qui te remettra cette lettre t'expliquera, mon adorable amie, ce que j'ai fait, ce que je ferai, ce que je désire. J'ai conclu une suspension d'armes avec le roi de Sardaigne.

J'ai expédié il y a trois jours Junot et mon frère mais ils arriveront après Murat qui passe par Turin. Je t'écrivais par Junot de partir avec lui pour venir me rejoindre.

Je te prie aujourd'hui de partir avec Murat, de passer par Turin. Je t'envoie par Murat 200 louis dont tu te serviras si tu as le besoin. »

Si la première partie de la mission se révéla facile, arrivé le premier à Paris, Murat fut non seulement félicité mais promu sur-le-champ général de brigade (10 mai), la seconde fut beaucoup plus délicate. Joséphine le reçut très bien, trop même à en croire certains, puisqu'elle serait tombée dans les bras de ce superbe mâle, ce qui, quand on connaît leurs réputations respectives, n'a rien d'improbable. Mais quant à suivre ce séduisant cavalier en Italie, pas question ! Elle se plaisait et s'amusait à Paris et n'avait aucune envie de courir les camps. Pour couper court à ce projet, elle s'inventa une grossesse de fantaisie. Du reste le Directoire, où elle comptait des amis, Barras en particulier, ne tenait pas à la voir partir distraire son mari de ses obligations.

Murat avait profité de ce voyage pour se pousser en avant dans les grâces de Barras avec l'appui de Joséphine. Ainsi, il ne serait plus lié, le cas échéant, au seul Bonaparte. En attendant, il repartit bredouille pour l'Italie. Son général en chef, qui avait des intelligences un peu partout, avait déjà été averti de ses « intrigues » et surtout des rumeurs qui avaient couru sur certaine aventure sentimentale à laquelle le naïf mari se refusait de croire, ayant toute confiance en sa femme. Il y avait là matière à brouiller les deux hommes, mais Bonaparte avait plus que jamais besoin de Murat. Il en sera longtemps ainsi. Pourtant quand, le 11 mai, le lendemain du jour de sa promotion par le Directoire, Saliceti avait suggéré dans un rapport à Bonaparte de nommer Murat à la tête de toute la cavalerie, celui-ci avait refusé sans donner de raison valable : faut-il voir dans ce geste un commencement de jalousie ?

*

Quelques jours après son retour, Murat se mit en avant par un nouveau coup d'éclat. Au passage du Mincio, que défendait le général autrichien Beaulieu, il enleva sa cavalerie, de pair avec Kilmaine, enfonça celle de l'ennemi et pendant que notre infanterie s'emparait du village de Borghetto franchit le pont sur la rivière, mêlé à celle de l'adversaire, nous assurant la victoire avec 2 000 prisonniers, deux drapeaux et neuf canons.

Quinze jours plus tard, Bonaparte chargea Murat, pour tester une fois de plus l'étendue de ses capacités, d'une mission d'un autre genre. La république de Gênes regrettant l'époque de la domination sarde et autrichienne, entretenait discrètement sur les arrières de notre armée des bandes de partisans qui attaquaient les convois trop faibles et coupaient les communications. Ce genre d'activité relevait à peine d'une opération militaire mais irritait Bonaparte et inquiétait son état-major. Aussi le général chargea-t-il Murat d'effrayer le Sénat de Gênes pour qu'il mette un terme à ces agissements. Arrivé le 15 juin dans la ville, Murat réunit sur-le-champ le Sénat, y fit une entrée fracassante et lut la missive de son chef d'une voix de tonnerre, insistant sur : « Si vous ne pouvez pas prendre des mesures, j'en prendrai pour vous (...). Je ferai brûler les villes et les villages. »

Il y avait plusieurs pages de la même eau. Il termina par quelques phrases de son cru, menaçant le Sénat de le passer au fil de l'épée avec femmes et enfants. Affolée, l'assemblée souscrivit le soir même à toutes nos conditions.

Après cela, Bonaparte sans le laisser souffler le mit à la tête de l'avant-garde d'une colonne commandée par le général Vaubois, chargée d'occuper la Toscane. L'opération s'annonçait assez facile. Grâce à la promptitude de Murat, elle le fut plus encore. Ensuite, il rejoignit le gros de l'armée devant Mantoue, où les débris de celle de Beaulieu venaient de s'enfermer. Il fallait donc entreprendre le siège de la place. Celui-ci se révélait d'autant plus malaisé que Mantoue était une forteresse formidable, bien protégée par une ceinture d'ouvrages, des fossés inondés en permanence grâce au Pô et à son affluent le Mincio, et abordable seulement par quatre chaussées. L'armée française, parce que cette péripétie n'avait pas été prévue, ne disposait pas d'un parc de siège et Bonaparte allait devoir le constituer en empruntant les pièces de position des places sardes.

De toute manière, son service de renseignement lui avait appris qu'une armée autrichienne de secours se concentrait pour venir délivrer Mantoue. Il décida donc de tenter d'enlever la ville par surprise. Son plan, qui par son audace n'était pas sans rappeler celui de Maurice de Saxe devant Prague, était hardi mais réalisable. Il consistait, avec un détachement de huit cents hommes transportés par des barques, à enlever par surprise, de nuit, la position de Migliaretto qui protégeait la chaussée de Cerese. Profitant de l'attaque, cinquante grenadiers d'élite, avec à leur tête un aide de camp de Bonaparte originaire de la ville, s'y glisseraient et baisseraient les ponts-levis de la chaussée de Saint-Georges, ouvrant la voie à la division Sérurier qui envahirait Mantoue. Pour que l'affaire réussisse, les huit cents assaillants de Migliaretto se devaient d'être commandés par un chef exceptionnel, de préférence fantassin, et quoique celui-ci fût cavalier, Bonaparte désigna Murat.

Ce que personne n'avait prévu, c'est que dans la journée du 16 juillet les eaux du Mincio alimentant les fossés avaient baissé. Les barques en approchant s'empêtrèrent dans les roseaux. En essayant de les dégager, les hommes firent du bruit. L'alarme fut donnée et le coup manqué. Murat dut revenir à sa base de départ et Bonaparte le rendit responsable de l'échec bien que deux jours plus tard, au cours d'une tentative d'assaut général, Joachim réussît, au prix d'efforts inouïs, à s'emparer de la position. Bonaparte continua à le tenir un peu à distance. D'ailleurs, à ce moment, Murat tomba malade et demanda un congé pour aller se soigner. Il parla de fièvres contractées dans les marais du Mincio. L'expression fit sourire Bonaparte qui savait que Murat avait à Milan fait la conquête d'une Italienne, Mme Ruga. Il écrivit donc à Joséphine le 22 juillet, assez satisfait de voir le caquet de Joachim rabattu : « Murat est malade. La déesse du mal, Madame Ruga, lui a donné une galanterie. Il est furieux. Je l'ai envoyé à Brescia. »

Or, tandis qu'il se soignait, il fut victime d'une étrange aventure.

Le maréchal autrichien Wurmser avait pénétré en Italie, à la tête de l'armée de secours qui devait délivrer Mantoue. Bonaparte l'attendait avec le gros de ses troupes à l'est du lac de Garde. Or Wurmser avait détaché un corps de 20 000 hommes sous les ordres de Quasdanovitch qui contourna le lac par l'ouest. Le 30 juillet, il parut devant Brescia, défendu seulement par deux bataillons qui se virent contraints de reculer. Murat toujours souffrant fut pris dans son lit. En raison de son état, les Autrichiens généreux le laissèrent occuper son appartement, mirent une sentinelle à sa porte et se contentèrent de lui demander sa parole de ne pas fuir. Sous ses fenêtres, il vit défiler les ennemis.

Heureusement pour lui, Bonaparte, soucieux de préserver ses communications avec Milan, avait prévu cette diversion et décidé d'écraser d'abord Quasdanovitch. Contre lui, il envoya Augereau qui battit les Kaiserlicks et les rejeta dans les Alpes, délivrant au passage Brescia et son camarade bouillant de rage, que ses geôliers n'avaient pas eu le temps d'enlever. Ce fut donc en toute tranquillité que Joachim put terminer sa convalescence.

D'aucuns ont écrit que Bonaparte, dont la rancune était tenace, l'avait écarté, ne lui confiant plus que des missions secondaires. En réalité, il le considérait comme imparfaitement guéri. De trop longues heures en selle ne lui étaient pas recommandées et parce qu'il le voyait piaffer mais voulait le ménager, il le cantonna quelque temps dans le commandement d'opérations peu fatigantes.

Ce fut ainsi qu'il le chargea de réprimer une révolte à Casa Maggiore (13 août) et Murat s'y employa avec la poigne qu'on lui connaissait. Puis il lui confia un poste clé : commandant de la place de Vérone, un des pivots de la défense française. Cela ne convenait pas à Murat qui voulait du mouvement. Fin août, le considérant comme guéri, Bonaparte accéda à sa demande et lui donna l'avant-garde de la division Vaubois qui allait opérer dans le Tyrol à la poursuite d'un des lieutenants de Wurmser : Davidovitch. Avec sa fougue habituelle, Murat balaya l'adversaire. Ayant remplacé au pied levé le général Dubois, commandant de la cavalerie, il franchit l'Avisio à gué, ayant eu l'idée de faire porter par chaque cheval de l'un de ses régiments, outre son cavalier habituel, un fantassin. Il put ainsi porter son effort sur le flanc de l'ennemi, l'obligeant à se replier sur Trente.

Après quoi, rejoignant Bonaparte, il prit une part active à la défaite de Wurmser à Bassano (18 septembre), y menant charge sur charge. Bonaparte espérait forcer les Autrichiens à capituler en rase campagne. Des ordres mal exécutés leur permirent, malgré des prodiges de Murat et de quelques escadrons, de passer et de se jeter dans Mantoue.

À la suite de ces nouveaux exploits, Murat resta plusieurs mois à l'arrière. Il n'avait reçu aucune récompense et, légèrement blessé au bras, s'était rendu à Milan où il avait fait la conquête de la comtesse Geraldi. Ces succès féminins permanents auraient agacé Bonaparte qui, suivant certaines rumeurs, aurait même appris que Murat se serait vanté d'avoir séduit Joséphine. Mais il n'existe aucune preuve de ces « on-dit » complaisamment rapportés par plusieurs historiens.

Il est beaucoup plus probable que le général en chef fut mis au courant des liens qui se tissaient entre Murat et Barras. Joachim se plaçait auprès du directeur, qui cherchait toujours des « clients » parmi les jeunes généraux. Or les liens entre Barras et Bonaparte se tendaient. Le Directoire commençait à devoir beaucoup au jeune Corse, qui emplissait ses caisses grâce au fabuleux pillage du Piémont, et cette sorte de mainmise rendait Barras soucieux.

S'il y eut une manière de brouille entre Murat et Bonaparte, elle ne dura pas. Dès le 20 décembre 1796, il commandait la cavalerie de la division Rey et prit ainsi part à la bataille de Rivoli où les Français écrasèrent l'armée d'Alvinzi qui tentait encore une fois de libérer Mantoue (14 janvier 1797). Changeant constamment d'affectation, il fut ensuite mis à la disposition de Joubert ; cependant, le 2 février, Mantoue à bout de vivres capitulait. Bonaparte put enfin marcher sur Vienne.

Pour entreprendre cette ultime offensive au cours de laquelle, il le savait, il serait opposé à l'archiduc Charles, le meilleur des généraux autrichiens, Bonaparte avait besoin de renforts et les demanda. De l'armée d'Allemagne, il reçut la division Bernadotte, choix étonnant de la part de Carnot, car les deux hommes étaient en assez mauvais termes, le Béarnais ayant jadis supplanté le Corse dans le cœur d'une jolie Marseillaise, Désirée Clary, qu'il avait épousée. À quel sentiment obéit Bonaparte, quand il attribua Murat au nouveau pour commander à la fois son avant-garde et sa cavalerie ? Il lui fournit dans ce but deux régiments montés et une section d'artillerie légère. Voulait-il faire surveiller Bernadotte, ou mettre ensemble deux hommes dont il avait tendance à se défier ? En tous les cas, le Gascon et le Béarnais, intelligents et bons stratèges, s'entendirent à merveille et entre eux allait se nouer une solide et durable amitié.

Le 16 mars, au passage du Tagliamento, Murat fonça à son habitude, bousculant tout et ouvrant la voie à Bernadotte qui le couvrit d'éloges. Trois jours après, à Gradisca, il eut encore un de ces gestes bien propres à enthousiasmer les troupes. Lefebvre rapporte : « Ce fou de Murat, pendant que l'ennemi nous canonnait et nous fusillait du haut des remparts de Gradisca, n'allait-il pas frapper aux portes de cette ville avec la poignée de son sabre en sommant avec son accent gascon les bourgeois qu'il appelait pékins de lui ouvrir ! »

Mais c'était la fin de cette belle aventure. À présent, les avant-gardes françaises étaient à moins de cent kilomètres de Vienne. Dès le 18 avril, à Leoben, Bonaparte signait un armistice sans en avoir les pouvoirs nécessaires, ce dont il se passa fort bien.

*

Avec les préliminaires de paix, Bonaparte prit un peu de recul et de repos. Il retourna d'abord à Milan puis, comme il craignait les chaleurs de l'été, souvent torride en Lombardie, « loua « à la famille Crivelli le château de Monbello dont il oublia simplement de payer le loyer. Là, il installa une manière de cour.

Curieuse cour ! Il y fit d'abord venir les siens : sa mère, ses frères, à l'exception de Lucien dont Napoléon se méfiait, ses sœurs puis sa femme avec ses deux enfants. Ensuite, il y convia ses généraux qui parurent avec leurs maîtresses du moment et bientôt toute la société milanaise se bouscula à ces réceptions où l'on mangeait fort mal – frugalité républicaine oblige – mais où s'étalait un luxe insolent.

Bien entendu, Murat y fut invité et se montra plus à l'aise dans ces salons que d'aucuns s'y seraient attendus. C'était oublier que, séminariste, il avait été reçu dans des familles toulousaines. Et puis il connaissait Mme Bonaparte, qui comptait un peu sur lui pour faire pièce à la famille de son mari. En bloc, celle-ci lui faisait grise mine.

Mais ce que n'avaient prévu ni les Bonaparte, ni Murat, ni même Napoléon, fut le coup de foudre entre notre héros et la plus jeune sœur du général en chef. Elle se nommait Maria-Nunziata et son frère, trouvant que ce prénom sentait un peu trop le maquis, l'avait changé en Caroline. Âgée de quinze ans, mais déjà femme, elle était d'une ignorance crasse, sachant à peine lire et écrire. Mais elle pouvait parfaitement évoluer dans l'étrange cour de son frère et son intelligence précoce lui dictait sa conduite. Extrêmement ambitieuse, elle décida de pêcher dans le vivier des généraux celui qui pourrait être à la fois son esclave, son complice, son amant et l'instrument de sa propre fortune. Murat parut répondre à ces critères. En plus, il était bel homme. De son côté, Joachim fut séduit. Elle n'était pas laide, et leur différence d'âges n'était pas un obstacle. Certes, épouser une sœur de Bonaparte, c'était se lier davantage à lui, mais dans la situation présente il n'y vit pas d'inconvénients.

Ils multiplièrent les rendez-vous prétendument clandestins, les apartés dans le parc, jouèrent aux amoureux sans réaliser qu'au moins lui le devenait alors qu'au départ il n'avait été guidé que par ses intérêts. Restait le plus délicat : officialiser la situation. Joachim aurait pu s'adresser directement au grand chef pour lui présenter sa demande, mais il comprit que ce ne serait pas la bonne méthode et il entreprit de faire le siège de Mme Laetitia, car Joséphine ne lui paraissait pas le meilleur intermédiaire. Sans y voir malice, la mère, heureuse de pouvoir marier la plus jeune de ses enfants, en parla à celui qu'elle considérait comme le chef de la famille. La réaction de Bonaparte fut brutale. Murat ne lui convenait pas, il n'expliqua pas pourquoi. Quant à Caroline, décréta-t-il, elle se devait de parfaire d'abord son éducation. On allait l'envoyer au couvent puis, à la réflexion, comme la vertu républicaine voyait d'un mauvais œil ce genre d'établissement, Caroline échoua dans celui que venait d'ouvrir Mme Campan à Saint-Germain. Elle allait y rester deux ans en compagnie d'Hortense de Beauharnais.

Pour éloigner Murat au plus vite de Monbello, Bonaparte le chargea d'une mission particulièrement délicate. Depuis bien longtemps, les hommes politiques français avaient eu les yeux fixés sur la Valteline, haute vallée alpestre qui commandait le passage vers les cours supérieurs du Rhin et du Danube. Jadis, Richelieu avait tout fait pour l'arracher aux Espagnols et la confier au canton suisse des Grisons dont la neutralité assurerait la protection. Mais à présent, gagnés par les idées de la Révolution, les Valtelins désiraient s'arracher à la domination helvétique et se voir rattachés à la nouvelle République cisalpine. Il était à craindre que l'Autriche n'y fît opposition. En tout cas, les Grisons voulaient la récupérer. Bonaparte ne tenait pas à voir un conflit éclater dans cette partie des Alpes. En septembre, il ordonna aux adversaires de suspendre les hostilités déjà engagées, mais comme il ne fut pas entendu, Murat fut prié d'y ramener l'ordre et, à la tête d'une forte colonne mobile, gagna la Valteline.

Il aurait pu employer la force, mais préféra la diplomatie, une diplomatie musclée. Les représentants des différentes localités qu'il visita comprirent parfaitement le sens de son message. Sans avoir eu à tirer un seul coup de feu, il ramena le calme et obtint des Grisons qu'ils envoient des députés à Milan pour y discuter du futur statut de la vallée. Comme ils négligèrent de le faire, Bonaparte annexa simplement la Valteline à la République cisalpine, répondant ainsi aux vœux de ses habitants. Murat fut félicité : « Je suis satisfait de ce que vous avez fait dans la Valteline », lui écrivit son chef, voyant ainsi chez son sabreur se développer un diplomate d'un genre particulier.

Après la signature du traité de Campoformio (18 octobre 1797), il était prévu qu'un congrès s'ouvrirait à Rastadt au mois de novembre, où il serait discuté du sort de la rive gauche du Rhin. Bonaparte, qui comptait s'y rendre, y envoya Murat en avant-garde. Comme il n'était plus question de Caroline, Murat emmena dans ses bagages sa maîtresse du moment, la comtesse Geraldi. À Rastadt, il rencontra pour la première fois des diplomates de la vieille école tout pétris de finesse et, conscient de son infériorité, parla peu et écouta beaucoup, ce dont Bonaparte lui sut gré.

Il comptait séjourner quelque temps à Paris, non pour se reposer mais plutôt pour s'amuser et se rappeler au souvenir des membres du gouvernement, mais la situation en Italie se dégradait. Berthier, demeuré sur place, réclamait des hommes de valeur. Ne tenant pas à le voir trop coqueter avec les directeurs, Bonaparte lui expédia Murat.

À la suite de l'assassinat du général Duphot par des émeutiers romains, nos troupes avaient occupé Rome. Mis à la tête d'une brigade de cavalerie, Murat y tint garnison. Il vit avec plaisir rappeler Berthier, avec qui il ne s'entendait guère, et celui-ci remplacé par Masséna. Ce dernier le chargea presque aussitôt de réprimer la révolte de paysans qui tenaient la campagne (février 1798). Avec son énergie coutumière, à la tête d'un millier de soldats et de deux pièces de canon, il marcha sur Albano, dispersa 8 000 paysans qu'encadraient et excitaient des prêtres et des moines à Castelgandolfo, atteignit Albano dont il massacra la garnison, fit prisonnier l'archiprêtre de la ville, âme de la résistance, le pendit, et revenant sur ses pas livra la résidence d'été des papes au pillage de ses troupes. Mais le soulèvement était maté et Murat put rentrer à Rome pour y recevoir des félicitations. Un peu plus tard, en compagnie de Berthier, revenu pour la circonstance, il assista à la proclamation de la République romaine, pendant que le pape allait être assigné à résidence à Florence, avant d'être déporté en France, à Valence, où il mourrait l'année suivante.

Cependant, il n'était question dans toute l'armée que d'une expédition que préparait Bonaparte. On évoquait la Grande-Bretagne, quoiqu'il semblât étrange que dans un tel but l'état-major commençât à concentrer des régiments dans le midi de la France et le nord de l'Italie. Normalement, Murat aurait pu estimer être concerné et se voir promettre un commandement, surtout qu'il pensait ne plus rien avoir à faire à Rome pour le moment. Mais, et c'était bien dans sa manière, il n'aborda pas de front Bonaparte pour lui demander quel rôle lui était assigné, car il craignait de se voir opposer une fin de non-recevoir. Ce fut à ses amies Joséphine et Mme Tallien qu'il exposa ses doléances. Et comme il pensait que ces recommandations ne seraient peut-être pas suffisantes, il écrivit au tout-puissant Barras pour solliciter son appui.

Tous trois agirent en sa faveur et cette triple démarche eut le don d'exaspérer Bonaparte. Déjà il ne supportait pas que des femmes se mêlent d'affaires militaires, et l'intervention de Barras l'énerva davantage encore, surtout qu'il ne considérait pas le fait de laisser Murat en France comme une disgrâce, puisqu'il n'emmenait ni Masséna, ni Brune, ni Joubert… En se séparant momentanément d'eux, il pensait préparer le terrain pour l'avenir, n'ayant pas l'intention de terminer ses jours en Orient. Seulement il ne croyait pas pouvoir éluder une telle pression, ces trois hommes pouvant lui causer beaucoup de tort. Il leur annonça donc que Murat ferait partie de l'expédition, mais il était bien décidé à lui faire payer ses « intrigues ».

Aussi ne le convoqua-t-il pas lui-même et laissa-t-il à Berthier le soin de lui donner ses instructions. Appelé par celui-ci à Milan le 11 mars 1798, Murat y parvint un peu plus tard pour apprendre qu'il devait gagner Gênes et s'y préparer à embarquer avec une brigade à deux régiments de dragons : singulière unité puisqu'elle comprenait les hommes et les selleries ainsi que le matériel mais pas les chevaux, la place manquant à bord des transports pour les y entasser. Quant à Murat, on lui faisait la grâce de l'autoriser à monter à bord d'un vaisseau de guerre.

CHAPITRE IV

L'AVENTURE ÉGYPTIENNE ET SA SUITE (1798-1799)

Tout est insolite dans cette expédition d'Égypte, à commencer par son objectif et par la manière dont elle fut conduite. Encore aujourd'hui, son intérêt fait l'objet des discussions les plus serrées et la raison qui la déclencha demeure entourée de mystère. Initialement, le Directoire voulait tenter une descente en Grande-Bretagne et les préparatifs furent poussés assez loin. Mais l'état de décrépitude dans lequel était tombée notre marine de guerre convainquit les plus optimistes de la folie de l'entreprise. C'est alors que Bonaparte proposa de porter la guerre en Égypte. Pour certains, il transcendait les souvenirs de sa jeunesse lorsqu'il avait lu l'histoire des Arabes ou le *Voyage en Égypte* de Volney (1787). Pour d'autres, le projet était né sous la plume de Talleyrand avec son « Essai sur les avantages à retirer des colonies nouvelles dans les circonstances présentes », encore que l'Égypte, pays pauvre et surpeuplé, se prêtât mal à des cultures de produits de luxe.

Enfin, Bonaparte lui-même imaginait que pourrait se créer un trafic maritime depuis l'Extrême-Orient ou les Indes jusque vers la France, en transbordant les marchandises de Suez à Alexandrie via l'isthme. Quant à la fable sortie de l'imagination de Bonaparte, selon laquelle la conquête de l'Égypte serait une manière indirecte de frapper l'Angleterre, personne n'y crut.

Mais surtout, si le gouvernement accepta de parrainer cette invraisemblable aventure, c'est qu'il y vit un bon moyen de se débarrasser du général. Celui-ci en effet, depuis son retour de Rastadt, se donnait beaucoup d'importance, laissant répéter que c'était grâce à lui et à ses envois d'argent que l'État n'avait pas fait banqueroute, traitant d'égal à égal avec les directeurs qu'il méprisait et donnant à entendre qu'il pourrait bientôt être le sauveur de la patrie. En l'expédiant dans le cul-de-sac égyptien, à l'autre bout de la Méditerranée, le gouvernement pensa qu'il se constituerait peut-être une sorte de royaume indépendant et que jamais il ne reparaîtrait en Europe, du moins pas avant longtemps. Aussi ne lésina-t-il pas sur les moyens.

Une armée répondant aux prévisions de Bonaparte fut constituée. Elle comptait 35 000 fantassins, 3 000 cavaliers sans leurs chevaux et 3 000 artilleurs. Pour la transporter, furent rassemblées à Toulon autour de treize vaisseaux de ligne et de sept frégates 106 flûtes [1], à Marseille autour de deux corvettes 30 flûtes, en Corse autour d'unc corvette 20 flûtes, à Gênes autour d'une frégate et d'une corvette 41 flûtes. Évidemment, il était difficile, étant donné ses lieux de concentration, de faire croire que cette force navale

1. Navires de guerre anciens transformés en transports et allégés de leur artillerie. On disait : un vaisseau gréé en flûte.

était destinée à passer en Angleterre. C'est en vain que, pour donner le change, l'état-major français fit courir le bruit que son objectif réel était le Portugal ; mais les Anglais ne furent pas dupes, et s'ils ne devinèrent pas le but, ils eurent bientôt des soupçons.

Enfin, pour donner une touche originale à une opération qui l'était déjà passablement par elle-même, un groupe de savants, d'ingénieurs et d'artistes embarqua avec l'armée. Mais au lieu des 680 chevaux, minimum qu'avait demandé Berthier, on ne put en caser qu'un peu plus de 200 et presque toute la cavalerie devint infanterie sans en avoir perçu l'équipement.

Murat embarqua sur la frégate *Artémise* le 28 avril et en éprouva quelque dépit. Il avait espéré que Bonaparte le ferait appeler à bord de l'*Orient*, son vaisseau amiral où il se trouvait avec plusieurs autres généraux.

Rien de remarquable ne se produisit durant la traversée. Pendant l'escale de Malte, Murat rendit à son chef une visite de politesse et fut reçu assez froidement. Bonaparte lui en voulait toujours d'avoir fait jouer ses relations pour lui forcer la main. Joachim en fut tellement indigné qu'il écrivit une lettre à Barras, demandant son rapatriement et dénonçant au passage les incuries de l'expédition qui n'en manquait pas ; puis il réfléchit et la garda par-devers lui, mais sans la détruire.

Le voyage reprit et le 1er juillet 1798 la flotte parut devant Alexandrie. Le débarquement commença le soir même. Murat avec sa cavalerie à pied fut affecté à la division de Kléber qui était maintenue en réserve, mais il demanda et obtint de prendre la tête d'une des colonnes d'assaut. Avec sa fougue habituelle, il balaya tous les obstacles, rejeta le gros de l'ennemi du centre de la ville sur le phare et l'accula à se rendre. Bonaparte le remercia à peine. Un peu plus tard, comme il faisait son entrée dans Alexandrie, le général en chef échappa par miracle à un attentat. Il prit à la hâte quelques mesures pour mettre en état de fonctionner l'administration des territoires conquis, puis il organisa la marche sur Le Caire qui débuta le 7 juillet.

Pendant ce temps, la division Dugua (il avait remplacé Kléber blessé) avait reçu l'ordre de longer la côte pour s'emparer d'Aboukir et de Rosette puis, pivotant à droite, de remonter le Nil jusqu'à Ramanieh où elle opérerait sa jonction avec le gros de l'armée. Murat commandait l'avant-garde et la cavalerie, qui se réduisait à cinquante dragons montés. Heureusement, ils ne rencontrèrent que le vide mais, au fur et à mesure qu'ils avançaient, les soldats purent constater à quel point ils avaient été dupés quand on leur avait vanté les mirages de l'Orient. Le pays était pauvre, crasseux, les vivres rares, la population indifférente voire hostile et par-dessus tout ils étaient assommés par la chaleur de juillet, à laquelle leurs uniformes n'étaient absolument pas adaptés. Murat était autant furieux sinon davantage que ses soldats et ne cessait de se demander ce qu'il était venu chercher au bord du Nil.

La liaison avec le reste de nos forces eut enfin lieu à Ramanieh, et de là la marche en avant reprit. Pour lutter contre la chaleur, Bonaparte prescrivit des étapes de nuit au clair de lune. Et le 12 juillet, en un lieu nommé Chobrâkhyt, un premier contact fut pris avec l'ennemi. Celui-ci était peu nombreux : 3 000 Mamelucks montés et 2 000 janissaires à pied appuyés par une vingtaine de canons, tous persuadés de leur invincibilité. Ce choc fut peu meurtrier mais, se rendant compte de la valeur des nôtres, les Arabes battirent en retraite. On ne devait plus les revoir jusqu'aux pyramides. Nos troupes y parvinrent le 20 juillet, au prix de beaucoup de difficultés. Là, entre les pyramides et la ville du Caire, était déployée l'armée des Mamelucks.

Murat savait déjà que son rôle dans la bataille qui se préparait serait des plus minces. Il n'aurait qu'à se tenir sagement dans un carré d'infanterie et à contempler le combat en spectateur, mais il ne put s'y résoudre. Piquant des deux, suivi de son dragon d'ordonnance, il s'élança en avant des lignes, bientôt rejoint par le colonel Laugier, et tous deux se mirent à caracoler et à narguer les Arabes. Aussi, une cinquantaine d'entre eux sortirent de leur camp pour les affronter. Ravi, Murat mit le sabre en main et son compagnon eut le plus grand mal à le convaincre de regagner nos rangs. Mais ils le firent tranquillement, au pas et, tout étonnés de tant d'audace, les Mamelucks n'osèrent les aborder, surtout que les trois Français atteignaient un boqueteau de palmiers, où une embuscade pouvait être dressée contre les poursuivants, alors qu'il n'en était rien. Enfin, Murat et les deux autres regagnèrent leur carré sous les acclamations de toutes nos troupes. Bonaparte lui-même apprécia l'audace. Quant à la bataille elle-même, qui vit les charges des Mamelucks se briser contre les feux des carrés d'infanterie, Murat, comme il l'avait prévu, n'y joua aucun rôle.

*

À présent, les Français tenaient Le Caire mais cette ville n'était ni aimable ni attirante, et ils étaient loin de l'accueil délirant qu'ils avaient connu à Milan. Aussi, la grogne fit-elle plus que persister dans la troupe et parmi la majorité des généraux. Bonaparte, trop absorbé par l'organisation de sa conquête, ne se rendit compte, semble-t-il, de rien ; mais Lannes, fidèle parmi les fidèles, que les propos de ses camarades indignaient, vint le mettre au courant. La réaction de Bonaparte fut rapide. Il pria le général Dugua de l'inviter à souper en compagnie de ceux qu'il lui désigna : tous les présumés mutins. Murat, naturellement, en était. À la fin du repas, leur chef leur tint à peu près ce langage :

– Je sais que plusieurs généraux prêchent la révolte. Qu'ils prennent garde ! La distance d'un général et d'un tambour à moi est la même et si le cas se présentait, je ferais fusiller l'un comme l'autre.

Puis il se retira. En réalité, il avait joué gros. Les « mutins » auraient très bien pu profiter de l'occasion pour se débarrasser de lui. Leur manque de réaction fut étonnant. Ils demeurèrent cois. Seul Murat eut le courage de dire à voix haute :

– Je parierais que c'est ce jean-foutre de Lannes qui a vendu la calebasse.

Ce qui montre qu'il y voyait clair.

Il n'allait pas profiter longtemps des douteux avantages du Caire, car le 27 juillet il était nommé gouverneur de la province de Kelioub, au nord du pays, avec pour mission de maintenir l'ordre et de contenir les Mamelucks. Ceux-ci vaincus, mais non détruits, tentaient de reconstituer leurs forces sur la frontière syrienne. En fait, c'était pour Murat une manière d'exil. Les troupes qui lui étaient attribuées étaient dérisoires : un bataillon d'infanterie, un peloton de dragons mal montés et un canon. Il était amer de se voir éloigné dans ce pays perdu. Mais il reçut bientôt des renforts et son champ d'action se trouva élargi par la force des événements.

Bonaparte s'était lancé à la poursuite d'Ibrahim, commandant de l'armée ennemie, avec ce qu'il avait pu réunir de troupes. En limite du désert, sous la chaleur, les conditions de la progression étaient affreuses. Pourtant, à la tête de deux cents hommes, Murat rallia rapidement le 11 septembre et, laissant ses fantassins à Lannes préposé à la garde des bagages, il se porta vers la pointe des colonnes où se tenait Bonaparte. L'affaire s'engageait mal. Pour enlever le convoi d'Ibrahim, seul Lasalle et quelques escadrons s'étaient élancés mais étaient en train de plier sous le nombre. N'hésitant pas, Murat demanda à Bonaparte de lui confier son escorte, vingt-cinq cavaliers, puis, la grossissant des officiers présents, il chargea. Mais si cette rescousse permit à Lasalle de souffler, elle était encore trop faible. Ils allaient succomber quand l'arrivée des dragons de Leclerc permit *in extremis* de redresser la situation.

Pour le remercier, Bonaparte adressa le 3 septembre à Murat une lettre de félicitations. En même temps, il le chargeait de contrôler la remonte de la cavalerie. Là, Joachim était à son affaire, d'autant qu'avec les chevaux trouvés dans les écuries du Caire, la chose était facile. Épris de nouveautés, Bonaparte avait poussé l'orientalisme jusqu'à créer une unité de méharistes, qu'on nommait l'escadron des dromadaires, et il demanda également à Murat de le superviser. Celui-ci vint le passer en revue mais les étranges animaux, dont les chevaux fuyaient l'approche, n'étaient pas du goût de ce cavalier et il s'en désintéressa car, en dehors d'une marche dans le désert, il n'en voyait pas l'utilité. En octobre, Bonaparte lui demanda encore une fois de disperser des bandes de pillards dans le delta du Nil. Ce genre d'opération lui était devenu familier et il remporta succès sur succès.

Cependant, la situation générale s'aggravait. L'Empire ottoman, à la suite de notre désastre naval à Aboukir, s'était brusquement soucié de cette armée française, à présent prisonnière de l'Égypte et, poussé par l'Angleterre ainsi que par la Russie, nous avait déclaré la guerre en décembre 1798. Dans le but de nous attaquer, il commença à concentrer une armée dans le nord de la Syrie. Certes, cela prendrait du temps. La lenteur des communications, la nonchalance des Turcs, la pauvreté des régions à traverser ralentiraient considérablement les mouvements. Toutefois, Bonaparte n'entendait pas laisser à ses adversaires l'initiative des opérations.

Toujours en proie à ses rêves d'orientalisme, il était en train de mettre sur pied une expédition visant à la conquête des Indes et, à ceux que ses propos ébahissaient, il faisait remarquer qu'Alexandre l'avait déjà réalisée. Mais l'attitude de la Turquie le força à modifier ses plans. Il décida de se porter au-devant des forces de Syrie et de les détruire. Après, ne pourrait-on revenir en France en traversant l'Europe ?

Pour cette nouvelle campagne, Bonaparte ne disposait que de forces réduites : 10 270 fantassins, dont 340 sapeurs, environ 800 cavaliers, cette fois bien montés, et 1 300 artilleurs. Pour lui exprimer sa satisfaction, il confia le commandement de toute sa cavalerie à Murat.

Le corps expéditionnaire quitta Le Caire à la fin de janvier 1799 et tout de suite les conditions matérielles de la progression se révélèrent extraordinairement dures, malgré l'important train de chameaux et d'ânes qui portaient les bagages. Il y avait 320 kilomètres de désert à traverser avec seulement trois points d'eau séparés par des distances de 65 à 100 kilomètres. Mais comme on était en hiver, la chaleur n'était pas pénible. Au contraire, ce fut le froid qui la nuit paralysa les hommes. Il ne se rencontra pas d'ennemis jusqu'à Gaza, que l'armée atteignit le 27 février.

Là, le général Abdallah nous attendait avec des forces supérieures aux nôtres, en particulier 6 000 cavaliers.

Déployé à l'aile droite de l'armée, soutenu par la division d'infanterie de Lannes, Murat fut chargé d'attaquer en ce point, et, malgré la disproportion des forces, sans attendre l'appui de Lannes, il chargea. Les Mamelucks étaient eux aussi d'excellents combattants. Forts de leur nombre, ils repoussèrent notre première ligne ; mais Murat, avec son impétuosité naturelle, réattaqua avec le reste de ses escadrons l'ennemi de flanc, le mit en déroute et sema la panique dans le camp des Turcs. Tous s'enfuirent et tentèrent de se réfugier dans Gaza où Murat pénétra au milieu d'eux. La ville se rendit.

Le 4 mars, devant Jaffa, grâce à une reconnaissance téméraire de Murat, un coup de main hardi permit d'enlever la place. Les véritables difficultés allaient commencer.

Barrant la route à l'armée française, se dressait maintenant la forteresse de Saint-Jean-d'Acre. Bonaparte se devait de l'enlever et ne doutait pas d'y parvenir aisément. Mais elle était défendue à la fois par un Anglais et un Français, ancien condisciple de Bonaparte, bien décidés à tenir la place jusqu'à la dernière extrémité. Par ailleurs, la ville s'appuyait sur la mer que dominaient les escadres anglaises qui la ravitaillaient. Donc le blocus n'était pas complet et il serait nécessaire de la prendre d'assaut.

Il fallait entreprendre le siège et ouvrir la tranchée (21 mars). La cavalerie n'y avait aucun rôle à jouer, mais Murat fut prié d'éclairer l'arrière-pays contre l'incursion des forces turques qui pourraient essayer d'attaquer à revers le corps de siège. Bonaparte, en effet, ne disposait pas d'assez de troupes pour couvrir à la fois la ville et la campagne, car la maladie réduisait ses effectifs.

Murat installa ses escadrons sur un monticule dominant Saint-Jean-d'Acre et s'y laissa aller à une vie facile. Certes, il multipliait les patrouilles mais en même temps ménageait ses chevaux qui avaient besoin de se refaire. Et puis il ne croyait pas trop à un retour offensif immédiat de la part des Turcs après les deux défaites qu'ils venaient de subir. Quand on lui faisait remarquer qu'il avait tort de se déshabiller le soir pour se coucher, une surprise de nuit étant possible, il rétorquait en riant :

– Eh bien, je monterai à cheval en chemise ! Ainsi mes hommes me distingueront mieux dans l'obscurité.

Il menait une vie plutôt tranquille pendant que le corps de siège repoussait les sorties des assiégés et s'épuisait en assauts stériles. Comme l'artillerie manquait de boulets, Bonaparte pria Joachim d'envoyer l'un après l'autre ses escadrons « donner le carrousel » sur les plages. Il pensait que les Anglais ne manqueraient pas de leur tirer dessus, ce qui arriva, et chaque cavalier qui ramena un projectile y gagna vingt sous pour les plus gros, dix pour les plus petits. Amusé, Murat voulut s'essayer à ce jeu lui aussi, mais reçut l'ordre formel de s'en abstenir. À la fin du mois de mars, il dut monter une reconnaissance en profondeur, car Bonaparte apprit par son service de renseignement que le pacha de Damas se préparait, à la tête d'une nouvelle armée, à tenter de débloquer Saint-Jean-d'Acre. Murat partit donc pour ce qu'il considérait à tort comme une excursion vers la vallée du Jourdain avec un bataillon d'infanterie qui, estima-t-il, allait gêner la rapidité de ses mouvements, et la moitié de ses cavaliers. S'étant adjoint un moine français qui lui servait de guide et lui faisait des cours d'histoire, il se soucia aussi peu que possible de l'ennemi. D'ailleurs, les régions traversées étaient assez fertiles et les soldats ravis de la « promenade ».

Ils passèrent sous la forteresse de Safed, position presque inexpugnable dont la garnison avait pourtant fui à leur approche, ce qui ne manqua pas d'inquiéter Murat. Si ces Turcs faisaient leur jonction avec l'armée de Damas, celle-ci pourrait le prendre au piège. Aussi lança-t-il son adjoint Colbert à la poursuite du pacha, non pour le sabrer mais pour le persuader de revenir chercher sa fille qu'il avait abandonnée dans sa fuite, puis de reprendre son poste. Colbert réussit dans sa mission. Tranquillisé, Murat put continuer sa promenade-reconnaissance et poussa jusqu'au pont de Benat Yacoub, passage obligatoire pour franchir le fleuve. Ne disposant pas de suffisamment de poudre, il ne put le faire sauter comme il en avait l'intention. Et puis le pays semblait si tranquille, il n'y avait pas trace d'ennemis.

Le 4 avril, il était de retour au camp et put faire un rapport tout à fait rassurant à Bonaparte. Or l'armée turque avait bel et bien franchi le Jourdain peu après sa venue, et on peut se demander comment Murat n'avait pas su déceler son approche, car elle ne se dissimulait guère.

Sans prendre le temps de lui poser des questions, le général en chef prit ses dispositions et ordonna à Murat de manœuvrer avec 1 000 hommes sur l'arrière des assaillants pour leur couper la retraite et gêner leur ravitaillement. Murat réussit brillamment, bouscula un des corps ennemis, le mit en déroute, s'empara de son camp et le livra au pillage des siens. Puis, après une nuit de folie, il se remit en marche pour se porter au secours de Kléber mais arriva trop tard. Bonaparte avait remporté la victoire du mont Thabor qui ne résolvait rien.

Tant pour rompre l'inaction que pour se faire pardonner sa bévue, Murat demanda à servir dans le corps de siège. Bonaparte lui donna satisfaction et il s'y comporta avec sa bravoure et son entrain habituels. Mais cette fois, sur le point d'être abattu par un fantassin turc d'une balle dans le dos, il ne dut son salut qu'à la prompte réaction de Colbert.

Cependant la situation devenait intenable. Les effectifs fondaient et les Français ne pouvaient plus aligner que 10 000 combattants. Kléber, qui avait une vue nette de la situation, dit à Bonaparte : « Je compare la ville d'Acre à une pièce de drap. Lorsque je vais chez le marchand pour l'acheter, je demande à la palper, je la vois, je la touche et si je la trouve trop chère, je la laisse. »

À regret, le général en chef accepta de lever le siège et de reprendre la route de l'Égypte, car il sentait que cet échec était comme le commencement de la fin de l'aventure. Faute de voitures pour les transporter, il fallut abandonner les malades et les blessés. Murat prit tout de même ses dispositions pour pouvoir emmener son aide de camp Colbert, qui avait eu les deux jambes traversées par une balle de pistolet. Commencée le 22 mai, la retraite se poursuivit sans encombre, Murat à la tête de ce qu'il restait de cavalerie ouvrant la voie et couvrant les traînards. Il manqua de peu de capturer Mourad Bey.

*

L'armée, que son chef présenta au Caire comme victorieuse, ce qui ne trompa personne, avait besoin d'une longue période de repos. Mais Bonaparte savait que les Turcs avaient réuni de nouvelles forces à Rhodes et qu'avec l'aide des Anglais ils s'apprêtaient à les débarquer en Égypte pour tenter d'en finir avec cette expédition française. Le 15 juillet, c'était chose faite. En hâte, Bonaparte réunit ce qu'il put, à peine 7 000 hommes. C'était peu en face des 18 000 Turcs qu'appuyait la flotte anglaise avec toute son artillerie. La mise à terre avait eu lieu sur la presqu'île d'Aboukir et, fort de ce renseignement, Bonaparte y dirigea ses régiments sans attendre les renforts de Desaix et de Kléber. Ses chefs de corps étaient pour l'infanterie Lannes, Lanusse et Destaing, mais il y avait deux candidats au commandement de la cavalerie : Davout et Murat. Ce fut ce dernier qui fut désigné, tandis que son camarade était chargé avec de faibles forces d'assurer la liaison avec Alexandrie. Il ne le pardonna jamais à Murat et ce fut le début d'une longue inimitié entre les deux généraux.

Au lieu de prendre résolument l'offensive pendant que les Français étaient encore loin, les Turcs, conseillés par les Anglais, qui avaient des doutes sur leurs qualités de manœuvriers, s'étaient puissamment retranchés dans la presqu'île d'Aboukir, s'appuyant à droite sur la mer et à gauche sur le lac Madieh. Leurs ouvrages comprenaient deux lignes de défense, celle de l'extérieur étant la plus faible et celle de l'intérieur articulée sur trois points forts : le village, le château et une redoute, tous armés de canons. Ils comptaient briser les attaques françaises par leur feu combiné avec celui des navires et faire bon marché des survivants. Des canonnières anglaises mouillées à quelques encablures du rivage, donc inaccessibles, balayaient la côte avec leur artillerie et de plus loin en mer étaient soutenues par tous les canons de la flotte.

Le 24 juillet au soir, veille de la bataille, Bonaparte toujours grandiloquent déclara à Murat :

– Cette bataille va décider du sort du monde !

Plus terre à terre et ayant une plus juste notion de la valeur des choses, Joachim lui répondit :

– Elle va au moins décider du sort de l'armée mais ce qui doit vous rassurer, c'est qu'il n'y a pas un soldat qui ne sente la nécessité de vaincre...

À l'aube du 25, alors que Bonaparte suivi de son état-major allait reconnaître la position ennemie, Murat, en compagnie de l'adjudant général Roise, galopa tout au long du front.

Or, pour ne pas éparpiller leurs hommes, les généraux turcs avaient laissé dégarnies, à l'extrémité de leurs ailes sur la première ligne, des bandes de terrain d'environ 400 mètres de large, estimant que le tir de l'artillerie de marine suffirait à les couvrir.

Tandis que Lannes, après une courte préparation d'artillerie, faisait mouvement pour attaquer le centre turc à la baïonnette, Murat, qui avait divisé ses trois régiments de cavalerie en deux masses égales, l'une commandée par Roise et l'autre par lui-même, les précipita au grand galop dans un mouvement bien conjugué sur les ailes, avec une telle vitesse que les Anglais surpris n'eurent pas le temps d'ouvrir le feu. Puis, effectuant une conversion, les deux généraux se réunirent au centre et tombèrent sur le dos des ennemis au moment où Lannes les abordait. Ils déclenchèrent une effroyable panique. Jetant leurs armes, les Turcs, sabrés par nos cavaliers, s'enfuirent vers la mer et le salut qu'ils croyaient trouver à bord des canonnières, lesquelles tirèrent pour les forcer, sans succès, à retourner au combat. Sur les 8 000 hommes de cette première ligne, 1 400 avaient été tués, 1 200 s'étaient rendus et presque tous les autres s'étaient noyés. Les Anglais n'en recueillirent qu'un très petit nombre.

À présent, il fallait attaquer la deuxième ligne qui comptait près de 10 000 soldats et là il n'y avait pas de corridors. Bonaparte, qui avait apprécié en connaisseur la première partie de la bataille, fit installer une batterie sur un promontoire dans le lac et de là pilonner la gauche des Turcs. Ceux-ci reculèrent, ouvrant un nouveau couloir protégé par les feux croisés de la redoute et des canonnières. Sans vouloir tenir compte de cet obstacle, Murat enleva ses escadrons, mais cette fois il n'y eut pas de surprise. Balayés par la mitraille, les cavaliers du 7e hussards durent reculer avec des pertes sévères. Se voyant déjà vainqueurs, les Turcs commirent la faute de sortir de leurs tranchées pour aller couper la tête à nos morts et nos blessés. Lannes en profita pour lancer son infanterie et Murat pour charger une nouvelle fois dans le mortel couloir, cette fois avec succès. La scène qui s'était déroulée sur la première ligne se répéta. Murat, à la tête de ses derniers cavaliers, s'empara du camp de l'adversaire. Au milieu, sortant de sa tente les pistolets à la main, il avisa le pacha de cette armée et lui cria de se rendre. L'autre répondit par un coup de feu qui atteignit Murat à la mâchoire. En réponse, celui-ci trancha les doigts de la main de Mustapha Pacha, et ses hussards le capturèrent sans ménagements. La victoire était complète. Nous avions fait 3 000 prisonniers. Tout le reste de l'armée était mort ou noyé tandis que nos fantassins poursuivaient les derniers survivants, la baïonnette dans les reins, en braillant : « Les Turcs à la mer ! » Le butin et le matériel pris étaient considérables : 100 drapeaux, 32 canons, et nos pertes étaient assez faibles.

Dans cette bataille, Murat pour la première fois avait fait preuve d'un sens tactique, d'un coup d'œil et d'un art de la manœuvre improvisée qu'il n'aurait pas souvent par la suite l'opportunité de mettre en œuvre. Bonaparte ne s'y trompa pas. Il écrivit au Directoire : « Le gain de la bataille… est dû principalement au général Murat. »

Puis, estimant qu'il méritait tout de même une récompense plus substantielle, il lui fit savoir par

Berthier qu'il le nommait à titre provisoire général de division (25 juillet), mais il n'avait pu s'empêcher, en apprenant sa blessure, de demander :

– La langue est-elle atteinte ?

– Heureusement non. À ce moment il ouvrait la bouche, dit l'officier porteur de la nouvelle.

– C'est la première fois qu'il l'a ouverte à propos !

Son élévation devait être confirmée par le gouvernement le 19 octobre de la même année. La blessure de Murat n'était pas grave et il fut bientôt sur pied.

Cependant, si cette victoire d'Aboukir desserrait l'étreinte des Turcs, elle ne permettait pas de résoudre le problème essentiel : faute d'une flotte, les Français demeuraient prisonniers de leur conquête. Leurs forces s'usaient dans ces affrontements incessants. Combien de temps pourraient-ils tenir ?

Bonaparte comprenait que l'affaire d'Égypte était terminée. Il décida de rentrer secrètement en France. Il ignorait que le Directoire l'avait déjà rappelé, mais la dépêche porteuse de l'ordre ne lui parvint pas. Les rares nouvelles qu'il recevait avec retard étaient mauvaises. Il pensait que par sa présence il serait à même d'assurer son avenir. Par chance, il disposait de deux frégates. Pour ne pas avoir à l'affronter, il remit par lettre le commandement de l'armée à Kléber qui le prit assez mal. Puis il s'embarqua avec une poignée de généraux qu'il considérait comme ses fidèles. Murat, rentré en faveur après Aboukir, en fit partie. Quoiqu'il n'eût pas obtenu l'autorisation, que du reste il n'avait pas sollicitée, il emmenait son aide de camp Colbert parce qu'il était devenu son ami et que cet officier lui avait sauvé la vie. C'était dans la nuit du 22 août 1799.

*

Ce qu'il y a d'extraordinaire dans le retour de Bonaparte est qu'il se présenta et fut accueilli comme le sauveur de la France alors qu'il n'y avait plus rien à sauver. La victoire de Masséna en Suisse, la manœuvre de Brune en Hollande, qui allait amener les Anglais à capituler, avaient préservé le pays de l'invasion. Mais la situation intérieure était suffisamment précaire pour justifier la création d'un gouvernement à poigne. Sieyès y réfléchissait, cherchant un général à la fois connu et assez novice en politique pour renverser le Directoire à son profit, à lui, Sieyès. Les candidats ne se bousculaient pas et il pensa l'avoir trouvé en Bonaparte. Ce dernier, qui avait déjà ses idées, mais se garda de les dévoiler, fit semblant d'accepter de jouer le rôle que lui réservait Sieyès. Depuis son arrivée à Paris, il voyait beaucoup de monde, mais surtout, comme il savait que rien ne se ferait sans le concours actif de l'armée, il demanda aux généraux qu'il avait ramenés avec lui de la tâter pour voir jusqu'à quel point elle accepterait de soutenir un coup d'État et même d'y participer. Afin de faciliter les contacts, les conjurés, car c'en étaient, reçurent pour directive d'entrer en rapport avec leur arme d'origine. Ce fut l'état-major pour Berthier, l'infanterie pour Lannes, l'artillerie pour Marmont et la cavalerie pour Murat. Son travail était des plus faciles. La garnison de Paris comprenait trois régiments montés : le 21e de chasseurs, son ancien régiment acquis d'avance, et deux de dragons qui avaient servi en Italie. Toutes les troupes de ligne se déclarèrent d'autant plus volontiers prêtes à marcher que leur solde n'était plus payée depuis des mois et qu'elles voyaient s'étaler sous leurs yeux le luxe insolent des amis du pouvoir.

Seuls les grenadiers de la garde du Directoire posaient problème. Ils étaient 2 000, n'avaient jamais participé à aucun combat et même si leur valeur militaire était douteuse, on ne pouvait la négliger. Leurs chefs étaient fanatiquement dévoués à Barras.

La discrétion et le secret ne furent pas les points forts de la conjuration. Le Tout-Paris politique fut vite au courant. Pourtant Barras, l'homme puissant du régime, ne fit rien pour l'entraver et accepta de voir nommé Bonaparte au commandement de l'armée de la capitale avant de démissionner sous l'influence de Talleyrand, mais après les autres directeurs. On sait comment le coup d'État, à moitié réussi le premier jour (9 novembre 1799-18 brumaire), faillit complètement échouer le lendemain, lorsque Bonaparte se présenta devant la seconde assemblée, le Conseil des Cinq-Cents. Les députés, parmi lesquels se comptaient bon nombre de jacobins décidés à lui résister, l'empêchèrent de parler dans un incroyable charivari, le bousculèrent, demandèrent qu'il soit mis hors la loi ainsi que ses complices, ce qui était une mesure extrêmement grave. Pas préparé à cette résistance, Bonaparte perdit la tête. Son frère Lucien, président de l'assemblée, réussit à gagner quelques instants en démissionnant de son poste, mais ce geste ne résolvait rien.

Il fallait en finir. Bonaparte ne parvenait pas à prendre une décision. Dans le tohu-bohu qui suivit, où certains commençaient à se demander quel parti adopter, ce fut Murat qui, après avoir secoué son chef et lui avoir arraché l'ordre de marcher, sauva la situation. Se mettant à la tête d'une colonne d'infanterie, il fit battre la charge et envahit l'assemblée sans tenir compte des clameurs des députés. De sa voix de stentor, il annonça :

– Citoyens, vous êtes dissous !

Et comme son cri n'avait aucun effet, au contraire, il commanda :

– Foutez-moi dehors tout ce monde-là !

Baïonnette au canon, les soldats obtempérèrent sans hésiter. Affolés, les députés se sauvèrent en sautant par les fenêtres. La farce était jouée. Le coup d'État était enfin réussi, surtout grâce à Murat.

La récompense ne se fit pas attendre. Renforcée, étoffée, la garde des directeurs était devenue la garde consulaire. Instruit par les événements récents du rôle qu'elle pourrait être amenée à jouer en cas de tentative de coup de force, Bonaparte en confia le commandement à Murat. Mais celui-ci visait plus haut. Tant qu'à se rattacher à son patron, il tenait à resserrer leurs liens.

Chapitre V

MARIAGE D'AMOUR ... MARIAGE D'INTÉRÊT (1799-1804)

Si occupé qu'il ait été par la préparation du coup d'État, Murat, depuis son retour à Paris, avait trouvé le temps de revoir Caroline Bonaparte. Même si depuis deux ans il avait eu une vie amoureuse bien remplie, il avait conservé le souvenir de cette enfant, à présent une jeune femme, qui de son côté n'avait cessé de penser à son « hussard ». L'idée de l'épouser faisait son chemin dans l'esprit de Joachim. Néanmoins, après la rebuffade de Monbello, il se devait d'agir avec prudence. Un refus des Bonaparte risquait d'amener la rupture avec le frère, et ce n'était pas le moment. Il avait commencé à lancer ses ponts en faisant prévenir par des grenadiers les pensionnaires de Mme Campan de la réussite du coup d'État et Caroline, dont le cœur était déjà gagné, avait été sensible à ce geste.

Mais ensuite ? Pour une fois, la méthode indirecte si chère à Murat ne parut pas lui convenir. Il confia sa perplexité à deux de ses amis : le financier Collot et Bessières. Ceux-ci, sans hésiter, lui conseillèrent d'aller trouver Bonaparte et de parler sans détour. Mais celui-ci, qui croyait les amourettes italiennes terminées et n'y attachait plus aucune importance, fit insérer dans le *Moniteur* du 15 novembre la nouvelle du prochain mariage de Moreau, qu'il désirait s'attacher, avec une de ses sœurs, et la seule disponible était Caroline. Seulement Moreau, furieux de ne pas avoir été consulté et d'ailleurs amoureux d'une demoiselle Hulot qu'il devait bientôt épouser, se hâta de démentir, car il ne tenait pas à devenir un satellite du nouveau premier consul.

Les deux amoureux furent comme foudroyés. Murat ne savait que faire. Il semble que le premier consul ignorait ou feignait d'ignorer les « sentiments » qui les liaient. Poussé à la fois par Caroline et par ses amis, Joachim finit par aller demander à son frère la main de sa dulcinée. Bonaparte était complètement pris à contre-pied. Il s'attendait d'autant moins à cette demande que Lannes, le vieux camarade, le seul qui continuait à le tutoyer, venait de présenter la même. Mais pour se rendre libre, il venait de divorcer, et Bonaparte était allergique à ce genre de situation. Il pensait aussi à Augereau. Tout ce qu'il put répondre est qu'il consulterait sa famille qu'il réunit le soir même. Ce fut une séance pleine d'imprévu. Pour préparer le terrain, Bessières, qui connaissait son influence sur Bonaparte, avait tout l'après-midi développé des arguments en faveur de son ami. Le premier consul fut assez étonné de voir se dessiner comme un mouvement où voisinaient sa mère, sa femme, son secrétaire Bourrienne et un de ses frères. Lui-même ne faisait preuve d'aucun enthousiasme et aurait qualifié l'idylle de « mariage d'amourettes ». Ce fut, semble-t-il, Caroline elle-même qui emporta la décision en déclarant qu'elle n'épouserait que Murat et aucun autre. Finalement, Bonaparte céda et déclara : « Toute réflexion faite, si Murat convient à ma sœur... », pour cacher son mécontentement.

La signature du contrat eut lieu au petit Luxembourg le 18 janvier 1800, en très petite cérémonie. À peine une demi-douzaine de personnes du côté des Bonaparte et deux, Bessières, qualifié de cousin, et le docteur Yvan, pour Murat. L'apport des futurs était des plus minces : 40 000 francs pour Caroline et 12 000 francs pour Joachim. Encore, pour réunir cette somme, Napoléon avait dû prier ses frères de retourner leurs poches. Le mariage lui-même se déroula presque à la sauvette pour des personnages aussi considérables, à Morfontaine, propriété de Joseph Bonaparte, acquise comme bien national. Pour ne pas offusquer une partie de l'opinion, il fut purement civil et se célébra au « temple décadaire » de Plailly, ce qui ne gêna pas outre mesure les futurs époux. Bernadotte, toujours ami de Murat, fut un de ses témoins. Bonaparte apprécia peu.

Ce ne fut que deux ans plus tard, le 7 janvier 1802, que les Murat furent unis religieusement en même temps que Louis Bonaparte et Hortense de Beauharnais, mesure purement politique car ils étaient aussi peu pratiquants l'un que l'autre.

À présent réconcilié pleinement avec ses parents, Murat, qui à leurs yeux n'était plus un coquin de soldat mais un général couvert de gloire, voulait aller leur présenter sa femme. Il projetait de se rendre dans le Quercy mais les événements l'en empêchèrent.

Les avances de Bonaparte aux coalisés pour mettre fin à la guerre étaient demeurées sans effets et il fallut se résoudre à reprendre les armes. Le premier consul prévit une manœuvre opposée à celle de

1796, réservant le premier rôle à l'armée d'Italie dont il prendrait le commandement, et une mission de fixation pour celle d'Allemagne qu'il confia a Moreau. Bien entendu, ce fut tout le contraire qui se produisit. Bien qu'il eût 100 000 hommes des meilleures troupes sous ses ordres, il n'était pas prévu que Moreau prendrait l'offensive. C'est cependant ce qu'il fit. De son côté, Masséna s'était enfermé dans Gênes, avec comme mission de tenir le plus longtemps possible pour occuper les Autrichiens pendant que Bonaparte, qui levait une autre armée, leur tomberait dans le dos. Cette force nouvelle comprenait, entre autres, dix-sept régiments de cavalerie : sept de légère et dix de dragons et cuirassiers. Avec le titre ronflant de « lieutenant du général en chef de l'armée de réserve et commandant de la cavalerie », le poste fut confié à Murat. Abandonnant sa femme, il alla inspecter ses régiments concentrés en Bourgogne. Il les trouva en piètre état. Les dépôts étaient vides, les montures fourbues, l'artillerie insuffisante, Dans un long rapport, il s'en plaignit à Bonaparte qui transmit à Berthier, lequel, hélas, ne pouvait rien fournir. Bientôt, il reçut l'ordre de faire mouvement sur la Suisse, Bonaparte comptant franchir les Alpes au col du grand Saint-Bernard.

Le déplacement de l'armée de réserve passa inaperçu et le franchissement du col, malgré des conditions météorologiques épouvantables, s'effectua le 20 mai sans trop de difficultés. Occupés devant Gênes, les Autrichiens du général Melas ne se rendirent compte de rien. Mais le fort de Bard, aux mains de l'ennemi, qui barrait le val d'Aoste, joua parfaitement son rôle en interdisant le passage de la vallée. Ce fut Murat qui trouva la solution. Il fit mettre pied à terre à la cavalerie et, entraînant les hommes qui tenaient leurs chevaux par la bride, les fit passer par des sentiers de chèvres qui contournaient l'obstacle. L'infanterie suivit. Mais il n'en fut pas de même pour l'artillerie. Une douzaine de pièces légères seulement se faufilèrent au pied du fort, par la route, pendant la nuit. Ce serait tout ce que Bonaparte aurait à opposer aux deux cents canons autrichiens au moment de l'affrontement.

Débouchant dans la plaine le 27 mai, Murat fonça sur Verceil, balaya au passage une brigade de cavalerie autrichienne et, sans perdre son élan, franchit à gué la Sesia et enleva Novare le 29. Sans s'arrêter, rusant, amusant l'ennemi, il passa le Tessin et marcha sur Milan. La garnison autrichienne abandonna la ville, se contentant de laisser un faible détachement dans la citadelle où Murat entra le 2 juin.

Cependant Melas, libéré du siège de Gênes, car à bout de vivres Masséna avait dû capituler, remontait vers le nord avec toutes ses forces. Sans lui laisser le temps de souffler ni de penser à ses belles amies milanaises, Bonaparte donna pour mission à Murat, renforcé par une division d'infanterie, d'occuper les deux rives du Pô pour empêcher les Autrichiens de le franchir. À Plaisance, après un combat difficile au cours duquel les pertes furent lourdes, il finit par enlever la ville au général Mosel et lui prit treize canons, particulièrement précieux dans la circonstance.

Bonaparte se montra-t-il jaloux de ces succès, prit-il ombrage des frasques de son beau-frère à Milan, toujours est-il qu'il le rappela assez brutalement et que le 8 mai il rejoignit le gros de l'armée. Là, il assista à la bataille de Marengo, péniblement gagnée le 14 juin, mais n'y eut pas l'occasion de faire donner en bloc sa cavalerie. Simplement, il parcourut sans cesse le terrain, donnant ordres et conseils à ses subordonnés qui étaient engagés par petits paquets et payant tout de même de sa personne. Même Berthier reconnut qu'il s'était admirablement comporté et avait eu ses habits percés de balles. Bonaparte avait eu chaud et peu s'en était fallu que la journée se terminât en défaite. L'incapacité de Melas, qui avait gardé un grand nombre de régiments l'arme au pied plutôt que de les jeter dans la bataille, y était pour quelque chose. Et puis il y avait eu l'intervention quasi miraculeuse de Desaix. Aussi le premier consul, pas trop content, se montra-t-il avare de récompenses. Murat reçut un sabre d'honneur le 21 juin. Il espérait mieux.

Les Autrichiens ayant accepté de signer un armistice, le premier consul revint à Paris, emmenant son bouillant beau-frère dans ses bagages... et pour l'occuper lui confia le commandement d'une division de grenadiers en garnison autour d'Amiens. Murat le prit très mal. Des fantassins, c'était se moquer ! Il s'installa à Paris, se lança dans la vie mondaine et affecta de commander ses régiments par correspondance, poussant l'insolence jusqu'à demander au premier consul qui était son chef direct, ce à quoi Bonaparte ne se hâta pas de répondre.

Caroline, elle, profitant de l'absence de son mari, s'était très bien adaptée à la vie parisienne, ayant eu l'habileté de fréquenter plutôt l'ancienne noblesse, de retour, que les parvenus issus de la Révolution. C'était admirablement jouer, car précisément un certain nombre de ces familles d'Ancien Régime cherchaient à approcher les nouveaux maîtres. Ce fut chez la marquise de Montesson, qui venait de rouvrir son salon avec l'appui de Bonaparte, que Caroline fit ses débuts. Bientôt, sa propre maison devint le point de ralliement des amis de la vieille dame. Murat lui aussi plut et se plut dans ce milieu. Certes, ses manières étaient un peu celles d'un soudard, mais tous ces gens en avaient vu d'autres et certains rappelaient, avec attendrissement, le comportement des maréchaux de Saxe ou de Lowendal à la cour de Louis XV.

Mais Joachim n'oubliait pas qu'il était militaire. Il venait d'apprendre qu'en vue de reprendre les hostilités en Italie, une nouvelle armée se rassemblait autour de Dijon. Il commença à effectuer des démarches pour en obtenir le commandement. Mais un autre candidat était sur les rangs : Bernadotte, qui bénéficiait de l'appui de Joseph Bonaparte.

Du coup, Murat, soutenu par Caroline dont l'ambition grandissait, se démena pour être nommé. Les deux époux firent le siège du premier consul, n'hésitèrent pas à calomnier Bernadotte dont ils se disaient les amis et mirent tout en œuvre pour contrebattre cette candidature. Pourtant Bonaparte hésitait, se demandant si Murat serait capable d'être un chef d'armée compétent. C'était toujours la même méfiance vis-à-vis de lui. Ce fut Caroline qui, semble-t-il, emporta la décision. Le 20 novembre 1800, Murat fut nommé. Il partit immédiatement, encore que ce n'était pas ce qu'il avait souhaité. Il aurait voulu le commandement de toute l'armée d'Italie, pour l'heure exercé par Brune.

Ses propres troupes n'étaient pas dans le meilleur état. Outre sa division de grenadiers, elles ne comprenaient que quelques bataillons et escadrons. Son artillerie ne valait pas mieux et les désertions se multipliaient. Il ne s'en mit pas moins en route début décembre et franchit difficilement le petit Saint-Bernard. Arrivé à Milan, il constata, lui l'honnête Murat, que Brune ne songeait qu'à se remplir les poches. Il est vrai que, sous l'influence de Caroline, il devenait déjà moins désintéressé et regardait la riche Italie d'un air quelque peu gourmand. À peine était-il au quartier général qu'il apprit que son beau-frère et sa belle-sœur venaient d'échapper à un attentat : la machine infernale. Ce fut pour Murat l'occasion d'envoyer à Bonaparte une lettre débordante d'affection dans laquelle il ne put s'empêcher d'égratigner Brune et de redemander le commandement de l'armée d'Italie. Décidément, l'inaction ne lui valait rien. Heureusement, les choses se compliquaient en Italie centrale et par l'intermédiaire de Brune, ce qui eut le don de le mettre en fureur, Bonaparte l'envoya rétablir la situation.

Le roi de Naples, Ferdinand IV, était un pauvre sire, entièrement dominé par sa femme Marie-Caroline, laquelle se trouvait elle-même sous l'emprise de celle de l'ambassadeur de Grande-Bretagne, Lady Hamilton. Influencé par l'Angleterre, l'Autriche et la Russie qui lui avaient promis un corps de troupes, Ferdinand avait envahi le sud de la Toscane, croyant pouvoir battre les Français, faire sa jonction avec les Autrichiens et ensuite annexer une partie du nord de l'Italie.

Laissant le général Miollis avec des forces peu importantes occuper Florence et en chasser les Napolitains, piètres soldats, Murat se porta vers Ancône et Bologne avec le gros de ses forces et y parvint le 17 janvier 1801. Or, à peine arrivé, il apprit la présence dans la ville du général russe Levatchef. Il se rendait à Naples pour servir de conseiller militaire au roi dans sa lutte contre la France. Murat aurait pu le faire simplement prisonnier, mais il savait que Bonaparte tenait à ménager les Russes. Aussi l'invita-t-il, le traita-t-il royalement, l'emmenant au théâtre, à la revue improvisée de ses régiments, le comblant de prévenances, et par ce procédé l'empêchant de poursuivre son voyage. Charmé, conquis, Levatchef bientôt ne jura plus que par Murat, ne tarissant pas d'éloges sur lui dans ses lettres au tsar et oubliant complètement l'objet de sa mission, au point d'accompagner Murat dans sa marche sur Florence, d'où il fut renvoyé à Saint-Pétersbourg. Toutefois, avant de partir, il pria son « ami Murat » de ménager le royaume des Deux-Siciles, remplissant ainsi très partiellement sa mission initiale et montrant qu'il n'avait pas été totalement dupe du procédé.

L'armée française se devait d'en finir avec les Napolitains, notre dernier ennemi en Europe continentale, puisqu'après leur défaite devant Moreau à Hohenlinden, en décembre 1800, les Autrichiens avaient signé un armistice. Mais les troupes de Ferdinand IV s'étaient réfugiées dans les États pontificaux et si, du point de vue purement militaire, cette occupation ne nous posait aucun problème, il en allait autrement sur le plan diplomatique. Novice en la matière, Murat décida de faire montre de prudence et de tenir compte à la fois du souhait du tsar et de celui de Bonaparte. Mais comme il craignait tout de même de commettre quelque bévue, il prit en même temps conseil auprès de Talleyrand, ministre des Relations extérieures.

La question napolitaine demeurant la plus importante, il commença par écrire le 21 janvier 1801 au comte de Damas, commandant de cette armée : « Le mouvement du corps que vous commandez a déterminé le mien... J'apprends aujourd'hui que vos troupes ont été battues à Sienne et forcées de se retirer. Je vous prie donc, Monsieur, de me faire connaître si malgré ma déclaration vous conservez encore des vues hostiles contre la France. »

Damas répondit en sollicitant une suspension

d'armes que Murat refusa. Mais comme en même temps il regardait toujours du côté du gouvernement papal, il envoya une lettre au Saint-Père, pleine de respect, dans laquelle il l'assurait que si son armée était contrainte d'entrer dans ses États, ce serait uniquement pour poursuivre les Napolitains et que, du reste, il était animé des intentions les plus pacifiques. Mais, dans le même temps, il réclamait des renforts à Paris en vue de sa prochaine offensive vers le sud.

Le 13 février, Talleyrand lui adressa des instructions, lui demandant de faire preuve de davantage de fermeté vis-à-vis de tous ses interlocuteurs ; en particulier, il devait exiger l'évacuation des États pontificaux et l'embargo sur les marchandises anglaises. Tout ce qu'obtint l'envoyé du roi de Naples fut que cette dernière clause serait tenue secrète « pour en faciliter l'application de manière progressive », moyennant le paiement d'une contribution de 1 500 000 livres à l'armée française. Ce que Murat ne précisa pas est que la somme transita par ses coffres personnels... et y demeura. L'honnête Murat commençait à appliquer les mêmes règles que ses camarades. Entre-temps, mal informé, Bonaparte avait par message direct à Murat formulé de nouvelles exigences dans le cadre des négociations. Les pourparlers faillirent capoter. L'armée se prépara à marcher. Affolés, les Napolitains cédèrent sur toute la ligne et le 29 mars la paix était signée à Florence.

Restait à régler le problème des relations avec le pape, d'autant plus délicat que l'armée française avait franchi en plusieurs points la frontière des États pontificaux. Tout le monde y mit du sien et Murat consentit à se déplacer et à se rendre à Rome pour saluer le Saint-Père. Ils eurent trois entretiens qui se révélèrent profitables et influèrent sur l'attitude de Pie VII dans les années suivantes. De Rome, Joachim rapporta un certain nombre de cadeaux dont un tableau de Raphaël, puis deux chapelets bénis par le pape qu'il s'empressa d'envoyer à sa mère. On se demande quelle fut la réaction de la vieille dame en les recevant, envoyés par ce fils qui pouvait les lui offrir parce qu'il avait refusé de devenir prêtre ! Il profita de son séjour pour extorquer l'acquiescement à l'occupation permanente d'Ancône et la prise en charge par le trésor pontifical de l'entretien de cette garnison. Celui-ci n'était pas en état de supporter de tels frais ; aussi un peu plus tard Murat consentit-il à évacuer la ville moyennant un honnête pot-de-vin.

Mais ses méthodes manquaient de finesse et surtout de discrétion. Le général Dejean, directeur de l'administration de la guerre, le dénonça au premier consul, oubliant qu'il faisait partie de « la famille ». D'ailleurs, l'incriminé se défendit comme un beau diable tout en continuant à se remplir les poches. Il ne faisait qu'appliquer la cynique parole de Caroline :

– Nous avons semé ; il faut maintenant engranger.

*

À plusieurs reprises, Murat avait demandé au premier consul l'autorisation de venir voir sa femme enceinte. Il avait chaque fois essuyé un refus et Caroline avait accouché d'un garçon, le 21 janvier 1801. Ce fut elle qui vint rejoindre son mari à Florence où elle arriva avec son bébé début mai. Ces retrouvailles ne furent pas aussi heureuses que l'avait escompté Caroline. Malgré la vie somptueuse du quartier général, elle s'y ennuya vite. En vain, pour tenter de la distraire, Murat l'emmena prendre les eaux à Pise. Elle décida alors d'aller visiter Venise en compagnie du diplomate Cacault, envoyé extraordinaire de la République française et redoutable don juan. C'était la première fois qu'elle trompait son mari. Ce ne serait pas la dernière. Lorsqu'il l'apprit, Bonaparte entra dans une violente colère... contre Murat ! Puis, après réflexion, il demanda à Talleyrand de sévir contre le séducteur. Il est vrai que la situation en Italie avait contraint Joachim à négliger quelque peu son épouse.

Le port de Livourne était un des principaux points de débarquement des marchandises anglaises. Son contrôle par mer restait difficile, en raison des faibles moyens dont disposaient nos marins. Aussi Murat décida-t-il d'occuper l'île d'Elbe, au large de la Toscane, qui pourrait servir de point de surveillance avancé. L'opération se révéla délicate car les Anglais dominaient toujours la mer, et bien qu'il eût participé à l'expédition d'Égypte, Murat n'avait aucune notion de la technologie à mettre en œuvre pour un débarquement, et son état-major pas davantage. De plus, un des régiments sélectionnés pour l'opération, qui devait embarquer à Livourne, persuadé qu'on voulait l'expédier en Égypte, se révolta au moment de monter à bord des navires. Toutes affaires cessantes, Murat dut se rendre sur place, parlementer en vain avec les mutins puis les ramener à Florence. Là, il les fit désarmer, fusiller les meneurs et envoyer les autres au bagne. Et puis, l'occasion étant bonne, il accusa les autorités de la ville de Livourne d'avoir fomenté la révolte car elles craignaient pour sa prospérité commerciale. Aussi les frappa-t-il d'une lourde amende à lui verser dans les plus brefs délais. Malgré cet incident, le débarquement réussit, les troupes de Murat conquirent assez facilement l'île mais la garnison de Porto-Ferraio résista jusqu'en novembre avant de se rendre. Murat s'était contenté de la faire étroitement bloquer pour éviter les pertes consécutives à un éventuel assaut.

À force de le dénoncer, Joachim avait fini par obtenir le rappel de Brune, mais à son grand dépit il vit celui-ci remplacé par Moncey, plus ancien divisionnaire que lui. Enfin Bonaparte, conscient de sa propre injustice et des services que Murat lui rendait, le nomma général en chef de l'armée d'Italie le 27 juillet 1801. Aussitôt, il revint s'installer à Milan. Caroline n'y séjourna guère. De nouveau enceinte, elle décida de regagner Paris et son mari en profita pour renouer avec ses belles amies italiennes.

Désormais la paix régnait en Italie, au moins en surface, et Murat consacra son temps à la transformation de la République cisalpine en République italienne dont Bonaparte serait le président. Il ne s'intéressait plus à la Toscane devenue royaume d'Étrurie. Dans son travail, il fut beaucoup aidé par le comte Melzi, transfuge de l'administration autrichienne. Au début, les deux hommes s'entendirent assez bien, mais leurs relations finirent par se gâter et seule l'intervention habile de Caroline évita une rupture entre eux. Presque toute l'année 1802 fut consacrée à la préparation des élections pour l'assemblée constituante italienne. Bien que médiocrement intéressé par ce travail purement administratif, Murat y apporta beaucoup d'attention et se montra habile en utilisant le clergé local pour orienter le choix des électeurs.

Tout en semblant se préparer à un rôle de vice-roi en Italie et en nouant dans cette perspective quelques liens avec les milieux libéraux, Murat s'occupait de ses intérêts en France. Il acheta un superbe hôtel particulier à Paris, rue de Provence, ainsi que des terres aux portes de la capitale et d'autres dans les Deux-Sèvres. Ce n'étaient pas les seuls capitaux du ménage ni la solde de général de division qui lui avaient permis de payer ces achats. Mais Bonaparte ferma les yeux. Il voulait que les membres de sa famille vivent dans le luxe le plus brillant et il ne voyait pas d'inconvénients à voir ses adjoints s'enrichir sur le dos des vaincus.

Murat avait enfin été autorisé par son beau-frère à revenir à Paris au début de 1802 pour assister au mariage de Louis Bonaparte avec Hortense de Beauharnais, mais avait dû assez vite retourner en Italie.

Là, il était dans une situation un peu délicate. Sans en parler au premier consul qui le lui eût sans doute interdit, il s'était constitué, à l'instigation de plusieurs de ses aides de camp et en particulier de Colbert, une petite mais très efficace police politique. Ses démêlés avec le comte Melzi étaient dus en grande partie aux rapports de cette police qui, sans en avoir des preuves formelles, soupçonnait Melzi d'entretenir des rapports secrets avec la cour de Vienne. Il est vrai que la vitesse avec laquelle Melzi avait changé de camp au profit de la France permettait bien des suspicions. En définitive, il ne semble pas qu'il y ait eu trahison, alors que la correspondance du comte avec des amis autrichiens aurait pu le faire craindre. Aussi Murat était inquiet mais il ne pouvait dévoiler aux autorités françaises les sources de ses alarmes, d'où cette opposition que Caroline, qui n'y comprenait rien, essaya de minimiser. En réalité, on était en pleine euphorie de la paix d'Amiens et Bonaparte mettait un peu les militaires au second plan. Il estimait que Murat lui était utile là où il était, d'autant que pour l'heure, en France, il n'aurait su comment l'employer.

Tout allait changer en juillet 1803. La paix étant rompue, la guerre recommençait avec l'Angleterre et durerait jusqu'en 1815. Dans un premier temps, seule, sans grands moyens hormis sa flotte, la Grande-Bretagne se découvrit prête à soutenir les comploteurs de tous bords décidés à assassiner Bonaparte pour, croyait le gouvernement britannique, ramener la paix. Ces conjurés pouvaient être royalistes comme Cadoudal ou républicains comme Moreau, Pichegru ou Bernadotte, peu lui importait. Face à ces dangers, Bonaparte disposait d'assez peu de gens. Il avait besoin à ses côtés d'un homme à poigne, fidèle, clairvoyant et il pensa à Murat.

Celui-ci débarqua à Paris au mois d'août. Pourtant Bonaparte, dans un premier temps, ne lui confia aucun poste clé. C'est que celui qu'il lui destinait était occupé par un de ses amis les plus chers. Il s'agissait du commandement de la première division militaire à Paris, qui avait pour chef Junot. Sans être complètement fou, comme il le sera à la fin de sa vie, Junot avait déjà des comportements étranges. Coureur de jupons, il se faisait surprendre dans une alcôve par un mari, descendait en chemise par les gouttières et se promenait dans cette tenue dans les rues de la capitale. Ou alors, lorsqu'il perdait des sommes importantes au jeu, mis en fureur, il rossait ses heureux adversaires. Et puis à un moment où l'évolution des gouvernants laissait prévoir une marche vers la monarchie, il affichait un républicanisme du plus mauvais aloi.

Ne pouvant agir avec brutalité, ce qui aurait pu être mal pris par les généraux mécontents, Bonaparte commença par suggérer à Murat de tâter de la politique et d'aller se faire élire au Corps législatif. Où ? Mais dans son pays, dans le Lot. L'idée amusa Murat. Son voyage fut un triomphe. Président du collège électoral du Lot, il fut élu député par 162 voix sur 164. En ces temps bénis, n'était pas électeur qui voulait. La Bastide lui fit un accueil sans précédent, d'autant qu'il sut se montrer familier, amical, bon enfant avec ses camarades d'autrefois. Un poète inconnu écrivit en son honneur :

Ô toi que la reconnaissance
A fait le Dieu de ce séjour,
Vois tous les cœurs d'intelligence
T'adresser un Hymne d'amour...

Il se montra assez généreux envers sa famille, même s'il ne voulut accueillir aucun parent dans son entourage civil ou militaire.

Cependant Caroline, demeurée à Paris, intriguait en faveur de son mari, faisait le siège de son frère qui riait de ses insinuations, et s'imaginait à elle seule bâtir l'avenir du couple. Il fallut pourtant attendre la fin de l'année pour que le premier consul prît une décision. Il n'eut pas le courage de disgracier Junot qui l'aurait mérité et se contenta de lui confier le commandement d'une division stationnée du côté d'Amiens.

À sa place, il nomma le 15 janvier 1804 Murat, pour qui il créa le titre et le poste de gouverneur de Paris en même temps que commandant de la première division militaire. Joachim découvrit vite qu'il était doté de pouvoirs considérables. Il commandait non seulement les troupes stationnées dans la capitale, mais aussi la garde nationale et la police militaire. À ceci s'ajoutaient les régiments en garnison dans les départements de Seine-et-Oise, Loiret, Seine-et-Marne, Eure-et-Loir, Oise et Aisne, en tout plus de 60 000 hommes sur qui Bonaparte pouvait compter en cas de tentative de coup de force. De plus, la police ordinaire était complètement désorganisée.

Bonaparte, qui s'en méfiait, non sans raisons, avait supprimé ce ministère aux mains de Fouché. Toute la sécurité publique retombait dès lors sur les épaules de Murat. De ce fait, il pouvait à tout instant, court-circuitant les intermédiaires, se mettre en rapport avec « le patron » et ne dépendait que de lui. C'était son plus cher désir.

Il commença par donner le change avec habileté. On le vit caracoler dans les principales rues de Paris à la tête d'un brillant état-major qui comprenait entre autres les généraux Berthier (frère du ministre) et Broussier. Lui-même était vêtu d'un de ces uniformes étincelants, et pas du tout réglementaires, qu'il affectionnait. On apprit qu'il donnait des dîners magnifiques et des soirées qui ne l'étaient pas moins, dépensant l'argent sans compter. Ainsi, il put faire croire qu'il n'était qu'une tête en l'air attachée davantage à des hochets qu'à la réalité du pouvoir. Mais, en réalité, il travaillait beaucoup. De Cahors, il avait fait venir un avocat nommé Agar, dont il avait fait son conseiller intime. Un peu plus jeune que lui (il était né en 1771 à Mercuès), Agar avait passé une partie de sa jeunesse à Saint-Domingue où ses parents avaient des biens. Capturé par les Anglais en 1794, lors de son retour en France, il était resté prisonnier un an et en avait profité pour apprendre leur langue.

Peu après, Agar s'était inscrit au barreau de Cahors. C'était un excellent juriste et plus tard il se révélerait bon administrateur. On ignore dans quelles circonstances exactes il avait fait la connaissance de Murat. Toujours est-il que celui-ci avait remarqué ce jeune avocat. Il devait le suivre tout au long de sa prodigieuse ascension et quoiqu'il fût très antipathique à Napoléon, Murat ne s'en sépara jamais. Caroline de son côté ne pouvait le supporter, craignant son influence qui contrebalançait la sienne, mais toutes ses tentatives pour faire congédier Agar se terminèrent par des échecs. Ce fut cet homme habile qui initia Murat aux arcanes de l'administration dont, malgré son passage à Milan, il ignorait à peu près tout, qui meubla ses services de ses créatures et l'aida à gérer sa fortune.

Car à présent les Murat étaient fort à l'aise. Son nouveau poste valait à Joachim 400 000 francs par an d'émoluments, sans compter diverses indemnités. Il dépensait, il est vrai, beaucoup, mais Agar lui procurait sans arrêt de nouvelles ressources.

– Travaillez, lui répétait-il sans cesse. Le jour où cette idée sera répandue : le général Murat travaille, il s'occupe beaucoup, vous aurez doublé votre empire sur l'opinion...

Cependant, presque aussitôt après son entrée en fonction, Murat allait devoir donner la mesure de ses talents. En octobre précédent, un groupe de chouans avaient été arrêtés, presque par hasard, traduits devant une commission militaire et condamnés à mort. L'un d'eux, Quenelle, avait parlé pour sauver sa tête : la conspiration qu'il dénonça s'étendait à tous les milieux de la société. Les chefs se nommaient Moreau, Pichegru, Cadoudal, mais les fils étaient tirés de Londres par les services secrets anglais et l'entourage du comte d'Artois, frère du prétendant au trône. Personne n'avait trop cru à cette confession visiblement intéressée, jusqu'à l'arrivée de Murat qui comprit la gravité de l'événement. Il courut avertir Bonaparte qui commença par se montrer aussi sceptique que les autres. L'histoire était trop grosse pour être vraisemblable, et les intérêts des conspirateurs supposés, trop opposés. Et puis, même en admettant qu'elle fût vraie, il semblait impossible d'arrêter Moreau, contre qui n'existait aucun commencement de preuve, sans provoquer une révolte de l'armée du Rhin où sa popularité demeurait grande. Pourtant Murat, avec l'assentiment de son beau-frère, lâcha sa police sur l'affaire. Celle-ci multiplia les patrouilles en ville et les contrôles aux barrières, effectua des perquisitions. Trop de gens semblaient mêlés de près ou de loin à la conspiration, et à force de lancer des coups de filet, on finirait bien par découvrir quelque chose, surtout s'il était vrai que Cadoudal était à Paris.

Un ami de Quenelle, Bouvet de Lozier, impliqué dans le complot, fut arrêté et tenta de se pendre dans sa cellule. On le sauva de justesse et alors, bousculé par les interrogateurs, il passa aux aveux : oui, les chefs en France étaient bien Moreau, Pichegru et Cadoudal, et ces deux derniers étaient à présent à Paris. Leur but, après avoir assassiné le premier consul, serait le rappel des Bourbons sur le trône de France, et dans ce dessein, un prince du sang dont le nom ne fut pas donné s'apprêtait à franchir la frontière. Tout en prescrivant de poursuivre les investigations avec diligence, Murat commença à faire preuve lui aussi de perplexité. L'assassinat de Bonaparte était plausible. Le retour des Bourbons, c'était trop. Jamais l'armée ne l'accepterait, une partie de la population, dont les acquéreurs de biens nationaux, pas davantage. Il fit part de ses cogitations à Bonaparte, qui lui-même hésitait à propos de Moreau et de Pichegru, dont la popularité restait grande, bien qu'il fût assez tenté de profiter de l'occasion pour se débarrasser de rivaux gênants. En fait, l'enquête bien menée sous la férule d'Agar montrait chaque jour davantage qu'il y avait plus de sympathisants que de participants. Même Réal, un des chefs de la police, ne paraissait plus très sûr. Une sorte d'hystérie collective sembla s'emparer de l'équipe au pouvoir. Seul Murat, là encore, grâce aux conseils d'Agar, ne perdit pas la tête. Talleyrand lui aussi sut garder son sang-froid, mais leurs vues des événements les portèrent à des actes contraires. Les arrestations de Moreau, Pichegru et Cadoudal eurent lieu, la première fort calmement, les autres au prix de quelques péripéties. Leurs complices, les Polignac, le marquis de Rivière, ne tardèrent pas à les rejoindre sous les verrous.

Le sort de tous les prévenus préoccupait Bonaparte, encore que dans un premier mouvement il les eût tous fait fusiller. Son entourage intervint et Murat en particulier qui, bien qu'il usât de son charme personnel pour essayer de calmer le mécontentement de l'armée, n'y parvenait que difficilement.

Heureusement, Pichegru eut le bon goût de se « suicider ». Tout le monde y vit la main de Savary, le chef de la gendarmerie consulaire. Pour Moreau, c'était plus délicat. Il n'existait aucune charge contre lui, même s'il s'était déclaré publiquement contre le consulat. Plusieurs généraux, dont Lecourbe et Macdonald, envisageaient de marcher sur les Tuileries à la tête de leur corps. Cadoudal et les autres royalistes, par contre, ne posaient aucun problème, encore que Murat trouvait illogique que l'on voulût exécuter le chef et gracier les complices. En principe, depuis les arrestations, son rôle était terminé, mais en raison de l'efficacité de ses services et surtout de ses attaches avec la famille Bonaparte, il se crut autorisé à donner son avis sur les suites de la conspiration. Quoiqu'il fût plutôt en froid avec Moreau, il fut de ceux qui insistèrent pour que l'on se contentât de l'exiler. Mais s'il finit par s'y résigner, le premier consul montra quelque agacement devant cette attitude, et c'est sans doute pourquoi il ne tint pas Murat au courant des péripéties qui amenèrent l'arrestation du duc d'Enghien en plein territoire étranger. Il ne l'avait d'ailleurs pas convoqué au conseil restreint du 10 mars 1804 où l'enlèvement du prince avait été décidé. Car le premier consul était à présent persuadé que le duc était le fameux prince dont avaient fait état certains conjurés.

Mais curieusement, le surlendemain, il écrivait à Murat depuis Malmaison où il s'était comme réfugié : « Si le duc de Berry était à Paris chez M. de Cobenzl (l'ambassadeur d'Autriche) et le duc d'Orléans chez M. de Gallo (l'ambassadeur de Naples), non seulement je les ferais arrêter cette nuit et fusiller, mais je ferais aussi arrêter les ambassadeurs et leur ferais subir le même sort et le droit des gens ne serait en rien compromis. »

C'étaient là des suppositions sans fondement, mais Murat comprit que le premier consul était en train de perdre la tête à force de vouloir donner des gages aux milieux républicains. Quoique en étroit contact avec Fouché qui reprendrait bientôt la police, et avec Talleyrand, qui tous deux tentèrent de l'influencer pour qu'il poussât Bonaparte à se montrer inflexible, Murat ne céda pas. Il était de plus en plus persuadé que la conspiration de Cadoudal était une mise en scène montée par certaines personnes de l'entourage de Bonaparte, en particulier Talleyrand.

Aussi, quand le 20 mars au matin il reçut la visite de Réal qui lui apprit l'enlèvement du duc d'Enghien et l'informa que le prisonnier devrait être traduit devant une commission militaire qu'il était chargé, lui, Murat, de réunir le soir même, tomba-t-il de haut. La formation d'une commission militaire dépendait bien de Murat en tant que gouverneur de Paris. Mais il savait ce que cela signifiait. Devant toute autre juridiction, haute cour ou grand tribunal, le duc aurait eu une chance de s'expliquer, si tant est qu'il avait à le faire, de choisir un défenseur et même s'il avait été condamné d'entamer une procédure d'appel ou un recours en grâce. Mais là, selon toute probabilité, la sentence qui ne ferait aucun doute serait suivie d'une exécution immédiate.

Bonaparte, cloîtré par Talleyrand et d'autres profiteurs de la Révolution, continuait à délirer. Si on ne l'arrêtait pas, il allait par ce geste insensé se mettre à dos toute l'Europe. Caroline, à qui Murat raconta tout, ne vit qu'une chose : l'idée fixe de son frère allait la brouiller avec tout ce monde élégant dans lequel elle évoluait, et elle opina avec son mari qu'il fallait essayer d'arrêter la machine en marche.

Murat, comme s'il avait pressenti, malgré ses tentatives, la suite des événements, commença par prévenir son ancien adjoint et ami Colbert, commandant à présent un régiment à Paris, en le priant de ne pas rentrer chez lui ce soir-là et de ne dire à personne où il irait coucher, afin de lui éviter d'être désigné pour cette détestable corvée. Puis il se rendit en hâte à Malmaison, y fut reçu sans difficulté par son beau-frère et lui déclara tout net qu'il refusait de réunir la fameuse commission en lui expliquant les raisons de son attitude. Mais Bonaparte ne voulut rien entendre. Le ton monta et le premier consul finit par ordonner :

– Rentrez à Paris et si vous n'exécutez pas mes ordres, je vous renverrai dans vos montagnes du Quercy !

Mais cette menace ne fit pas plier Murat. Il persista et repartit en claquant la porte. Il avait tout de même retenu que le premier consul désirait que le rapporteur devant la commission fût le colonel de Préval, commandant du 3e cuirassiers à Saint-Germain, dont il connaissait la carrière. Prévoyant ses réactions,

Murat se hâta de le convoquer. Le colonel se récria : lui-même et plusieurs de ses proches avaient servi avant la Révolution dans le régiment du duc, et il ne se voyait pas en train de requérir contre lui.

Enchanté de ce contre-temps, Murat put confirmer qu'il lui était impossible de réunir la commission. Les frères Berthier, le ministre et son propre chef d'état-major, tentèrent en vain de lui forcer la main. Alexandre Berthier n'eut plus qu'à aller à son tour à Malmaison rendre compte de son échec et, chose étonnante, Bonaparte ne se fâcha pas. Il savait qu'il ne pouvait destituer son beau-frère ; aussi se résigna-t-il à désigner lui-même les membres de la commission en confiant l'exécution de ses ordres à son séide Savary.

Tout au plus Berthier obtint-il que Murat, qui s'était mis au lit en rentrant chez lui pour ne plus être importuné, contresignât les ordres du premier consul, ce qui, expliqua Berthier, et c'était vrai, n'avait plus grande signification. Dans la nuit, le duc fut jugé (si l'on peut dire) et exécuté. Il avait demandé en dernière minute à parler à Bonaparte, et ses juges qui n'y voyaient pas d'inconvénients s'apprêtaient à donner suite à sa requête, quand Savary qui supervisait toute la comédie s'y opposa. Avec sa brutalité habituelle, il alla jusqu'à refuser au malheureux prince le secours d'un prêtre.

Le lendemain matin, mis au courant de la tragédie nocturne, jugement et exécution qui tenaient davantage de l'assassinat que de la justice, Murat déclara publiquement qu'ils étaient tous déshonorés. Bonaparte ne lui garda pas rancune, comme s'il avait été plutôt satisfait de voir un membre de la famille faire preuve d'esprit critique. Murat resta donc gouverneur de Paris, poste essentiel et, pour son comportement dans l'affaire du duc d'Enghien, reçut un cadeau de 100 000 francs, qui était le plus minime de ce que distribua Bonaparte aux exécutants de cette horreur. Il eut la faiblesse d'accepter.

Deux mois plus tard, le 18 mai, la république et le consulat disparaissaient au profit de l'Empire. Les Murat allaient être de ceux qui en tireraient largement parti.

Chapitre VI

MARÉCHAL DE FRANCE, GRAND AMIRAL, PRINCE… ET APRÈS ? (1804-1805)

Le lendemain 19 mai, paraissait la liste des dix-huit premiers maréchaux de France, dignité supprimée par la Révolution et que Napoléon venait de se hâter de rétablir. Le premier de la liste était l'indispensable Berthier, mais le second s'appelait Joachim Murat. Même l'ami Bessières en était. Il est vrai que si cette nomination fit des heureux, elle créa bien davantage de mécontents parmi les généraux non désignés. Du coup Murat, déjà fort à l'aise, se trouva à la tête de revenus énormes. Il aimait à dire :

– Je ne serai vraiment heureux que quand je pourrai dépenser un million par an sans avoir à toucher à mon capital.

À présent c'était chose faite, et Murat, qui était loin de n'être qu'une brute, put se livrer à un de ses passe-temps favoris : collectionner les tableaux. Déjà il en avait reçu plusieurs pendant son séjour en Italie et en acheta un certain nombre, surtout parmi les peintres contemporains. Comme il n'était pas absolument sûr de son propre goût, il se fit conseiller par Fabre, un élève de David.

Lorsqu'un peu plus tard Caroline eut reçu de son frère près d'un million de francs comme cadeau de fin d'année pour acheter le palais de l'Élysée, Murat y fit transporter ses collections et ce n'est pas le moindre paradoxe du personnage que de penser que ce foudre de guerre pouvait, pendant des heures, aller contempler d'un pas paisible ses chefs-d'œuvre.

La métamorphose de la famille Bonaparte de simples particuliers en altesses impériales n'alla pas sans heurts. Si les frères de Napoléon acceptèrent assez bien leur sort, Joseph devenant prince héritier avec nonchalance et bonne grâce, Louis bientôt roi de Hollande avec bonhomie, et Lucien la forte tête étant exclu de tout mais bénéficiant du soutien de sa mère, il en alla autrement avec ses sœurs. Celles-ci se retrouvaient sans aucun titre particulier et il fallut deux soirées de scènes violentes, à la fin desquelles Caroline choisit de s'évanouir, pour que Napoléon les gratifiât du titre d'altesses impériales, leurs époux devenant du même coup « princes ». Aussi les Murat occupèrent-ils une place bien en vue lors de la cérémonie du sacre, qui eut lieu le 2 décembre 1804. L'Empereur avait obtenu que le pape vînt présider la cérémonie. Cependant Napoléon, qui n'en était pas à une maladresse près, avait voulu l'honorer particulièrement au moment de leur première rencontre et il avait décidé de lui donner comme escorte les Mamelucks ! Murat en l'apprenant ne put s'empêcher de bondir : des musulmans pour le chef de l'Église catholique !

Fut-ce le souvenir de son passage au séminaire ou celui de sa visite à Rome, Joachim alla montrer à l'Empereur ce que sa décision avait d'incongru, voire de choquant, mais Napoléon s'entêta et Pie VII arriva à Fontainebleau entouré de turbans.

Quel rôle joua exactement Murat dans la cérémonie ? Les comptes rendus divergent à propos de la place de Murat dans le cortège du couronnement. Les documents manquent de précision, et si pour Marcel Dupont il marcha devant Joséphine en portant sa couronne, Thiry, plus modestement, le mit à la tête de la cavalcade entre les Tuileries et Notre-Dame, alors que Caroline portait, avec ses sœurs, la traîne de l'impératrice, tout en ravalant leur rage d'en être réduites à ce rôle derrière celle qu'elles nommaient « la Beauharnais ». Elles se sentaient d'autant plus fortes dans leur opposition à leur belle-sœur qu'elles ne faisaient qu'imiter leur mère qui avait carrément refusé d'assister à la cérémonie.

Cependant, les honneurs continuaient à pleuvoir sur Murat. Grand maître adjoint de la franc-maçonnerie, le 25 janvier 1805, ce qui pour lui n'avait rien d'extraordinaire, il fut créé grand amiral le 1er février, et si ce titre était plutôt cocasse pour un soldat qui ne connaissait à peu près rien à la mer, il lui permettait de se hisser au rang des grands dignitaires de l'Empire. Le lendemain, Napoléon, qui décidément tenait à le combler, l'élevait au rang de grand aigle (aujourd'hui grand-croix) de la Légion d'honneur et le mettait à la tête de la 12e cohorte.

Toutes ces faveurs tombaient au milieu d'un tourbillon de fêtes où les Murat ne jouaient pas toujours un rôle des plus honorables. C'est ainsi que Caroline se fit la pourvoyeuse de femmes de son frère dont elle connaissait les besoins sexuels qui étaient grands. Elle commença par mettre dans son lit la femme d'un vieux magistrat, Mme Duchatel puis, avec cette fois la complicité de Fouché, elle essaya, en vain, avec

Mme Récamier. Plus tard, au début de 1806, elle lui procura sa propre lectrice, Mlle Denuelle de Plaigne. Mais cette liaison aurait des conséquences imprévues. La jeune fille tomba enceinte et donna le jour à un garçon qui ressemblait étonnamment à l'Empereur. Ce fut pour celui-ci une révélation, car Joséphine était parvenue à lui faire croire à sa stérilité. Cette naissance remettait tout en question et dès lors, à court ou à long terme, le sort de l'impératrice était scellé.

*

Cependant, si la guerre avait repris avec la Grande-Bretagne, elle s'était bornée en 1804 à de rares engagements navals sans conséquences au large de nos côtes. Mais les choses n'allaient pas en demeurer là. Afin de combattre efficacement Napoléon, les Anglais cherchaient à prix d'or à nouer contre la France une coalition sur le continent. Ils allaient y réussir dans le courant de l'année 1805, réunissant autour d'eux la Russie, encore traumatisée par l'exécution du duc d'Enghien, l'Autriche, la Suède et Naples. En vain tentèrent-ils d'obtenir que la Prusse se joigne aux coalisés. Prudente pour l'heure, cette puissance resta à l'écart. Mais les autres allaient mettre sur pied trois armées autrichiennes, trois russes et une mixte comprenant des Russes, des Suédois et des Anglais, le tout représentant 370 000 soldats, répartis, il est vrai, à travers toute l'Europe. Toutefois les négociations portant, entre autres, sur le financement, furent longues car la plus grosse part devait être supportée par l'Angleterre et rien ne fut prêt avant la fin de l'été 1805.

De son côté, Napoléon n'était pas demeuré inactif. Dès 1804, il avait conçu un plan d'invasion de la

Grande-Bretagne. Sur le seul terrain de l'armée, il ne pensait pas rencontrer d'obstacles majeurs, encore qu'à cette époque personne n'eût la moindre idée des problèmes que présenterait le débarquement en force de 200 000 hommes et de leur artillerie. Et puis les plages anglaises en face de Boulogne, base de départ de l'Empereur, étaient dominées par des falaises dont l'escalade ne serait pas aisée. Quant aux ports – Douvres, Folkestone, Brighton –, ils étaient puissamment fortifiés et ne tomberaient qu'à l'issue d'un long siège.

Mais surtout, contrairement aux calculs trop optimistes de Napoléon, on sait aujourd'hui que la sortie de leurs havres de tous les bâtiments de la flottille portant l'armée durerait de six à sept jours, pendant lesquels ces petits navires seraient à la merci des vents et des Anglais, qu'il aurait fallu un ou deux jours de plus pour la traversée et que jamais les escadres françaises, trop faibles, mal entraînées et utilisant un matériel fatigué, ne pourraient en assurer la protection contre la flotte britannique.

Napoléon escomptait qu'en concentrant nos forces navales aux Antilles, il y attirerait toutes les escadres anglaises et pourrait, revenant en hâte, s'assurer la maîtrise du détroit pendant un bref laps de temps qu'il jugeait suffisant. Hélas, cette ruse assez grossière ne trompa pas l'amirauté. Le gros des escadres anglaises demeura à l'entrée de la Manche et devant Brest. Dès ce moment, la tentative de débarquement relevait du domaine du rêve et le destin de Napoléon serait scellé.

Dans ce plan de descente, la cavalerie française, au moins dans la première période d'invasion, n'avait qu'un rôle négligeable. Les transports aménagés pour recevoir des chevaux étaient trop peu nombreux et presque tous réservés à l'artillerie. Murat n'avait donc rien à faire au camp de Boulogne. Il demeura à Paris et profita des nombreuses occasions qu'il eut de rencontrer l'Empereur pour lui dire et lui répéter qu'il était paradoxal que lui, souverain des Français, ne fût que président de la République en Italie. En parlant ainsi, il allait au-devant d'une aspiration de Napoléon, mais surtout continuait à penser à cette vice-royauté après laquelle il avait déjà couru et qui avait toutes les chances, cette fois, de lui échoir. Il accompagna l'Empereur lorsque celui-ci se rendit en mai en Italie. Là, Napoléon eut un geste puéril. Il fit reconstituer sur place la bataille de Marengo et, par un scénario truqué, s'y donna le beau rôle. Murat, dans cette comédie d'un nouveau genre, commandait un corps d'armée, les deux autres l'étant par Lannes et Bessières.

Le 26 mai, Napoléon se sacra lui-même roi d'Italie, utilisant la couronne de fer des Lombards. Aussitôt après la cérémonie, il désigna un vice-roi mais, à l'amère déception de Murat et l'immense fureur de la tribu Bonaparte, ce fut Eugène de Beauharnais. En réalité, l'Empereur comptait utiliser son beau-frère pour des tâches plus actives. En soi, cette transformation de république en royauté ne changea rien à la situation en Italie, mais elle inquiéta l'empereur d'Autriche. Il y vit un coup direct porté à sa sphère d'influence et prêta une oreille encore plus attentive aux propositions de la Grande-Bretagne.

*

Au cours de leurs nombreuses conversations privées, Murat avait eu maintes fois l'occasion d'entendre Napoléon s'exprimer sur l'art d'engager puis de mener une bataille. Cette manière de procéder, admirablement développée par Muraise dans son

Introduction à l'histoire militaire, avait ceci d'original qu'elle prévoyait la constitution d'une masse de rupture et d'un élément dit « de crochet ». Bonaparte avait résumé sa pensée en disant :

– C'est en tournant l'ennemi, en se portant sur son flanc qu'on gagne les batailles.

À l'élément de crochet serait attribué le rôle d'obliger l'adversaire à affaiblir l'une de ses ailes que la masse de rupture pourrait alors enfoncer avant de lui couper la retraite. Mais pour donner une puissance maximale, la masse de rupture se devait d'allier à son poids la vitesse et la mobilité. Elle serait donc obligatoirement composée de cavalerie appuyée par de l'artillerie volante. Or, en 1805, si l'armée française comprenait un certain nombre de régiments montés, ils étaient dispersés sur tout le territoire, d'autant, nous l'avons vu, qu'ils n'auraient aucun rôle à jouer, au moins au départ, dans la descente en Angleterre.

Murat prit sur lui de n'en parler à personne d'autre qu'à Berthier. Celui-ci n'y voyant aucun inconvénient, Joachim opéra en accord avec le ministre une préconcentration des unités, rendant opérationnelles dans un très bref délai les divisions de cavalerie de ligne (dragons) et lourdes (cuirassiers et carabiniers) afin que l'Empereur pût en disposer. En tant que gouverneur de Paris, un tel travail n'entrait pas dans ses attributions, mais comme cavalier, et vu le poste qu'il occupait, c'était admissible. Il profita de ce que Napoléon ne le rabrouait pas pour faire effectuer une inspection de l'état des montures et du matériel. Quant à la cavalerie légère (hussards et chasseurs), elle était destinée à l'éclairage des corps d'armée et il semble qu'il leur accorda moins d'attention.

Cependant Napoléon avait regagné le camp de Boulogne, où il attendait la venue de ses escadres et se plaignait de ne voir autour de lui que des « figures à moustaches ». Pour se distraire, il pria Hortense et Caroline de venir, le mari de cette dernière étant compris dans l'invitation. Fidèle au rôle qui lui avait si bien réussi, Caroline se fit encore entremetteuse auprès de son frère, lequel apprécia.

Comme la coalition semblait prendre forme, Napoléon sentit la menace sur ses arrières se préciser et il confia à Murat, le 25 août, une mission secrète de toute première importance. Dans un temps record, celui-ci devait aller reconnaître le terrain d'une future campagne : les débouchés de la Forêt-Noire, la rive gauche du Danube, l'Inn, les frontières de Bohême, et pour effectuer ce périple il ne disposerait que de dix-sept jours. On lui demandait de ne plus être un cavalier mais un centaure. De plus, sa physionomie commençait à être assez connue et l'incognito sous lequel il allait voyager – colonel Beaumont – risquait fort d'être percé. Mais il n'avait jamais mis les pieds en Allemagne, ce qui de ce côté atténuait les craintes.

Murat partit donc à toute vitesse avec juste un ou deux compagnons, en se demandant si l'Empereur ne l'éloignait pas pour se débarrasser de lui. Quoi qu'il en soit, il était de retour à Strasbourg le 10 septembre, ayant accompli sa mission avec un maximum de célérité. Là, il apprit que Napoléon l'avait nommé à la tête de la réserve générale de cavalerie et, en attendant son arrivée, le faisait « lieutenant de l'Empereur, commandant en son absence ». On peut juger en quelle estime il le tenait. Mais une missive de Caroline, datée du 6 septembre, lui révéla qu'elle avait dû furieusement intriguer auprès de son frère, et que ces promotions n'avaient pas été obtenues sans peine. Elle lui écrivait : « Je sais que l'Impératrice a dit qu'il était bien extraordinaire que tu eusses pris la place de Louis, qu'elle en avait beaucoup de chagrin et qu'elle n'était plus étonnée de notre empressement à aller à Boulogne pour cajoler l'Empereur. »

En effet, Joséphine, inquiète de voir grandir l'influence des Murat auprès de son mari, avait cessé de leur accorder sa protection et imaginé de faire nommer à la tête de la cavalerie son gendre Louis, frère de l'Empereur, tout à fait incapable de remplir ce poste.

En l'apprenant, Caroline en avait eu le souffle coupé. Et au même moment, Joachim était au fond de l'Allemagne. Heureusement, Napoléon avait une saine vision des choses, connaissait les hommes et savait juger des capacités de chacun. Personne comme chef de la cavalerie ne pouvait remplacer Murat, sauf peut-être Bessières et en tout cas sûrement pas Louis, lequel en eut « beaucoup de chagrin ». Mais comme, dans ces perpétuelles querelles de famille, il fallait bien un peu contenter tout le monde, Louis allait, à titre provisoire, remplir les fonctions de gouverneur de Paris.

Ayant pris son poste, Murat se hâta de se constituer un état-major. Autour du général Milhaud, du commandant Latuile, cartographe, du capitaine Galdemar, qu'il avait connu au collège à Cahors, du fidèle Colbert, d'Agar qui, pour n'être pas militaire, ne s'en révéla pas moins utile, et du commissaire ordonnateur Daure, un génie de l'organisation, il rassembla une pléiade d'aides de camp parlant de préférence l'allemand ainsi que des Suisses, des Prussiens, des Badois, pour lui servir d'interprètes et surtout d'espions. Ce n'était pas, cette fois, un état-major de parade mais de travail, car il devait recevoir et nourrir les corps d'armée au fur et à mesure de leur arrivée, tout en maintenant un service de renseignement actif de l'autre côté du Rhin. Mais, dans le même temps, il donnait le plus gros de son attention à sa réserve générale de cavalerie, et le travail de préconcentration auquel il s'était livré portait ses fruits. Ses différentes divisions se rassemblèrent à une vitesse étonnante.

L'opération n'était pas une petite affaire. La grande armée comptait sept corps commandés par Bernadotte, Marmont, Davout, Soult, Lannes, Ney et Augereau, tous plus difficiles à manier les uns que les autres, soit environ 200 000 hommes dont 35 000 Allemands. Il fallait y ajouter la réserve générale de cavalerie qui comprenait huit divisions, deux lourdes, cuirassiers et carabiniers, aux ordres de Nansouty et d'Hautpoul, quatre divisions de dragons montés sous Klein, Walther, Beaumont et Bourcier et une de dragons à pied (Baraguey d'Hilliers). Malgré tous les efforts des officiers de remonte talonnés par Murat, il avait été impossible de se procurer les 5 500 chevaux pour cette division. Mais les dragons étaient des unités d'une nature un peu spéciale, puisqu'ils étaient censés se déplacer à cheval et combattre à pied. Ceci ne les empêchait pas de charger à l'occasion comme leurs camarades.

Cette formidable masse de rupture de 15 000 chevaux et de 20 000 hommes était appuyée par cinq batteries d'artillerie montées. La cavalerie légère par contre avait été répartie par brigades entre les sept corps d'armée pour y assurer le service d'éclairage. Mais il était entendu qu'en cas de bataille, Murat pourrait en disposer pour la joindre aux autres.

L'armée française n'avait jamais connu de pareils corps. L'Empereur disposera de ce merveilleux instrument, galvanisé par un chef hors pair, jusqu'en 1809. Ensuite, ce ne sera plus la même chose. Cette grande armée ne représentait pas toutes les forces que Napoléon pouvait mettre en ligne. Il avait encore deux corps en Italie et 185 bataillons en garnison à travers la France et les pays alliés.

*

Le 10 septembre 1805, l'armée autrichienne franchit la frontière bavaroise. C'était assez imprudent, car ses alliés russes étaient encore très loin et incapables de lui porter secours dans l'immédiat. En même temps, l'état-major autrichien fit preuve d'une certaine pondération. Il gardait en tête, malgré un optimisme affiché, le souvenir de la formidable raclée que Moreau leur avait infligée cinq ans auparavant. Leur raisonnement supposait que Napoléon, renouvelant la manœuvre de 1800 qui avait si bien réussi aux Français, traverserait la Forêt-Noire pour se porter directement contre eux. Au pis, ils seraient refoulés vers l'est mais de cette manière gagneraient l'avantage d'effectuer plus commodément leur liaison avec les Russes tout en entraînant les Français loin de leurs bases. Ils pensaient également que Napoléon, habitué aux champs de bataille d'Italie, serait complètement désorienté en Allemagne.

Celui-ci était arrivé à Strasbourg le 25 septembre, alors que ses ennemis avaient le champ libre depuis quinze jours. Mais il était parfaitement renseigné sur leurs mouvements. Le 29, Murat se mit en branle avec tout son corps de cavaleric dont une division, les dragons à pied, allait avoir du mal à suivre. Il avait bien songé à les faire transporter sur des charrettes réquisitionnées à cet effet mais devant l'ampleur de la tâche, y avait renoncé sur les conseils d'Agar. Au dernier moment, il avait changé de chef d'état-major : d'Hautpoul étant suffisamment occupé par sa division, à la place il avait choisi le général Belliard.

Il devait traverser la Forêt-Noire et déboucher là où attendaient les Autrichiens, pendant que le gros de l'armée tournerait cet obstacle par le nord. Accessoirement, Murat était chargé de couvrir et de protéger cette marche sur le flanc de l'ennemi. Pour donner davantage de consistance au leurre qu'il déployait, il fit beaucoup de bruit et pratiqua des réquisitions de vivres et de fourrage à l'intention des corps supposés le suivre. La ruse réussit pleinement. Jusque-là tout avait été simple, mais comme il approchait des débouchés d'Ulm, il vint au contact de l'adversaire et, le 7 octobre, avec ses seules forces, remporta un brillant succès devant Donauwörth, puis le 8 à Wertingen. Il y fit plusieurs milliers de prisonniers et enleva des canons et des drapeaux qu'il envoya à l'Empereur. Aussi, le 10 octobre, craignant de le voir se heurter à des forces trop importantes, Napoléon mit sous ses ordres le corps de Ney et dans une moindre mesure celui de Lannes. C'était une erreur psychologique. De caractère emporté, têtu, imbu de sa personne et persuadé de sa science mais ignorant ses propres insuffisances, le maréchal Ney supportait difficilement d'être le subordonné de quelqu'un, de Murat plus que de tout autre, car il le tenait pour un sabreur incapable de commander de grandes unités.

Au lieu de collaborer loyalement avec son camarade, Ney fit preuve de la plus grande mauvaise foi, se mit à éplucher les ordres de Murat en y cherchant des contradictions imaginaires. Entre les deux maréchaux s'échangea une correspondance aigre-douce, dans laquelle Ney s'imaginait en état de jouer les mentors. De cette querelle ridicule sortit une situation qui aurait pu coûter cher à l'armée française.

Demeurée sur la rive gauche du Danube, la division Dupont, aux ordres directs de Ney, se trouva brusquement confrontée à 50 000 Autrichiens. Elle comptait à peine 4 000 hommes. Ney n'eut en tête que de faire porter la responsabilité de cette bévue à Murat. Or ce n'était pas une bévue, la division en question ayant reçu pour mission de demeurer en protection des magasins de l'armée. Cette querelle qui, à en croire Ney, aurait dû se terminer par un duel, fut portée devant l'Empereur qui donna raison à Murat. Ney, vexé, ne se calma qu'après sa victoire d'Elchingen le 14 octobre, mais ne le pardonna jamais au « sabreur ».

La manœuvre d'encerclement de l'armée autrichienne se poursuivait, malgré les difficultés dues au mauvais temps, mais l'inertie du général Mack qui la commandait était stupéfiante. Les yeux rivés sur les débouchés de la Forêt-Noire, il persistait à y attendre l'arrivée des Français. Il restait collé à Ulm, place peu propice à être facilement défendue, et entassait là des troupes harassées, manquant de vivres et dont le moral était au plus bas.

Le 14 octobre vit la victoire de Ney qui, en coupant la route de retraite sur Vienne, acheva l'encerclement de l'armée ennemie. Celle-ci capitula le 18 octobre avec 30 000 hommes, 200 canons, 90 drapeaux et 18 généraux. Encore qu'écrasante, cette victoire ne résolvait rien car une seconde armée autrichienne (la troisième couvrait la frontière italienne) et les Russes demeuraient intacts.

L'archiduc Ferdinand, battu à Elchingen, au lieu de se replier sur Ulm comme le prescrivaient ses ordres, s'était échappé et jeté sur la route de Moravie avec un corps d'armée à deux divisions, Il comptait rallier la seconde armée, mais dès le 15 octobre Murat s'était lancé à sa poursuite. Les hommes exténués, les chevaux fourbus auraient eu besoin de repos, mais quand on le lui exposa, Murat rétorqua que l'ennemi était tout aussi fatigué mais que cela ne l'empêchait pas de courir.

Outre sa cavalerie, il emmenait les grenadiers d'Oudinot et la division Dupont. Dès le lendemain, il accrochait l'arrière-garde du général Werneck à Nerenstetten et la lui enlevait. Sans s'arrêter à ce succès, il essaya le 17 octobre de tourner les Autrichiens qu'il sentait au bord de la déroute et à Heidenheim culbuta les régiments qu'il put attraper. Le même jour, Napoléon qui devinait l'hallali lui écrivait : « Je vous félicite des succès que vous avez obtenus. Mais point de repos ; poursuivez l'ennemi l'épée dans les reins et coupez-lui toutes les communications. » Deux heures plus tard, par un autre courrier, il renouvelait ces conseils de vitesse : « ... Marchez donc de l'avant. »

Point n'était besoin de presser Murat qui sur le terrain se rendait compte de son efficacité. Devant lui, la route était encombrée de canons, de caissons, de voitures abandonnés par les Autrichiens dans leur hâte de s'échapper. Forçant de vitesse, le 18 à cinq heures du matin, en pleine nuit, il cerna la division Werneck à Nordlingen et la força à capituler.

Cependant, l'archiduc Ferdinand continuait à fuir et, sans se soucier des règles de la diplomatie, avait franchi la frontière prussienne sans être inquiété. Mais quand les Français y parvinrent, un officier prussien, par sympathie pour les Autrichiens, invoqua la neutralité. Murat avait reçu de l'Empereur instruction de ménager la Prusse et de ne pas violer sa frontière, sauf si les Autrichiens l'avaient fait avant lui. Il continua donc la poursuite et parvint le 20 octobre sous les murs de Nuremberg.

À ce moment, l'archiduc, comprenant que la majorité de ses troupes ne pourrait aller plus loin, décida d'affronter les Français. Ceux-ci enfoncèrent les Autrichiens et l'archiduc, que Murat tenait à faire prisonnier, put tout de même s'enfuir grâce au cheval d'un de ses sous-officiers, en emmenant 2 000 cavaliers. Il gagna la Bohême où il rejoignit les forces alliées.

Les prises de Murat étaient importantes : 12 000 prisonniers, 120 canons, 500 voitures et le trésor de l'armée autrichienne. Mais il dut interrompre son mouvement et même rétrograder, car il était à l'extrême pointe du dispositif français. En cinq jours, il avait franchi cent cinquante kilomètres. De ce fait, il n'avait pu assister au défilé de l'armée vaincue à Ulm, mais le dixième bulletin de la Grande Armée lui rendit un hommage éclatant : « On est rempli d'étonnement lorsqu'on considère la marche du prince Murat depuis Albeck jusqu'à Nuremberg. Quoique se battant toujours, il est parvenu à gagner de vitesse l'ennemi qui avait deux marches sur lui. »

Cette fois, Murat accorda vingt-quatre heures de repos à ses unités et courut lui-même demander des ordres à l'Empereur, sachant pertinemment que ceux-ci ne pouvaient être que la continuation de la marche sur Vienne.

*

Dans ce nouveau mouvement de l'armée française, Napoléon confia à Murat le 25 octobre le commandement de l'avant-garde composée de la réserve générale de cavalerie, qu'appuyaient à tour de rôle les corps d'armée. C'était d'une manière définitive signifier aux autres maréchaux qu'ils étaient aux ordres de Murat. Celui-ci se mit en route le 27, sur la rive droite du Danube, en direction de Munich, pour de là marcher sur Vienne par Linz.

À présent, les Russes de Koutouzov n'étaient plus

très loin, encore que passablement désorientés après le désastre d'Ulm, et leur général se souciait peu d'affronter seul les forces françaises. Il commença donc un mouvement de retraite en direction de Vienne. Napoléon de son côté entendait faire preuve d'une certaine précaution dans sa marche en avant. Mais Murat, sachant les Russes devant lui, se jeta à leur poursuite, espérant en avoir facilement raison comme avec les Autrichiens. Là, il commettait une erreur de jugement, car les Russes n'étaient pas démoralisés comme leurs alliés. La tactique de Koutouzov était simple : il opérait une manœuvre retardatrice en refusant systématiquement la bataille, mais à chaque obstacle naturel, ses arrière-gardes opposaient une résistance acharnée. Il n'avait toutefois pas prévu que Murat le poursuivrait avec autant d'ardeur, couvrant à ses trousses deux cents kilomètres en neuf jours, malgré les éléments déchaînés et les conseils de prudence que ne cessait de lui prodiguer par lettres Napoléon.

Tant et si bien que le général russe comprit que, pressé de la sorte, il allait, qu'il le voulût ou non, être contraint de livrer bataille. Les fameux combats d'arrière-garde, prétendument retardateurs, lui avaient coûté assez cher, en particulier celui d'Amstetten, sans pour autant ralentir les Français. Maintenant, l'état-major autrichien le suppliait de couvrir Vienne en déployant son armée sur les hauteurs de Saint-Polten, à quarante kilomètres de la capitale. Or il apprit qu'un corps d'armée ennemi, peut-être davantage, avait franchi le Danube et le descendait sur la rive gauche. L'encerclement de sa propre armée se précisait. Après tout, le sort de Vienne lui importait moins que le salut de ses troupes. Dans la nuit du 10 novembre, il franchit le Danube à Krems, détruisit les ponts derrière lui et attaqua le corps du maréchal Mortier avec toute son armée. Le seul rapport des forces aurait dû lui permettre de l'écraser mais si ses adjoints, Bagration et Miloradovitch, savaient mener une retraite, ils étaient moins forts dans l'offensive. D'ailleurs, Mortier disposait d'un certain nombre de pièces d'artillerie qui descendaient le Danube sur des péniches. Il les fit hâtivement mettre à terre et l'appui de leur feu contribua à contenir les Russes. Finalement, au prix de pertes sévères, Mortier resta maître du terrain et Koutouzov continua sa retraite vers la Moravie, mais Napoléon s'en prit à Murat et lui écrivit le 11 : « Mon cousin, je ne puis approuver votre manière de marcher. Vous allez comme un étourdi et vous ne pesez pas les ordres que je vous fais donner. (...) Vous n'avez considéré que la gloriole d'entrer à Vienne. (...) Je cherche en vain les raisons de votre conduite. »

Cette missive rendit Murat furieux. Comment l'Empereur, qui se trouvait à cinquante kilomètres en arrière du théâtre des opérations, qui allait à la chasse et faisait le joli cœur à l'opéra de Munich, pouvait-il juger sainement de la situation ? Pendant que Koutouzov attaquait Mortier sans que lui-même pût intervenir, faute de ponts pour traverser le Danube, il occupait les hauteurs stratégiques de Saint-Polten. Agar et Belliard eurent beaucoup de mal à le calmer et à l'empêcher d'écrire son fait à l'Empereur. Du reste, dès le lendemain, conscient de s'être montré trop dur, Napoléon lui mandait des nouvelles de Mortier : « Elles ne sont pas aussi mauvaises que je l'avais craint. »

À Vienne, une panique folle balayait la ville. Des fonctionnaires entassaient des archives dans des caisses ou les brûlaient. Les domestiques emballaient les bibelots les plus précieux, mais nul ne songeait à détruire les stocks de vivres ou à noyer les dépôts de munitions. Murat y parut le 12 novembre au matin. Sa marche avait été facilitée par l'accueil que lui avaient réservé les populations, car les Russes s'étaient conduits en vrais sauvages, et les paysans considéraient presque les Français comme des libérateurs.

Ce fut en vain que l'empereur d'Autriche François II avait sollicité une suspension d'armes, dans le but de faciliter la retraite de ses troupes, elles aussi en difficulté.

Napoléon avait recommandé à son beau-frère de traverser Vienne sans s'arrêter, de se saisir des ponts sur le Danube s'il en était encore temps, et d'établir une solide tête de l'autre côté du fleuve. Tous, sauf un, étaient déjà détruits. En fait, ce dernier, dit de Tabor, comportait une série de petits ouvrages qui réunissaient un chapelet d'îles et un plus important lancé sur un grand bras du fleuve. Tous étaient en bois. Évidemment, il était miné et gardé par des troupes appuyées par plusieurs pièces d'artillerie en batterie face au tablier.

Il semblait hasardeux de vouloir s'en emparer par la force. Les Autrichiens auraient eu le temps de le faire sauter. Restait la ruse. Murat commença par dépêcher le général Bertrand et son aide de camp Lanusse, pour examiner la situation. Outrepassant leurs ordres, ils se présentèrent en parlementaires et, après avoir essuyé quelques coups de feu, demandèrent à être conduits au général autrichien commandant sur ce point, le prince Auersperg. On accéda à leur requête. Son quartier général était situé à environ deux heures de là.

Au même moment, Murat et Lannes arrivaient sur la berge avec la division de grenadiers d'Oudinot. Après avoir tout examiné, et la trouvant déserte parce que les avant-postes autrichiens s'étaient repliés avec les « parlementaires », ils mirent pied à terre et s'engagèrent sur la chaussée, mains derrière le dos, comme deux promeneurs, suivis à distance par les grenadiers. Ils franchirent sans difficulté les petits ponts mais, arrivés au grand, rencontrèrent un obstacle. Les Autrichiens le tenaient toujours. Alors, Murat et Lannes continuèrent leur progression avec des grenadiers auxquels ils avaient fait déposer les armes et qui ne conservaient que leur briquet [1].

Un officier autrichien se porta au-devant d'eux et quoique impressionné par leurs uniformes rutilants, les somma de reculer, faute de quoi il allait faire tirer. Ils protestèrent de la pureté de leurs intentions et, proclamant que la guerre était finie et que le prince Giulay négociait à Schönbrunn avec Napoléon, ajoutèrent qu'ils venaient juste saluer le prince Auersperg. Tous ensemble, ils achevèrent de traverser le pont et, au moment où l'Autrichien allait donner l'ordre de tirer et de mettre le feu aux poudres, Lannes et Murat s'en saisirent et lui adressèrent des reproches en criant pour couvrir sa voix.

À ce moment, revinrent Bertrand et le prince Auersperg qu'il avait rencontré en chemin. Murat se jeta sur lui, le couvrit de caresses, lui donna les épithètes les plus flatteuses et l'assura que la paix était faite. Cependant, cette palinodie ne pouvait durer. Heureusement, les grenadiers d'Oudinot arrivèrent. À eux étaient mêlés des sapeurs et des canonniers. Ils se jetèrent sur les Autrichiens et leur arrachèrent leurs mèches en même temps qu'ils commençaient à noyer les poudres. Ce comportement étrange étonna le général autrichien, mais il ne savait plus très bien où il en était. Il accepta donc sans discuter de se retirer sur Brünn avec ses troupes. Le malheureux devait payer cher sa naïveté : traduit devant un conseil de

1. Sabre d'infanterie.

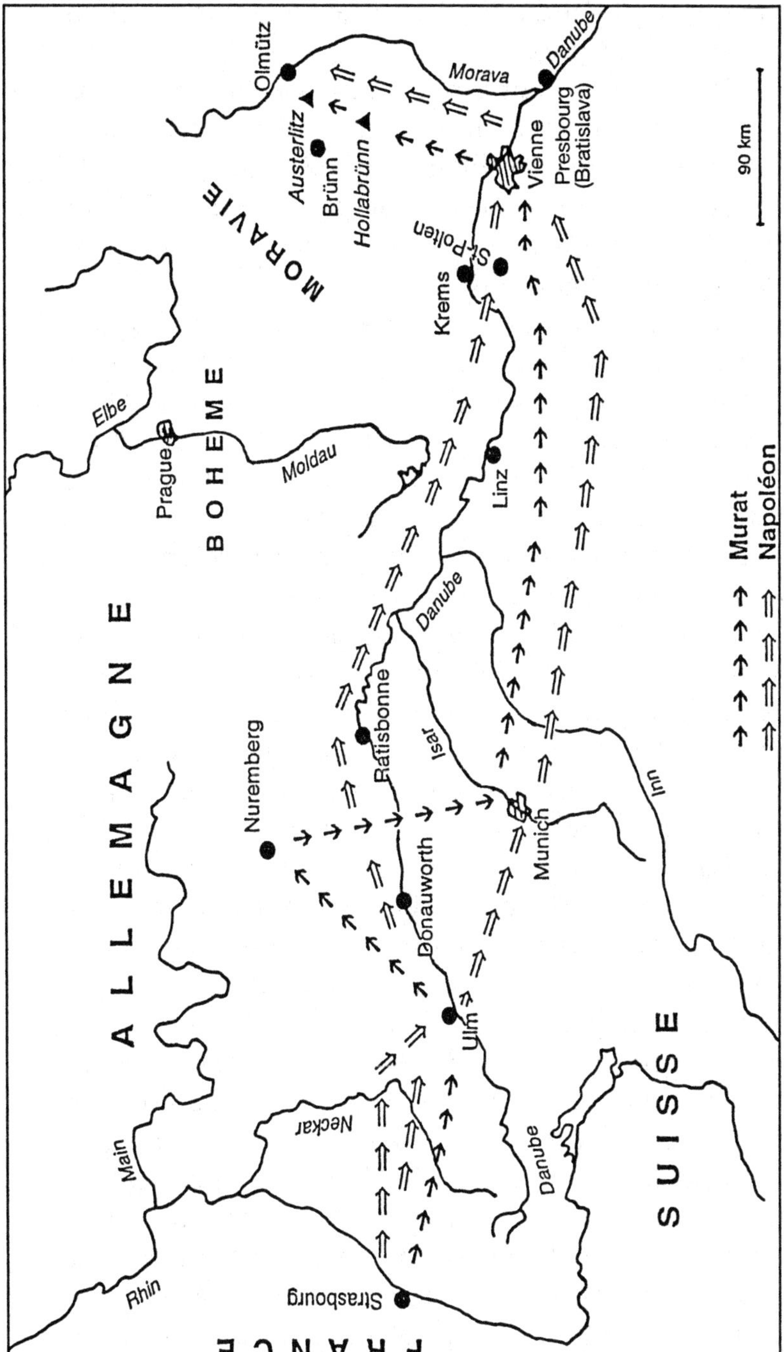

La campagne de 1805

guerre, il fut condamné à mort et l'arrêt commué en dix ans de forteresse.

Mais le pont était à nous. Par la suite, on accusa Murat de félonie alors qu'il n'avait fait qu'utiliser une ruse de guerre bien légitime. Sans perdre de temps et afin de prévenir son retour offensif, il fit franchir le Danube par sa cavalerie et la porta en avant à une vingtaine de kilomètres.

Tolstoï, dans *Guerre et Paix*, a donné de cet exploit original un récit peu vraisemblable mais hautement pittoresque. Il est certain que le succès de l'opération fut dû au sang-froid et au culot de Murat et de Lannes. Grâce à ce fait d'armes, la poursuite put reprendre. Joachim ne s'attarda pas à Vienne.

L'empereur d'Autriche en fuite avait rejoint celui qu'il considérait comme son sauveur, le tsar. Murat, une fois de plus, était sur leurs talons et le 15 novembre, à Hollabrünn, il arriva avant l'armée russe, lui coupant la seule route par laquelle elle pouvait reculer. Cependant, les Russes occupaient une position forte et le terrain, tout en ravines et boqueteaux, empêchait l'emploi direct de la cavalerie. D'infanterie, toujours à cause de son avance rapide, Murat n'avait que 3 000 hommes. Il se devait d'attaquer mais ne le pouvait faute de moyens. Cruel dilemme ! S'il attendait l'arrivée des renforts, il risquait de voir l'ennemi lui échapper. De son côté, Koutouzov ne pouvait que chercher à gagner du temps, car il était hors de question que, réduit à ses seules forces, il pût espérer vaincre les Français. Alors, usant de la même ruse que Murat deux jours plus tôt, il lui envoya un parlementaire et sollicita un armistice. Que Murat lui laisse quelque répit et il s'engageait à regagner la Russie et à conclure la paix. Il donnait à entendre qu'il avait les pouvoirs pour parler non seulement en son nom mais en celui de son maître.

Murat, d'abord, en crut à peine ses oreilles. Il avait beau être présomptueux de nature, l'artifice était trop gros. Il demanda donc à parler à Koutouzov en personne pour juger de la sincérité du Russe, et en attendant consentit à immobiliser ses troupes sur leurs positions puisqu'il ne pouvait pas faire autrement. Ravi de gagner du temps, l'ennemi hâta son repli et, peu soucieux de se trouver face à Murat, lui envoya Wintzingerode, aide de camp du tsar, qui discuta le plus sérieusement du monde des modalités de l'armistice. Celui-ci stipulait que chaque armée camperait sur place, mais en fait le corps de Bagration masquait le mouvement du gros des troupes russes.

Aussitôt le document rédigé, Murat l'expédia par un aide de camp à francs étriers à Napoléon qui était encore à Schönbrunn. Celui-ci ne cacha pas son mécontentement en apprenant le surprenant accord obtenu sans même se soucier du contexte de la négociation, et il écrivit sur-le-champ à Murat : « Vous ne commandez que mon avant-garde et vous n'avez pas le droit de faire armistice sans mon ordre. Vous me faites perdre le fruit d'une campagne. Rompez l'armistice et marchez à l'ennemi. (...) Ce n'est qu'une ruse. (...) L'aide de camp de l'empereur de Russie est un polisson. »

À présent, Murat avait reçu les renforts de Lannes et de Soult. Il prit donc ses dispositions pour attaquer, mais eut la courtoisie d'en avertir le prince Bagration. Les civilités de la guerre n'avaient pas perdu tous leurs droits.

Napoléon, une fois de plus, avait fait preuve d'injustice, car Murat avait montré sa sagesse en acceptant cet armistice, même s'il n'avait cru qu'à moitié à la sincérité de son vis-à-vis.

Bagration avait reçu l'ordre de résister le plus longtemps possible et de se faire tuer pour permettre à

Koutouzov de s'éloigner. C'était, en somme, la même tactique depuis le début. Aussi le combat d'Hollabrünn fut extrêmement dur et se prolongea jusqu'à onze heures du soir. Bagration enfin recula en bon ordre mais dut abandonner douze canons, près de 150 voitures du train et nous laissa 1 500 prisonniers. On ne compta pas ses morts. Mais grâce à ce sacrifice, il permit aux Russes et aux Autrichiens de faire leur jonction à Olmütz. Ils avaient ainsi concentré près de 100 000 hommes, mais Murat était toujours à leurs trousses, précédant de très peu, cette fois, l'armée française.

Les adversaires avaient besoin de souffler. Du 23 au 30 novembre, ils demeurèrent face à face, ne se livrant qu'à des escarmouches d'avant-postes. Les alliés attendaient des renforts qu'ils ne reçurent pas. Ils avaient déjà l'avantage du nombre : 100 000 contre 75 000, car depuis l'entrée en campagne l'armée française avait passablement fondu, tant à cause des tués que des blessés et des malades (il y avait très peu de déserteurs). Assez en flèche, en pleine contrée ennemie, elle se devait de conclure rapidement la campagne. Napoléon était décidé à livrer bataille, car les nouvelles qu'il recevait de Paris n'étaient pas excellentes. L'échange de propositions avec les souverains ennemis n'avait rien donné. Ils étaient encore persuadés de pouvoir nous anéantir.

Le 28 novembre, les maréchaux chefs de corps se réunirent au village de Pozoritz dans la maison de poste. Ils devaient y rencontrer l'Empereur. Soult, Murat, Bernadotte étaient assez inquiets et estimaient qu'il serait sage que l'armée française reculât un peu. Ils finirent par convaincre Lannes et le poussèrent à écrire en ce sens à Napoléon.

Il avait encore la plume à la main quand l'Empereur pénétra dans la pièce.

– Eh bien, messieurs, nous sommes bien ici ? demanda-t-il en montrant la cheminée devant laquelle plusieurs maréchaux se chauffaient.

– Ce n'est pas ce que nous pensons et j'écrivais à Votre Majesté pour le lui dire, répondit Lannes en lui tendant la lettre.

Napoléon la prit, la lut attentivement.

– Comment, s'exclama-t-il, Lannes conseille la retraite ! C'est la première fois que cela lui arrive !

Cependant Murat, Soult et Bernadotte restaient muets et se gardaient de préciser le rôle qu'ils avaient joué. Napoléon interrogea Soult qui se contenta de dire que son corps d'armée ne demandait qu'à marcher. Alors Lannes laissa éclater sa colère, parla de « cafarderies » et précisa que la réponse du maréchal Soult était une « jean-foutrerie » à laquelle il était bon de s'attendre.

Au fond, ravi de constater que les maréchaux étaient dressés les uns contre les autres, car il ne craignait rien tant que de les voir s'entendre contre lui, Napoléon resta quelques instants à réfléchir puis dit :

– Et moi aussi, je juge une retraite nécessaire.

En agissant ainsi, il espérait augmenter l'assurance des alliés et lever leurs dernières hésitations sur l'opportunité de livrer bataille. Il abandonna donc le plateau de Pratzen et le 1er décembre inspecta les nouvelles positions de l'armée. Il confia alors le commandement de son aile gauche à Murat, à qui il subordonna Lannes, tout en sachant que ce ne serait sans doute pas sur cette aile que se déciderait le sort de la journée.

On connaît la manière dont se déroula la bataille d'Austerlitz. En vain, Koutouzov avait tenté de montrer aux empereurs et à l'état-major allié dans quel piège ils se laissaient entraîner. Percée en son centre, l'armée russe fut finalement coupée en deux par une action conjuguée de Lannes et Murat sur la gauche, mais celui-ci n'eut pas vraiment l'occasion de se mettre en avant. Certes, sa cavalerie chargea à plusieurs reprises et anéantit celle de l'ennemi ; certes, il s'exposa à son habitude et une poussée de dragons russes faillit l'enlever. Pour se dégager, il dut mettre le sabre en main et ce ne fut que grâce à son escadron d'escorte qu'il s'en tira sain et sauf. Plusieurs de ses aides de camp furent blessés à ses côtés, mais de toute manière ce n'étaient là que des péripéties secondaires dans l'ensemble du combat et Murat s'en rendit parfaitement compte, même si par leur action Lannes et lui, en fixant le corps de Bagration, en lui causant de lourdes pertes et le disloquant, avaient contribué au succès général. Accessoirement, ils pouvaient se vanter d'avoir fait 7 000 prisonniers et enlevé 27 pièces de canon.

Aussitôt après la bataille, Murat, toujours à la tête de sa cavalerie, se lança à la poursuite de Bagration qui retraitait par la route d'Olmütz. En fait, le gros des coalisés faisait mouvement dans une autre direction. Murat ne s'en rendit pas compte et ne s'arrêta que sur un ordre de Napoléon après l'entretien de celui-ci avec François II le surlendemain de la bataille.

Les hostilités étaient terminées. L'heure de la récompense allait sonner.

CHAPITRE VII

LE GRAND-DUCHÉ DE BERG
(1805-1806)

Pendant que Joachim glanait des lauriers et voyait sa popularité auprès des soldats augmenter, Caroline demeurée à Paris ne restait pas inactive. Délaissant les mondanités, dont pourtant elle était friande, tournant définitivement le dos à la famille Beauharnais et bien décidée à contribuer à sa perte, elle avait contracté des alliances avec deux hommes puissants et influents : Talleyrand et Fouché, afin de les inciter, en cas de crise du régime, à jouer la carte Murat. Avec ces deux-là, point n'était besoin de payer de sa personne comme elle le fera avec d'autres par la suite. En réalité, étant donné l'envergure et les desseins de ces deux ministres, il est permis de se demander si Caroline fut leur complice ou un instrument entre leurs mains.

Qu'ils aient songé à mettre Murat sur le trône est certain, mais ne pensaient-ils pas être à travers lui les véritables maîtres de la France ? Sans doute avaient-ils le tort de ne voir en Murat qu'un soldat vaniteux, brave et naïf. Mais Caroline, peu intelligente et superficielle, ne pénétra pas leur raisonnement et dans cette « alliance » ne vit qu'un procédé pour se rapprocher du pouvoir. Il semble que Napoléon n'ait pas été informé de ces tractations car, malgré son amour pour sa sœur, il n'eût pas hésité à sévir.

À peine la campagne terminée, de retour à Munich, l'Empereur prit une décision et à cette occasion se heurta violemment à Murat. Assez curieusement, dès ce moment, Napoléon croyait à la fidélité des alliances politiques bâties autour d'un lien matrimonial. Voulant définitivement s'attacher la Bavière, il décida de marier la fille de l'électeur, plus tard roi, Max-Joseph, à Eugène de Beauharnais. En agissant ainsi, il faisait coup double, liant la Bavière à la France et faisant plaisir à l'impératrice puisqu'Eugène était son fils.

Les négociations furent difficiles car la jeune Augusta était déjà fiancée à un homme qu'elle aimait, et elle ne ressentait aucune inclination pour ce Français inconnu. De son côté, Eugène menait une vie fort libre de célibataire et ne voyait aucune raison de se marier. Mais Napoléon balaya tous ces obstacles et l'union fut conclue à Munich les 13 et 14 janvier 1806.

Tout fier de ce qu'il considérait comme un nouveau succès, il l'annonça à Murat dès l'abord abasourdi par la nouvelle. Eugène, qui n'avait pratiquement rien fait, se retrouvait au sein d'une des plus vieilles familles d'Europe. Puis sa stupéfaction se tourna en fureur mais en même temps, peut-être grâce aux conseils d'Agar, il s'avisa que l'Empereur était par ce mariage en train de commettre une énorme bévue. Il écrivit donc à son beau-frère une lettre peu diplomatique mais singulièrement prophétique :

« La France quand elle vous a élevé sur le trône a cru trouver en vous un chef populaire, un chef plébéien, mais elle n'a pas entendu renouveler la monarchie de Louis XIV. (...) Aujourd'hui, vous prétendez vous allier par le mariage d'Eugène à la maison royale de Bavière et vous allez seulement montrer à l'Europe combien vous mettez de prix à ce qui nous manque à tous : l'illustration de la naissance. Vous rendez hommage à des titres de puissance qui ne sont pas les vôtres, qui sont en opposition avec les nôtres. L'ancienne noblesse considère tous vos compagnons d'armes, et vous-même peut-être, comme des intrus, des usurpateurs. »

Napoléon n'attacha pas d'importance à cette profonde réflexion politique, qui traduisait les sentiments de bon nombre de généraux et de la plupart des maréchaux, inquiets de la dérive que semblait vouloir prendre l'Empire. Il feignit de la considérer comme l'illustration du dépit de son beau-frère. Il ne lui en tint du reste pas rigueur.

Encore plus grande que celle de son mari, la fureur de Caroline ne connut plus de bornes. C'était un Beauharnais exécré qui prenait le pas sur elle car elle ne voyait pas plus loin. Comble de machiavélisme, son frère la désigna pour représenter la famille aux fêtes de Munich et là, protocole oblige, elle fut reléguée au second rang. Entre l'Empereur et elle, il y eut quelques échanges de répliques bien senties, des scènes, un évanouissement (c'était une spécialité de Caroline), mais elle dut capituler.

Napoléon fut-il sensible à la comédie, estima-t-il que les Murat n'avaient pas été récompensés comme ils le méritaient, voulut-il plaire à Joséphine, qui par ce biais espérait éloigner de Paris cette intrigante et turbulente Caroline, ou obéit-il, comme c'est plus probable, à d'autres impératifs ? Toujours est-il que, le 15 mars 1806, un décret impérial leur attribuait le grand-duché de Berg.

Cet État souverain était une création purement napoléonienne. Composé initialement des duchés de Berg et de Clèves, il s'étendait en une longue bande sur la rive droite du Rhin, entre ce fleuve et les possessions prussiennes au Palatinat. Il répondait à une double fonction : d'abord, constituer un bastion militaire profrançais face à la menace que la Prusse pouvait faire peser sur nous, car malgré sa récente neutralité, Napoléon la regardait avec défiance. Ensuite, former verrou contre l'écoulement des marchandises britanniques qui transitaient vers la France via Düsseldorf, laquelle deviendrait la capitale du nouveau grand-duché, dont initialement elle ne faisait pas partie.

À la tête de cet État, certes indépendant mais vassal de la France, Napoléon pensa qu'il fallait mettre un homme à poigne, militaire de préférence, et c'est la raison pour laquelle il choisit Murat à qui il recommanda entre autres de cesser de porter son nom pour ne plus être que le grand-duc Joachim.

Ce grand-duché dont, pour la constitution, Napoléon n'avait daigné consulter ni les sujets ni le souverain, représenta un cadeau qui n'enthousiasma pas les Murat. Recevoir un État dont il ne comprenait pas la langue refroidit quelque peu Joachim. Quant à Caroline, elle déclara qu'elle ne quitterait pas Paris pour aller s'enterrer dans ce « trou perdu de Düsseldorf ». D'ailleurs, que représentait un grand-duché, à côté des royaumes de Louis et de Joseph ou de la principauté de Pauline ? Le caractère souverain de l'État leur sembla de faible importance ; ils étaient obnubilés par la magie du mot « royaume » auquel ils accordaient une qualité primordiale.

Certes, pour appâter son beau-frère, l'Empereur

avait annoncé à Joachim qu'il disposerait de huit millions de revenus annuels. Mais quand Murat eut constaté qu'en réalité c'était à peine quatre, il fit grise mine et se plaignit amèrement à Napoléon. Pour le consoler, ce dernier l'autorisa à séculariser les biens importants de l'ordre de Malte et des chevaliers teutoniques. Dans la foulée, tous les biens des Églises subirent le même sort.

Murat était parti, presque aussitôt après son élévation, visiter ses États. Il emmenait avec lui son fidèle Agar, rompu à l'administration publique car lui-même ne s'y entendait pas trop. De lui, Murat fit un ministre des Finances, puis un chef du gouvernement, et dans ces fonctions Agar se montra habile et avisé. Toutefois, comme Murat ne songeait qu'à « presser l'orange », il ne put gérer avec toute la rigueur désirée. Pour procurer de l'argent « au patron », il dut créer des impôts sur le timbre et augmenter les droits d'ancrage dans le Rhin. Napoléon, de son côté, lui mit des bâtons dans les roues. Lorsqu'Agar voulut signer avec la France un traité de commerce afin d'assurer le développement de la nouvelle industrie textile, les manufacturiers français de la rive gauche du Rhin poussèrent les hauts cris et Napoléon leur donna raison sans vouloir se soucier des intérêts du grand-duché.

En 1808, il força Murat à instituer la conscription jusqu'alors inconnue. Berg dut lever une force de 7 000 hommes à la disposition de l'armée française, et la popularité de Joachim en souffrit.

Pourtant, lorsqu'il avait fait son entrée à Düsseldorf, le 25 mars 1806, dans une de ces tuniques rutilantes qu'il affectionnait, l'accueil qu'il avait reçu avait été triomphal car il avait eu l'habileté de maintenir en place tous les notables et fonctionnaires. Comme il s'était montré simple et familier, les Allemands avaient vite jugé que c'était un bon prince, bien qu'entre eux et lui se dressât la barrière linguistique. Mais ils le virent peu. La même année, il dut repartir à l'armée.

Pendant son règne assez bref, il ne s'entendit pas avec Napoléon. Il pensait pouvoir gouverner en toute indépendance, alors que l'Empereur considérait qu'il devait lui obéir et n'avait pas à se soucier du devenir de ses États. Il soupçonnait Agar de lui souffler des idées de révolte vis-à-vis de la France.

Dès le début, un conflit majeur éclata. Murat estima que les territoires d'Essen et de Werden étaient nécessaires à l'unité de son grand-duché et il les occupa. Napoléon, il est vrai, lui avait fait des promesses vagues à leur sujet en déclarant : « Tous les biens domaniaux de la Prusse vous appartiennent. » Aussi, Murat avait-il agi en s'estimant dans son bon droit, mais sa précipitation avait irrité le roi de Prusse dont la femme, la reine Louise, était fanatiquement antifrançaise, surtout que la lune de miel franco-prussienne était bien passée. La Prusse ayant réagi militairement, un conflit faillit éclater, mais elle ne se considérait pas tout à fait prête et Napoléon ne voulait pas la guerre. Murat fut donc prié d'évacuer ces deux territoires et d'y renoncer, ce qu'il fit sans empressement. Napoléon le tança d'importance ; Murat le prit de haut. Puis ce fut l'affaire de la forteresse de Wesel, en plein territoire de Berg, que Napoléon entendait rattacher directement à la France. Murat dut céder. Cela n'améliora pas leurs relations. Pourtant l'Empereur, une fois encore, ne lui en tint pas rigueur et lors de la création de la Confédération du Rhin en juillet 1806, Murat vit son grand-duché s'accroître de territoires et lui-même fut placé dans le premier et plus important collège des électeurs.

Après ses nouveaux exploits en 1807, Joachim devait

recevoir pour augmenter ses États les comtés de la Marck, de Tecklembourg, de Lingen et de Dortmund ainsi que la principauté de Münster, tout ceci aux dépens de la Prusse. Ayant ainsi accru de 350 000 habitants sa population, son grand-duché, qui dépassa alors 1,5 million de sujets, devint un État homogène de dix millions d'hectares, dont il ne devait guère profiter. Du moins en partant laisserait-il une empreinte profonde de son passage. Il (ou plutôt Agar) avait réorganisé le pays, découpé ses États en quatre départements, créé deux cours d'appel, institué quatre ministères : Justice, Relations extérieures, Finances, Intérieur. L'expérience de Berg lui serait profitable dans les missions que lui confierait l'Empereur, et dans sa future souveraineté à Naples.

En quittant Berg, il emporta le plus beau des souvenirs : les lanciers de Berg, corps créé en 1807 qui lui servit en quelque sorte de gardes du corps jusqu'en 1813, où le régiment fut anéanti à la bataille de Leipzig en chargeant sous ses ordres. Détail amusant, la coupe et la couleur de leur uniforme dessiné par Murat offraient une similitude étonnante avec celles des chasseurs des Ardennes, son premier corps.

Caroline avait refusé d'accompagner son mari lors de sa prise de possession. Par la suite, elle fit de très brèves apparitions dans sa capitale, qui ne lui convenait pas. Mais elle s'était constitué à Paris une maison avec dames d'honneur et chambellans, et profita de son nouveau titre pour donner des fêtes magnifiques. Voulant s'intéresser à la politique allemande, elle prit pour amant le tout nouvel ambassadeur d'Autriche en France, le prince de Metternich. Tous deux comptaient profiter de cette liaison, dans laquelle l'amour ne tenait pas grande place, mais chacun pour soi. Elle visait décidément plus haut que ce grand-duché.

Chapitre VIII

LA GRANDE CHEVAUCHÉE
(1806-1808)

La création de la Confédération du Rhin par Napoléon en juillet 1806, dont il se déclara le protecteur, ce qui lui donna tout de suite une orientation politique, inquiéta la Prusse. L'Empereur le sentit et essaya de rassurer le gouvernement de Berlin en lui précisant qu'il ne s'intéressait qu'à l'Allemagne du Sud et de l'Ouest. En vain ! La présence permanente de troupes françaises sur le sol de la Confédération préoccupait les ministres du roi Frédéric-Guillaume III. Ce souverain pensait être soutenu par le tsar Alexandre, théoriquement toujours en guerre contre la France, et par l'électeur de Saxe [1]. L'Angleterre, voyant la manière dont tournaient les événements, se hâta de lui apporter son réconfort. Peu intelligent, très influençable et tout à fait soumis aux volontés de sa femme, la belliqueuse reine Louise, Frédéric-Guillaume se faisait de cruelles

1. La Saxe est érigée en royaume en décembre 1806.

illusions sur la valeur de son armée. Il était entretenu dans cet état d'esprit par son état-major. Ce dernier s'estimait invincible parce qu'imprégné des principes édictés par Frédéric II, oubliant que même ce grand stratège avait subi de sévères défaites. Aussi, après avoir mobilisé ses forces pendant le mois d'août, la Prusse adressa-t-elle un ultimatum à la France, la mettant en demeure d'évacuer l'Allemagne et de dissoudre la Confédération du Rhin. C'était la guerre. Une guerre que n'avait pas voulue Napoléon.

Murat, à ce moment, était à Düsseldorf où, en compagnie d'Agar et de ses ministres, il travaillait à l'administration de son duché. Convoqué à Paris, il y arriva un peu moins d'un mois plus tard. Le 23 septembre au matin, l'Empereur le reçut à Saint-Cloud et lui annonça qu'une nouvelle fois il lui confiait le commandement de la réserve générale de cavalerie, qui comprenait des forces semblables à celles de la campagne de 1805. Mais outre qu'à présent tous les dragons étaient montés, l'Empereur l'avait renforcée de deux divisions de cavalerie légère, l'une de hussards commandée par Lasalle, l'autre de chasseurs aux ordres de Milhaud. Comme chef d'état-major, il gardait le fidèle Belliard, avec qui il s'entendait très bien et dont la pondération venait contrebalancer la fougue de son chef.

De plus, il avait directement sous ses ordres le corps de Bernadotte, avec qui il était toujours en bons termes.

En hâte, il gagna Würzbourg où il arriva le 27 ou le 28 et qui avait été choisi pour être son quartier général provisoire. Presque toutes ses troupes étaient concentrées autour de la ville. Bien que la plupart des régiments aient déjà servi sous ses ordres, il tint à prendre personnellement contact avec les différents chefs et à mettre au travail son état-major. Le temps lui était mesuré car la guerre fut déclarée le 7 octobre.

Aussitôt, en exécution de ses ordres, il se mit en branle et franchit la frontière le 8. Le plan de Napoléon consistait à tomber sur les Prussiens et à les écraser avant de leur laisser le temps d'effectuer leur liaison avec les Russes. Il ignorait où ils avaient exactement disposé leur armée mais soupçonnait que celle-ci pourrait bien se trouver en route vers la vallée du Main pour se porter au-devant des troupes françaises. Aussi décida-t-il non pas de l'affronter de face mais de la tourner par le nord en la coupant de ses bases sur l'Elbe.

Ce mouvement, aussi discret que possible, devait s'effectuer derrière un épais rideau de cavalerie, tendu précisément par Murat. Pourtant le terrain excessivement accidenté et boisé, où il devait opérer dans une période initiale, était peu favorable à l'emploi en masse des chevaux.

Le 10 octobre, Murat, qui avait constitué sa propre avant-garde de trois brigades de cavalerie légère, arriva sur la rivière Saale en face de la ville de Saalfeld. Le pont avait été détruit par les Prussiens qui se retiraient lentement mais, un gué ayant été découvert, l'obstacle fut vite franchi. L'ennemi, qui avait d'abord reculé en bon ordre, ne tarda pas à se débander. Son chef était le prince Louis-Ferdinand de Prusse, propre neveu du roi et l'un des plus acharnés partisans de la guerre. Demeuré presque seul, il fut aperçu par un maréchal des logis de hussards français nommé Guindey, qui le tua dans un bref combat singulier après l'avoir sommé de se rendre. Une chansonnette fut bientôt sur toutes les lèvres de l'armée :

C'est le prince Louis-Ferdinand
Qui se croyait un géant
Ah, l'imprudent !
Un houssard, bon là
Lui dit : « N'allez pas si vite
Ou bien sinon ça
Je vous lance une mort subite. »
À la papa.

Il fut dit aussi que l'auteur de ces assez mauvais vers était le grand-duc de Berg, qui était connu pour taquiner la muse à ses heures. Mais cette parenté est contestable, car la poésie dont se piquait Murat était tout de même d'une meilleure facture.

Cependant, les généraux prussiens avaient à présent deviné la manœuvre française et en conséquence décidèrent un repli en direction de l'Elbe pour couvrir Berlin. Le corps d'armée du prince de Hohenlohe fut laissé en arrière pour protéger l'opération de décrochage et ce fut lui qu'attaqua le 14 octobre le gros des Français à Iéna, tandis que les trois divisions de Davout étaient opposées à Auerstaedt à presque toute l'armée prussienne. Depuis plusieurs jours déjà des engagements assez sérieux avaient eu lieu, au cours desquels, faisant preuve de sa pugnacité et de sa témérité habituelles, Murat avait pris d'énormes risques, en particulier à Schleitz où il avait attaqué avec une poignée d'hommes, et sans attendre de renforts, un corps de 8 000 Prussiens dont il avait eu finalement raison.

Se trouvant au nord de l'armée, il arriva trop tard avec sa cavalerie pour participer activement à la bataille d'Iéna et dut se contenter de lancer et d'encourager quelques charges, mais quand, vers trois heures de l'après-midi, le gros de ses troupes déboucha enfin, Murat le découpla sur les Prussiens

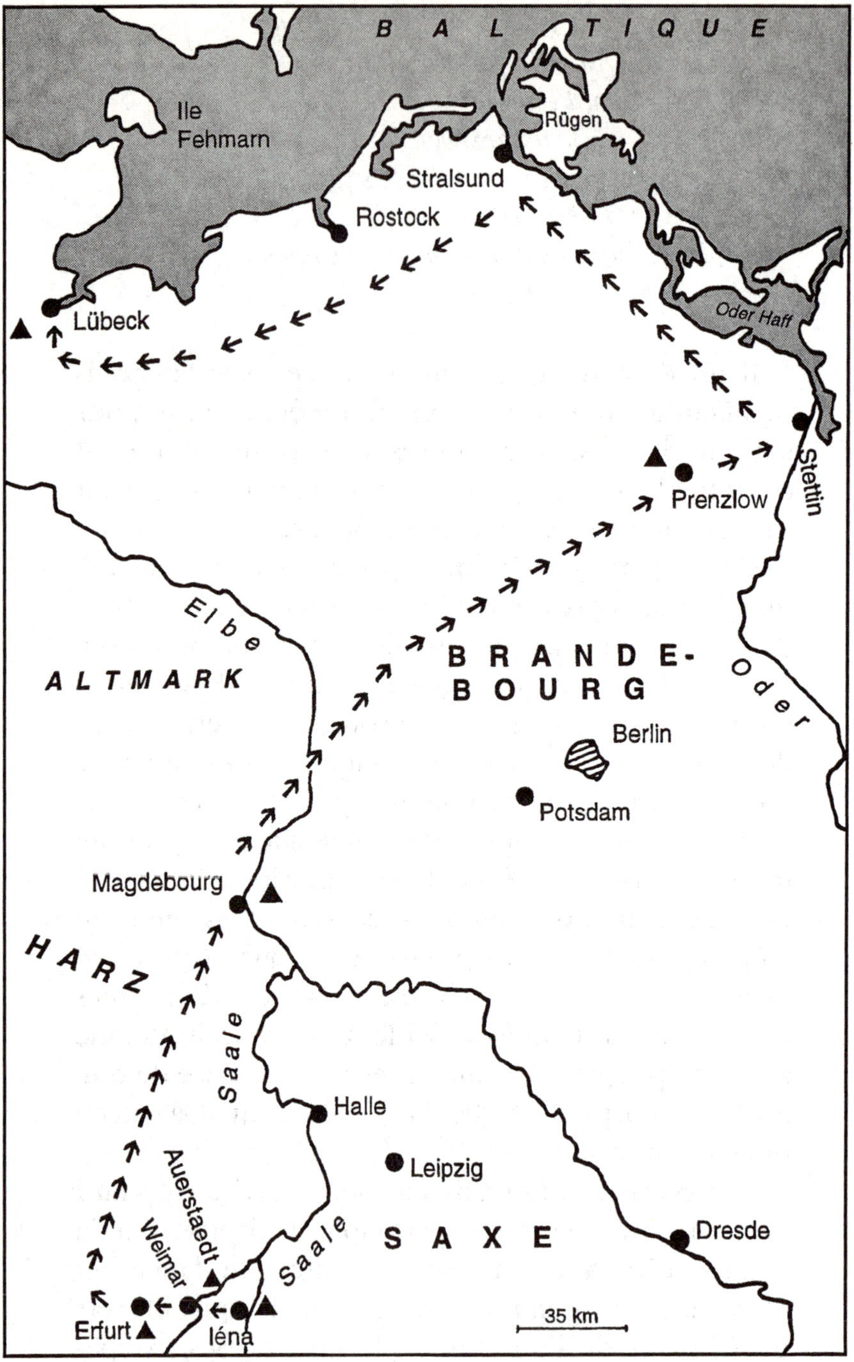

La poursuite de 1806 après Iéna

de Hohenlohe qui battaient en retraite avec un certain ordre. Cette trombe de dragons et de cuirassiers chargeant à fond transforma le mouvement en déroute puis en boucherie, parachevant la victoire. Jetant armes et équipements, abandonnant canons, caissons, fourgons pour courir plus vite, les Prussiens, talonnés par les escadrons de Murat, atteignirent Weimar où de leur côté arrivaient les régiments de Brunswick, tué en combattant Davout, retraitant en assez bon ordre depuis Auerstaedt.

La panique gagna le gros de l'armée. Cependant Murat, pour se faire une idée nette de la situation, s'arrêta à Weimar avec Nansouty, d'Hautpoul, et regroupa ses divisions. Dès le lendemain, allait débuter une fantastique poursuite de vingt-trois jours, où Murat déchaîné, ne connaissant ni fatigue ni repos, allait donner le meilleur de lui-même.

Napoléon aurait voulu, et il prit des dispositions en ce sens, qu'au cours de cette chasse sa cavalerie fût constamment appuyée par l'un ou l'autre des corps d'armée. Mais Murat avança si vite que bien souvent l'infanterie eut le plus grand mal à le suivre. Démarrée le 15 octobre, la chevauchée commença par un coup d'éclat. Dès le lendemain, la place d'Erfurt était investie. Son commandant refusait de se rendre à la cavalerie, car il disposait de 8 000 hommes et espérait nous ralentir par un siège en règle. Mais, le soir même, Ney était présent. Murat put continuer et le lendemain Erfurt capitulait. Tout en avançant, la cavalerie raflait des fuyards par milliers, ainsi que du matériel abandonné.

Le 18, divisant ses forces en trois colonnes, Murat franchit le Harz et au passage écrasa 2 000 Prussiens qui voulaient lui résister. Le 19, il était devant Magdebourg, mais la ville refusa de déposer les armes. Il laissa donc Ney résoudre le problème, ce que celui-ci fit tambour battant, et toujours il continua sa poursuite. Le jour suivant, ayant reçu de nouvelles directives de Napoléon, il infléchit sa route par le nord afin de contourner Berlin. En effet, les débris de l'armée prussienne, malgré cette infernale traque, étaient parvenus à se regrouper plus ou moins sous les ordres du prince de Hohenlohe, car le roi était tout à fait incapable d'assurer un commandement. Le prince essayait de gagner la Prusse-Orientale pour faire sa jonction avec les Russes qui avançaient lentement. Son dessein était de franchir l'Oder à Stettin et de se protéger par la barrière formée par le fleuve et la forteresse. Cette manœuvre, Napoléon et Murat l'avaient pressentie. Aussi, pour ce dernier, l'objectif désormais était la capitulation de Hohenlohe avec toutes ses troupes. Dans cette course, il était admirablement secondé par Lasalle.

Cependant les difficultés s'accumulaient. La cavalerie lourde ne pouvait suivre ce train d'enfer et dut s'arrêter. Murat continua avec la légère et deux divisions de dragons. Épuisés, les chevaux s'abattaient ou crevaient par dizaines. Heureusement, la remonte était facilitée grâce aux montures prises à l'ennemi car, tout en avançant, Murat continuait à rafler des milliers de prisonniers.

À ce moment, le corps de soutien de Ney avait été remplacé par celui de Lannes, ce qui était un avantage car, quoique de caractère difficile, il coopérait mieux.

Le contact avec les Prussiens devenait assez lâche mais le 26 Lasalle tomba sur une force de 6000 cavaliers ennemis détachée par Hohenlohe pour couvrir sa gauche. Ayant averti Murat qui se hâta de le faire appuyer par les dragons de Grouchy, Lasalle attaqua sans hésiter avec seulement 600 hussards, écrasa l'adversaire et l'anéantit avec l'aide des dragons.

Sentant que l'ennemi n'était plus loin, il envoya des reconnaissances qui parcoururent dans la journée plusieurs dizaines de kilomètres et revinrent avec des rapports concordants : une très forte colonne prussienne comprenant des unités des trois armes se dirigeait vers la ville de Prenzlow et de là sans doute vers Stettin. Au reçu de ces renseignements, Murat reprit sa progression pour essayer d'envelopper la tête de l'adversaire et se fit garder sur sa gauche par Milhaud avec un régiment de chasseurs et un escadron de dragons. En fin d'après-midi, celui-ci tomba sur les Prussiens et en raison de la disproportion des forces fut contraint de reculer jusqu'à ce que Murat lui amenât des renforts. Mais les Prussiens s'étaient retranchés dans un groupe de villages et, manquant d'artillerie et d'infanterie, Murat ne put les attaquer. La nuit tomba. Dans l'obscurité, en se dissimulant dans des boqueteaux, plusieurs escadrons de hussards prussiens tentèrent de contourner nos forces pour leur tomber dessus par-derrière mais, trahis par la lune, furent sabrés par nos dragons et se rendirent.

Au matin du 27 novembre, ce fut Lasalle qui appela à l'aide. Hohenlohe n'avait laissé qu'une arrière-garde devant Murat et, marchant toute la nuit, avait atteint les faubourgs de Prenzlow où Lasalle l'avait précédé. Murat n'avait plus avec lui que les dragons des divisions Beaumont et Grouchy. Qu'importait ! Il gagna Prenzlow. Grouchy tailla en pièces l'avant-garde prussienne, qui avait déjà traversé la ville, et Murat l'arrière-garde.

Hohenlohe, déjà ébranlé, était tout à fait désemparé et ne savait plus que penser. Il manquait de munitions. Ses hommes étaient affamés et exténués. Il savait n'avoir aucun secours à attendre et les officiers de son état-major étaient plutôt pessimistes. Ce fut à ce moment que Belliard envoyé par Murat se présenta à lui pour le sommer de se rendre. Il ignorait visiblement tout de la faiblesse des forces françaises. Néanmoins, pensant encore pouvoir s'échapper par le nord, il décida de gagner du temps et demanda à négocier. À son tour, il envoya un parlementaire à Murat qui le reçut fort poliment mais lui déclara, en lui montrant Lannes qui venait d'arriver à son quartier général, très en avance sur son propre corps :

– Voyez, je vous cerne avec 100 000 hommes. Si vous ne vous rendez pas, je vous fais sabrer jusqu'au dernier !

En entendant ces paroles, Lannes, à ce qu'il racontera, eut du mal à garder son sérieux mais, impressionné, l'envoyé de Hohenlohe se dépêcha de les rapporter à son chef qui capitula sur-le-champ. Or, face aux 5 000 cavaliers de Murat, il pouvait encore aligner 16 000 fantassins, 1 500 cavaliers et 60 canons.

Sans attendre le défilé des vaincus, Murat avait déjà relancé Lasalle vers Stettin, sans très bien savoir ce qu'il pourrait entreprendre devant cette place forte. Car Stettin, forteresse de première grandeur, était défendue par une garnison de 9 000 hommes qu'appuyaient 160 pièces de canons lourds. Sans douter de rien, Lasalle somma le gouverneur de capituler. « Cette vieille patraque », comme l'a qualifié Belliard, après avoir fait quelques difficultés, finit lui aussi par se rendre aux 600 sabres de Lasalle, qui eût été bien ennuyé de devoir entreprendre un siège avec ses seules forces. Ce fait d'armes enthousiasma Napoléon qui écrivit à Murat : « (...) Si notre cavalerie légère prend ainsi des places fortes, il faudra que je licencie le génie et que je fasse fondre mes pièces. »

L'armée prussienne croulait par pans entiers. La prise de Stettin empêchait toute nouvelle fuite vers l'est.

Pourtant un corps d'armée lui restait, encore intact, sous les ordres de Blücher. Ne se jugeant pas compris dans la capitulation de Hohenlohe, il réussit à fuir encore vers le nord, décidé à gagner la ville de Stralsund sur la Baltique pour y embarquer ses hommes vers la Poméranie, toujours hanté par l'idée de jonction avec les Russes. Napoléon et Murat voulaient à tout prix le voir capturé et le grand-duc se remit une fois de plus en route. Blücher disposait encore de 22 000 hommes, d'une certaine artillerie et de 4 000 chevaux.

Mais, dans cette dernière phase, Murat n'était plus seul. Outre le corps de Lannes, ceux de Bernadotte et de Soult accouraient du sud. La cavalerie de Murat, ou plus exactement ce qu'il en restait capable d'avancer, gagna les Prussiens de vitesse et raflant toujours des prisonniers en chemin, parvint la première à un carrefour de routes que Blücher devait emprunter : Demmin. Point découragé, incurvant sa course vers l'ouest, celui-ci se dirigea vers la frontière danoise, décidé au besoin à la violer. Mais l'armée danoise l'attendait de pied ferme et, si faible fût-elle, il n'avait pas les moyens de la combattre, surtout avec les Français dans le dos.

Une ultime voie lui demeurait libre : se jeter dans le port de Lübeck, à l'embouchure de la Trave, et tenter d'embarquer. Sans hésiter, il viola la neutralité de cette ville indépendante et, faute de temps, s'y enferma. La position était solide. Il pensait pouvoir y tenir un certain temps car, les conditions météorologiques devenant franchement mauvaises, il pouvait espérer un arrêt momentané des opérations. Mais Murat avait à présent, outre sa cavalerie, deux corps d'armée sous la main, et le 7 novembre il attaqua. Ses fantassins forcèrent les portes de la ville, et comme les Prussiens entendaient encore résister en un combat de rues, la bataille tourna au carnage. Des civils, pris entre deux feux, furent les premières victimes.

Murat devait déclarer avoir fait tout ce qui était humainement possible pour arrêter le massacre, mais c'était difficile.

Blücher, une fois encore, tenta de s'échapper vers Travemünde avec ce qui lui restait : 11 000 fantassins, 4 000 cavaliers, mais le lendemain 8 novembre, il était cerné en rase campagne et dut mettre bas les armes.

Se rappelant ses classiques, Murat put écrire à l'Empereur : « Le combat finit faute de combattants. Je m'empresse d'annoncer à Votre Majesté que le corps du général Blücher s'est rendu ce matin aux trois corps d'armée qui se trouvent réunis à Lübeck. »

Chacun pensait qu'à cette époque avancée de l'année nos forces avaient bien mérité quelque repos et allaient prendre leurs quartiers d'hiver. C'était compter sans les Russes.

*

Ils arrivaient, lentement, car ils étaient peu nerveux de nature. Et puis leur réseau routier était lâche et assez mal entretenu, sans parler de la neige et la boue qui ralentissaient encore les communications. Pourtant l'armée du comte Bennigsen avait atteint la Vistule et poussé ses avant-gardes au-delà de Varsovie jusqu'à Sochaczew. Il devenait donc urgent de se porter contre elle. Elle avançait avec une extrême prudence, car la leçon d'Austerlitz avait porté et, à l'inverse des Prussiens, l'état-major russe ne méprisait nullement les Français.

Ayant rejoint Berlin le 11 novembre, regrettant cruellement d'y avoir manqué l'entrée triomphale de l'armée, Murat était censé y prendre une semaine de repos. En fait, il avait à résoudre un certain nombre de problèmes. La cavalerie, « sa » cavalerie, était épuisée par la chevauchée qu'il venait de conduire. Si les hommes animés par le souffle de la victoire étaient à nouveau prêts à marcher, les chevaux, eux, étaient à bout. Beaucoup portaient des blessures dues aux frottements des harnachements de cuir ; la maladie s'était mise dans certains régiments, surtout la gale, contagieuse, qui empêchait de seller, sans compter tous ceux qui étaient crevés en route. De toute urgence, il fallait procéder à une remonte partielle, surtout si l'on considérait que la campagne était loin d'être terminée. Napoléon en était tellement conscient qu'il avait déjà donné des ordres pour faire venir d'Italie une division de cuirassiers, affaiblissant ainsi sans grands risques les forces d'Eugène. Puis, à la demande de Murat, il s'était adressé aux Autrichiens pour leur acheter des chevaux hongrois, car ceux-ci se trouvaient à proximité.

Au début de la guerre, l'attitude de l'Autriche avait été toute de prudence et d'ambiguïté. Le rappel de la défaite subie l'année précédente, l'état présent de son armée l'avaient incitée à demeurer dans l'expectative, tout en suivant de près la situation. Mais l'écrasement de la Prusse l'ancra dans la neutralité la plus totale et elle ne fit aucune difficulté pour répondre favorablement à la demande de la France.

Cependant, il était de plus en plus évident que la Russie comptait se battre en hiver. Bennigsen espérait que l'inexpérience française face au rude climat de la Pologne ferait pencher la balance en sa faveur. Il comptait aussi profiter du terrain : vastes plaines et forêts épaisses. C'est pourquoi, vers le 17 ou le 18 novembre, Murat quitta Berlin pour prendre la tête de six divisions de cavalerie qui seraient bientôt renforcées. Celles-ci, une fois de plus, formaient l'avant-garde de la Grande Armée et dès le 21 entraient à Posen après avoir franchi la frontière polonaise. Le contact avec la cavalerie légère russe, des cosaques, fut presque immédiat, mais l'ennemi se déroba systématiquement après quelques escarmouches. D'emblée, la poursuite se révéla difficile, en raison de la fatigue de notre propre cavalerie. Pourtant, Murat en obtint des résultats étonnants.

Le 23 novembre, il atteignit Kladowa où il retrouva Davout, dont le corps d'armée était à peu près intact. Une animosité permanente existait depuis l'Égypte entre les deux maréchaux. Pourtant, cette fois, Davout accepta sans difficulté de se ranger sous les ordres du grand-duc. À eux deux, ils réunissaient 32 000 hommes, sans compter ce qui suivait, et quoiqu'il en commandât lui-même plus de 50 000, Bennigsen, bien renseigné, ne pensa pas un instant être en mesure de les affronter. D'ailleurs, il attendait une autre armée forte de 40 000 hommes et, se préparant à effectuer sa jonction, il estima plus sage de battre en retraite et d'évacuer Varsovie après avoir fait sauter les ponts dc la Vistule.

L'accueil de la population polonaise avait surpris Murat et tous les chefs français. Habitués à rencontrer des paysans dignes mais résignés à leur sort, ils ne s'attendaient nullement au délire enthousiaste des Polonais qui considéraient les Français comme leurs libérateurs et – qui sait – les restaurateurs d'un royaume de Pologne dont ils parlaient à tout bout de champ. Le terme « royaume de Pologne » chatouilla agréablement les oreilles de Murat et commença à lui donner des idées quant à son propre avenir. Il eût bien aimé avoir à ses côtés quelques-uns de ses conseillers habituels mais en dehors de Belliard, un peu simpliste en la circonstance, il était seul.

L'armée continuait à avancer. Le 27 novembre, elle campait devant Varsovie où Murat fit son entrée le lendemain.

Ce qu'il est intéressant de noter, dans les relations d'une cordialité exubérante entre Murat et les Polonais, c'est l'extrême duplicité dont ils firent preuve de part et d'autre. Si les Polonais se montrèrent chaleureux et enthousiastes, ces démonstrations ne se traduisirent par aucun acte concret pour aider la France dans sa lutte, ainsi que le comprit immédiatement Napoléon. De son côté, Murat, s'il se montra prêt à bénéficier de ces accueillantes dispositions, s'il alla jusqu'à plaider devant son beau-frère en faveur d'un royaume de Pologne, se désintéressa complètement du sort des Polonais aussitôt qu'il comprit qu'il n'en tirerait aucun profit, et même à dater de ce jour ne cessa d'en dire pis que pendre.

Mais on n'en était pas là.

Cette entrée dans Varsovie fut assez étonnante, car si la foule accueillit Murat en triomphateur, en héros, lui tissant une sorte d'apothéose, en même temps les Russes campaient toujours dans le faubourg de Praga, sur l'autre rive de la Vistule, et rien ne les aurait empêchés de saluer l'événement à coups de canon.

À son habitude, le grand-duc de Berg avait revêtu une de ces tuniques éblouissantes dont il avait le secret et qui le faisaient ressembler, disaient ses cavaliers, à un tambour-major : « Un habit brodé d'or et serré par une ceinture dorée à laquelle pendait un sabre léger. (...) Il portait un pantalon large couleur amarante dont les coutures étaient brodées en or et des bottes de peau jaune. (...) L'éclat de ce costume était encore rehaussé par un grand chapeau. »

Quant à son cheval, il était encore plus extraordinaire : mors et étriers en or massif, selle recouverte d'une chabraque en peau de tigre. Tout cela sentait un peu le carnaval, mais les Varsoviens n'y regardaient pas de si près.

La haute société polonaise était plutôt partagée quant à l'attitude à adopter vis-à-vis des Français. Si les uns étaient prêts à se donner sans réserve, et au premier rang d'entre eux brillaient les Poniatowski, d'autres plus prudents préféraient attendre de voir de quoi l'avenir serait fait. Avec un certain détachement, le maréchal Lannes nota : « Les hautes classes ne peuvent se séparer de la Prusse par intérêt et le peuple si on le soulevait serait plutôt contre nous que pour nous. »

Quant à Napoléon, lui-même peu sensible aux déclarations enthousiastes que lui adressait son beau-frère : « Former une nation indépendante sous un roi étranger que Votre Majesté lui donnera, tel est le vœu des Polonais », il essayait de calmer le jeu et lui répondait : « Ma grandeur n'est pas fondée sur le concours de quelque milliers de personnes. (...) C'est à eux [les Polonais] de profiter avec enthousiasme de la circonstance actuelle. Ce n'est pas à moi de faire le premier pas. »

En fait, l'Empereur se souciait peu de la Pologne et même s'il était encore en guerre avec lui, tenait à ménager le tsar. Il rêvait d'une alliance franco-russe, sans mesurer l'état d'esprit des milieux dirigeants de Saint-Pétersbourg qui n'avaient pour lui que haine et mépris. D'ailleurs, les Polonais le décevaient. Peu soucieux de cris et d'illuminations, il se fût montré intéressé par la levée d'une armée polonaise de 50 000 hommes ou la fourniture de nourriture et de fourrage en abondance. Or rien de cela ne venait.

Assez loin de ces combinaisons politiques, Murat continuait à rêver. Poniatowski lui avait offert le sabre du roi Étienne Bathory, et il pensait de plus en plus que le trône de Pologne lui conviendrait à merveille. Aussi, sachant se montrer à la fois brillant et gracieux, multipliait-il les avances à la noblesse. Pendant quelques jours, ce ne furent que festins et bals. Il est certain que la popularité de Murat monta et qu'il acquit une certaine influence sur les grandes familles, qui se mirent à considérer avec sympathie sa candidature au trône dont il avait eu l'habileté de ne souffler mot. Il s'avisa même, à l'instar de son maître, de se choisir une maîtresse polonaise, mais là ce fut l'échec. L'élue de son cœur, la comtesse Potocka, n'était pas une vertu farouche, mais elle aimait la chair fraîche et lui préféra son aide de camp Flahaut. Il n'eut d'ailleurs aucune peine à trouver d'autres belles Varsoviennes pour le consoler.

Cependant, les hostilités continuaient. Ayant réussi le 2 décembre à faire traverser la Vistule au prix de mille difficultés par la division Morand, car le fleuve en crue charriait des glaces, Murat, une fois le faubourg de Praga libéré, put faire réparer le pont du même nom. Sans chercher le combat, les Russes décrochèrent. La poursuite pouvait reprendre, mais épuisé, ayant trop présumé de lui-même, Murat dévoré par la fièvre dut s'aliter et laissa le commandement de la réserve à Nansouty. Mais il savait que l'Empereur goûtait peu de voir ses adjoints malades dans un moment décisif et, quoique encore un peu faible et pas très apte à faire campagne, au bout de quelques jours il rejoignit l'armée. Un temps épouvantable avait succédé au soleil qui avait présidé à l'entrée dans Varsovie. Un brusque dégel, tout à fait inattendu en cette saison, transforma le terrain en bourbier. La fièvre avait repris Murat, qui se maintenait néanmoins aux côtés de l'Empereur. Il eut le courage, dans cet état, de mener une charge contre les Russes le jour de Noël, mais le lendemain, où la neige s'était remise à tomber, il se contenta d'appuyer Lasalle et Davout par une division de dragons, car ils avaient en face d'eux plus de 40 000 Russes. Lorsque ceux-ci reculèrent, il renonça à les poursuivre. D'ailleurs, les soldats étaient à bout de forces. Napoléon, pensant que les ennemis étaient épuisés, décida de faire prendre à ses troupes leurs quartiers d'hiver dans des conditions précaires, car, en reculant, l'armée d'Alexandre avait détruit ou emmené tous les approvisionnements, suivant une méthode qui lui était habituelle.

Un des premiers gestes de l'Empereur avait été, malgré ses protestations, de renvoyer Murat à Varsovie car il était incapable de tenir en selle. Il allait s'y faire soigner pendant deux semaines.

Contrairement aux prévisions de Napoléon, il n'entrait pas dans les intentions de Bennigsen d'interrompre les opérations. Malgré un froid polaire et d'incessantes tempêtes de neige, il reprit l'offensive dès le 17 janvier 1807, à l'extrême surprise des Français, en direction de la rivière Passarge. Ce fut Bernadotte qui la reçut de plein fouet et dut reculer, abandonnant le très relatif confort de ses cantonnements. Napoléon ne s'affola pas. Il pensa même par ce recul attirer Bennigsen au centre de notre dispositif. Mais le général russe était aussi bien renseigné que nous. Cette esquisse de manœuvre ne le trompa pas et, comprenant qu'il risquait d'être coupé de sa voie de retraite vers le Niemen, il arrêta son mouvement et commença à se replier.

Murat, guéri, avait rejoint sa cavalerie dès les premiers engagements. Le temps était de plus en plus épouvantable et les divisions françaises avançaient un peu à l'aveuglette sur un terrain où existaient peu de points de repère et que masquait un brouillard épais.

Maintenant difficilement le contact, Murat livra

une série de combats du 3 au 6 février 1807. Dans le dernier, à Hof, après avoir subi des pertes sévères face à une forte concentration russe, il finit par vaincre grâce à sa volonté et sa ténacité et en lançant au bon moment dans la bataille ses cuirassiers. L'ennemi y laissait 2 000 morts, 800 prisonniers et dix canons, le tiers de son artillerie engagée. Mais il continua sa retraite.

Pourtant, cette journée avait eu une conséquence plus importante que Murat ou même Napoléon n'auraient pu le deviner. Bennigsen, frappé par les récits qui lui étaient faits de cette rencontre, estima qu'à toujours reculer et à ne livrer que des combats retardateurs, il allait voir fondre son armée sans en tirer aucun profit. De plus, à ce moment, sa cavalerie avait capturé un officier français porteur de dépêches de Berthier à Bernadotte, dans lesquelles il ordonnait à ce dernier de rallier au plus vite, car Napoléon n'avait qu'une partie de ses effectifs sous ses ordres directs. Le général russe décida donc de livrer immédiatement une grande bataille, sans même avoir la possibilité de choisir son terrain et sans savoir que déjà Bernadotte était là.

La cavalerie française sur les talons, Bennigsen entreprit de s'installer dans le bourg d'Eylau et de s'y fortifier, mais bien que la nuit fût tombée, Murat l'en délogea. Après, il aperçut des milliers de feux allumés dans la plaine. Toute l'armée russe bivouaquait là. La rencontre aurait donc lieu le lendemain. Murat fit immédiatement prévenir l'Empereur qui, ivre de fatigue, dormait dans la maison d'un maître de poste. Se relevant presque aussitôt, Napoléon vint le rejoindre devant le cimetière d'Eylau où Joachim avait établi son quartier général. L'Empereur était un peu inquiet. Deux de ses corps d'armée égarés, ceux de Ney et de Davout, lui manquaient et il n'arrivait pas à les joindre, quoique Berthier ne cessât de leur envoyer des aides de camp, les priant de se hâter. L'affrontement allait donc se dérouler avec une armée française incomplète face à une armée russe qui, elle, était complète.

Toute la nuit, de part et d'autre, on se préoccupa de mettre l'artillerie en batterie, ce qui, vu l'état du terrain, ne fut pas une opération simple. Les adversaires comptaient beaucoup sur ce matériel, encore que celui des Français fût très supérieur à celui des Russes. Il y eut environ 800 pièces qui entrèrent en action. Ce furent au petit jour les Russes qui ouvrirent le feu, immédiatement imités par les Français, et pendant un bref moment on put croire que la bataille se limiterait à une simple canonnade. Mais en raison du sol gelé, elle se révéla vite particulièrement meurtrière. Au lieu de s'enfoncer dans la terre, les boulets rebondissaient, éclataient et aggravaient les dégâts. Le régiment des grenadiers à cheval de la garde resta ainsi près d'une heure sous le feu avec un courage superbe, et quand il les voyait courber l'échine, leur commandant, le général Lepic, leur criait :

– Haut la tête ! La mitraille n'est pas de la merde !

En quelques instants, les trois villages d'Eylau, Serpallen et Rothenen ne furent plus que des brasiers. Ce fut alors que Napoléon donna l'ordre d'attaquer au corps d'Augereau, déployé au centre de notre dispositif. Mais un incident qu'il n'avait pas prévu se produisit. Depuis le matin, il neigeait. À ce moment précis, le vent se mit à souffler en tempête, soulevant des tourbillons de neige dans le dos des Russes, donc face aux soldats français. Ceux-ci, suffoqués, aveuglés, perdant le sens de la direction, et de plus relâchant leur ordre de marche, se mirent instinctivement à appuyer sur la gauche pour tenter de se protéger des

Bessières, se hâta de lui ordonner de dégager son ami.

Il n'avait que 3 000 chevaux mais cela suffit, d'autant que Murat revenait, menant une contre-charge. À trois reprises, Bessières déchaîné traversa le centre russe. Lepic (toujours lui), à la tête de ses grenadiers à cheval, s'avança si loin qu'il fut entouré d'un parti de cavaliers adverses et sommé par un officier, qui parlait parfaitement le français, de se rendre.

– Regardez un peu ces figures-là si elles veulent se rendre, répliqua Lepic.

Et, emmenant son régiment, il retraversa encore une fois l'armée russe, en y laissant la moitié de ses gens.

Toutefois, le rôle de Murat pour ce jour-là était terminé. Davout puis Ney parurent l'un après l'autre sur le terrain et Bennigsen se dépêcha de rompre et de reprendre dans l'obscurité sa retraite vers Koenigsberg. De part et d'autre, les pertes étaient extraordinairement lourdes et même si la journée était à nous grâce à la charge magnifique de Murat, l'ennemi battu n'était pas totalement détruit. Sur ses 12 000 cavaliers, Murat, lui-même sans une égratignure, en avait perdu 3 000 dont les généraux d'Hautpoul et Dahlmann. Au total, les deux armées comptaient près de 40 000 tués et blessés. Parquin raconte dans ses souvenirs que, la nuit qui suivit, il se servit d'un cadavre comme oreiller après l'avoir recouvert de paille et Napoléon, parcourant le lendemain le champ de bataille, déclara à Berthier qu'un tel spectacle devrait donner aux princes l'amour de la paix.

Ayant constaté au petit jour que les Russes avaient décampé, Murat reprit une fois de plus la poursuite mais avec un certain manque de conviction. Le 12 février, il renonça à attaquer l'arrière-garde ennemie, très forte, pour un résultat qui lui parut douteux. D'ailleurs, depuis la bataille, il ne cessait de supplier l'Empereur de suspendre les opérations, car les troupes se traînaient et allaient jusqu'à fraterniser avec les cosaques qui leur offraient de l'eau-de-vie. Si l'armée russe n'était plus que l'ombre d'elle-même, la nôtre n'était pas en meilleur état. Napoléon le comprit, rompit le contact et ramena ses unités dans leurs quartiers d'hiver, sur la rive gauche de la rivière Passarge. Elles allaient consacrer le reste de l'hiver à se refaire et à se renforcer. Pour la cavalerie, le problème de la remonte était plus aigu que jamais, car elle avait perdu plus de 16 000 chevaux depuis le commencement des hostilités.

Ainsi se termina cette campagne hors saison, aussi coûteuse qu'inutile. La bataille d'Eylau a été perdue par les Russes, quoique par la suite ils aient prétendu l'avoir gagnée, mais elle n'a été qu'une boucherie sans conséquences stratégiques. Les pertes matérielles des vaincus furent assez faibles : une cinquantaine de canons et une vingtaine de drapeaux.

Murat se considérait comme l'artisan de la victoire. Il le répétait partout et à tout propos, et Napoléon savait trop ce qu'il lui devait pour le remettre à sa place. Mais les autres maréchaux, mécontents de le voir se gonfler d'importance à ce point, le critiquaient férocement. Lannes allait loin, parlait de sa « figure de carlin et de son panache de chien qui danse ». Il est vrai que, de son côté, Joachim les traitait en bloc de courtisans, d'incapables et de femmelettes. Ce faisant, il ne faisait qu'imiter Napoléon qui les raillait sans pitié et leur lançait crûment :

– Vous avez bien envie d'aller pisser dans la Seine !

*

C'est au château de Finckenstein, qualifié de « Versailles de la Prusse-Orientale », que Napoléon et Murat passèrent les derniers jours de l'hiver 1807. Jamais leur intimité n'avait été aussi grande. L'Empereur occupait le premier étage et le grand-duc le rez-de-chaussée. Ils prenaient souvent leurs repas ensemble, passaient les soirées « en famille », quand ils ne filaient pas chacun de son côté le parfait amour, Napoléon avec Marie Walewska et Murat avec l'une ou l'autre de ses amies polonaises. Et ils s'occupaient conjointement de reconstituer l'armée en vue de la campagne prochaine, car ils savaient parfaitement qu'elle serait nécessaire pour faire plier les Russes. Une fois encore, le rôle de la cavalerie serait de tout premier plan.

Murat l'avait concentrée autour de la ville d'Elbing, de manière à l'avoir rapidement sous la main en cas de besoin. L'Empereur ménageait son beau-frère et avait pour lui de charmantes attentions. Il lui annonça son intention d'agrandir ses États.

Murat n'était pas fâché de se retrouver éloigné de Varsovie. Il continuait à recevoir des délégués de la noblesse polonaise et à déployer tout son charme avec eux, mais commençait à penser sérieusement qu'il ne pouvait faire fond sur ces gens-là pour se constituer une clientèle de futurs sujets. Ayant épousé les idées de Napoléon, il les considérait sous une optique nouvelle et les estimait plus généreux en promesses que capables de réalisations. Il savait maintenant que, dans le cadre de sa politique vis-à-vis de la Russie, Napoléon ne ferait pas les premiers pas. Et encore ne percevait-il pas toute la complexité du raisonnement de son beau-frère, car ce dernier finirait par créer le grand-duché de Varsovie, qui serait un État mal agencé et ne contenterait personne.

Toutefois, Murat n'avait pas pour autant renoncé

à son idée de monter sur le trône de Pologne restauré, mais pour cela il avait bâti le plus curieux des raisonnements, d'ailleurs d'une logique impeccable. Puisque Napoléon ne voulait rien entreprendre pour ne pas froisser Alexandre Ier, la solution était de se concilier ce dernier : le jour où la paix serait faite avec lui, plus rien ne s'opposerait à la restauration du royaume de Pologne. Évidemment, cette argumentation subtile péchait par un point : jamais Alexandre n'accepterait de parrainer cette résurgence, mais cela Murat l'ignorait. De plus, si ses amis polonais avaient pu deviner ce qu'il concoctait, ils auraient été horrifiés en le voyant se rapprocher du Russe abhorré, et le grand-duc aurait perdu sa popularité qui était toujours grande. Mais lui, si bavard, si ouvert, eut la sagesse de ne parler de son idée à personne, pas même à sa femme. Ce ne fut que beaucoup plus tard qu'il s'en ouvrit au fidèle Agar, dont la réaction ne nous est pas parvenue.

À la fin de 1806 et au début de 1807, Caroline était demeurée à Paris, y menant la vie mondaine, futile et brillante, qu'elle adorait. Mais elle ne s'en était pas tenue là. Elle avait continué à s'intéresser dc près à la situation politique et était demeurée en rapports étroits avec Talleyrand et Fouché, sans réaliser que, loin de la servir, ces deux dignitaires la faisaient danser comme une marionnette et au contraire l'utilisaient pour leurs propres desseins. Dès que son mari l'avait mise au courant de ses ambitions polonaises, elle-même, enthousiasmée à l'idée de devenir reine de Pologne, ce qui lui eût permis de surclasser sœurs, belles-sœurs et presque l'impératrice, s'était faite, sans rien demander à personne, l'agent électoral de son mari dans la capitale. Elle n'y avait mis aucune retenue et cette intrigue encore confidentielle était devenue un secret de polichinelle. Les Anglais eux-mêmes étaient au courant, qui s'étaient empressés de le faire savoir aux Russes. Mais à Paris, où les projets de l'Empereur n'étaient pas connus, l'affaire était considérée comme faite. L'idée d'une Pologne servant de môle contre la Prusse et surtout la Russie avait rallié plusieurs suffrages dans les milieux gouvernementaux, au point que Fouché et Pauline Bonaparte s'étaient empressés de féliciter Caroline pour cette élévation qu'ils tenaient pour certaine. Naturellement par une de ses nombreuses polices secrètes, probablement celle de Savary, Napoléon avait été informé et avait sèchement fait connaître ses propres idées, se réservant d'avoir avec sa sœur, lorsqu'il rentrerait à Paris, une de ces explications dont il avait le secret.

Caroline s'était tenue tranquille quelques jours, mais pas longtemps. L'annonce de la boucherie d'Eylau et des risques d'être pris ou tué qu'avait courus Napoléon au cours de la bataille avait laissé une impression profonde dans la capitale. Outre les deux compères Talleyrand et Fouché, deux femmes s'étaient immédiatement posé la question : l'impératrice et Caroline, chacun des quatre personnages arrivant à une conclusion différente.

Il existait bien un sénatus-consulte établissant la succession de Napoléon, puisque celui-ci n'avait pas d'enfants légitimes. Il prévoyait dans l'ordre ses frères Joseph et Louis, puis son beau-fils Eugène de Beauharnais. Mais cette disposition faisait sourire. Les deux frères de l'Empereur, des pantins, pouvaient bien se targuer des titres de roi de Naples et de Hollande, ils étaient tout à fait incapables de gouverner la France. Il en allait différemment pour Eugène qui réussissait fort bien en Italie du Nord, et sa mère pensait sérieusement à lui pour remplacer son époux. Caroline et son ami Fouché, par des voies similaires, étaient arrivés à une conclusion différente : amené au pouvoir par et avec l'accord de l'armée, Napoléon se devait en cas de besoin d'être remplacé par un homme qui aurait la confiance de celle-ci et, de ce point de vue, aucun ne surclassait Murat, même s'il n'était pas dans les meilleurs termes avec ses camarades, les autres maréchaux. Or l'armée à Paris, siège du gouvernement, c'était le gouverneur militaire, Junot, le fidèle de Napoléon. Joséphine, la première, avait compris le rôle que pourrait jouer ce général qui avait sous ses ordres toute la garnison de la capitale. Mais en raison de sa position il lui était difficile de se permettre n'importe quelle démarche ; aussi son approche de Junot se fit tout en nuances. Il ne comprit pas ou ne voulut pas se prêter au jeu, et les avances de Joséphine en restèrent là pour le moment.

Caroline, moins gênée ou plus hardie, n'hésita pas. Pour conquérir Junot, elle en fit son amant, simulant une passion violente. Mais ce qu'elle n'avait pas prévu, ce furent les conséquences dues au caractère déséquilibré de Junot, qui était pourtant connu. Il étala sa liaison avec la grande-duchesse de Berg d'une manière tellement outrageante qu'alors que Caroline eût voulu qu'elle demeurât discrète, tout Paris fut bientôt au courant et que Joséphine en vint à se demander quel jeu jouait sa belle-sœur. La police secrète n'eut aucun mal à connaître tous les dessous de cette aventure prétendument sentimentale. Par contre, il semble qu'elle ne perça pas les desseins secrets de Caroline, qui pourtant multipliait les politesses vis-à-vis des officiers de l'état-major de Paris et de la division militaire, les invitant et les réinvitant.

Savary ne se pressa pas de révéler l'histoire à son maître ou à Murat, et elle allait avoir l'année suivante des conséquences imprévues.

*

Le 25 mai 1807, passant l'inspection de la réserve générale de cavalerie, Murat put constater qu'elle était entièrement reconstituée et en parfait état. Il le rapporta avec satisfaction à l'Empereur, car il savait que celui-ci voulait reprendre la marche en avant contre les Russes dès le 10 juin. Mais, une fois de plus, Bennigsen le devança et attaqua dès le 4. Son armée également réconfortée par quatre mois de repos tomba presque tout entière sur le corps de Ney. Celui-ci supporta le choc et recula lentement en infligeant aux Russes des pertes sévères, donnant ainsi à Napoléon le temps de concentrer ses troupes.

Constatant que leur surprise ne donnait pas les résultats espérés, les Russes s'arrêtèrent et reculèrent jusqu'à un camp fortifié qu'ils avaient élevé à côté de la ville de Heilsberg. Là, Bennigsen résolut d'attendre son adversaire, sans trop savoir s'il y livrerait une bataille décisive ou non.

Murat, toujours en charge de l'avant-garde, avait fait mouvement avec sa réserve générale dès le début de l'offensive ennemie. Arrivé sur la rivière Alle, il s'offrit le plaisir de la traverser à la nage devant ses hommes, réoccupa la ville de Gottstadt pillée puis abandonnée par l'adversaire et, sans perdre le contact, vint buter sur son camp retranché. Aussitôt averti, Napoléon lui fit dire de s'arrêter. Son intention n'était pas d'attaquer de front une position aussi puissante mais de la faire tourner par le corps de Davout qui, remontant la rive gauche de l'Alle, irait couper sa voie de retraite vers Koenigsberg. Simplement, Murat devait s'agiter pour donner aux Russes l'impression qu'une attaque générale française se déclenchait, fixer leur attention et permettre la réussite du mouvement tournant.

Contrairement à ce qu'ont écrit plusieurs auteurs, qui ont soutenu que le grand-duc de Berg, négligeant ses ordres, s'était précipité comme un fou avec sa cavalerie sur les redoutes russes, Murat appliqua à la lettre les instructions. On était le 9 juin et les corps d'armée convergeaient rapidement vers Heilsberg. Toute la matinée, Murat s'en était tenu à ce rôle de batteur d'estrade, s'agitant beaucoup mais évitant soigneusement d'engager ses forces. Mais ayant appris que l'Empereur, parvenu sur le terrain, s'installait sur un point élevé pour observer l'ennemi, il se porta vers lui pour prendre ses ordres. Il était à ce moment deux heures. Murat arriva, mit pied à terre, salua l'Empereur et se mit à causer avec le général Oudinot, commandant de la division des grenadiers de la garde. Soudain, au centre, s'éleva un nuage de poussière. Bennigsen, qui avait enfin compris le stratagème de Murat, venait de lancer une charge de sa cavalerie évaluée à 6 ou 7 000 hommes. Napoléon le remarqua immédiatement et le dialogue suivant rapporté par Parquin s'engagea :

– Qu'est-ce que cela, monsieur ?

– Rien, Sire !

– Rien, comment rien, monsieur, allez voir de plus près.

Et en même temps, Napoléon appliquait un vigoureux coup de cravache sur les fesses du cheval de Murat qui était déjà en selle. Fantassin et pince-sans-rire, Oudinot invita l'Empereur à entrer dans un de ses carrés en disant :

– Sire, c'est votre cavalerie qui décharge !

Rassemblant ses escadrons, Murat se précipita dans la plaine. Mais à peine avait-il effectué quelques foulées que, frappé par un boulet, son cheval s'abattit. Un maréchal des logis de chasseurs à cheval nommé Henri, qui était d'ordonnance près de lui, sauta à terre et lui donna le sien [1], mais il fallut tirer Murat de dessous sa monture couchée. Sa jambe était engagée et il ne se releva qu'en y laissant sa botte. Sans s'arrêter à ce détail, un pied chaussé et l'autre nu, il remonta en selle sur le cheval du sous-officier et repartit de plus belle. En peu de temps, mais non sans peine, la cavalerie russe fut balayée. Un moment, Murat s'était vu entouré par neuf dragons ennemis : pris ou tué ! Surgissant comme un diable, Lasalle l'avait secouru et quelques minutes plus tard, c'était lui qui rendait le même service à Lasalle et lui criait gaiement :

– Nous sommes quittes, mon cher général.

Mais, emportés par leur élan, ces deux braves allèrent donner contre le centre russe intact et pour les dégager Napoléon, qui ne l'avait pas voulu, dut faire entrer en ligne deux divisions d'infanterie : une du corps de Lannes et l'autre de la garde. Il n'était qu'à moitié satisfait de la manière dont avait tourné la journée. Le soir, il fit à son habitude des reproches à Murat pour n'avoir pas su s'arrêter à temps. Mais il avait lui aussi sa part de responsabilités et en était parfaitement conscient. Car, comme l'a noté Ségur, il avait espéré « que la charge de Murat permettrait de couper l'armée russe en deux ».

Une fois de plus, l'ennemi reculait, abandonnant sa position. Pour montrer que, contrairement à certaines rumeurs, il ne lui en voulait pas de sa conduite, l'Empereur confia à Murat le commandement de toute la gauche de l'armée qui, en plus de sa réserve, comprenait les corps de Soult et de Davout avec pour objectif la forteresse de Koenigsberg.

---

1. Pour ce « fait d'armes », il fut décoré à la fin de la campagne de la Légion d'honneur. Murat savait récompenser les petites gens.

Deux corps d'armée, le dernier prussien, commandé par Lestocq, et un russe sous Kaminski, fuyaient devant lui. Il les rejoignit au moment où ils pénétraient dans la place et, sans leur laisser le temps de se ressaisir, leur rafla leur artillerie et 2000 hommes. Restait à réduire Koenigsberg, opération de longue haleine et qui nécessitait un parc de siège qu'il n'avait pas. Mais Napoléon ne lui en laissa pas le temps, l'appelant en renfort pour livrer bataille. Il laissa donc Soult devant la ville, et du reste la place se rendit deux jours plus tard. Malgré sa célérité, il n'arriva à Friedland que pour constater la défaite écrasante de l'armée russe qui avait perdu 60000 hommes, 120 canons et tout son matériel. Quoique fort dépité de n'avoir pu prendre part à cette victoire, il apprit que l'ennemi n'était pas entièrement détruit. Là, Murat était à son affaire. Le jour même (14 juin), il se jeta à sa poursuite. Sans répit, il talonna ce qu'il en restait, hachant ses arrière-gardes.

Les Russes espéraient gagner un peu de temps sur l'obstacle constitué par la rivière Pregel, dont les rives encaissées n'étaient pas aisées à franchir. Ils avaient brûlé les ponts et sur l'autre rive nous attendait un adversaire nouveau : les Baskirs. C'étaient des archers à cheval mongols, descendants lointains des hordes de Gengis Khan et de Tamerlan, en qui l'imagination fumeuse d'Alexandre avait cru découvrir, grâce à ces guerriers d'un autre âge, l'arme qui lui permettrait de vaincre les Français. La propagande russe les avait baptisés « armée de réserve », voulant faire croire qu'elle doublerait ou même triplerait les unités régulières. En fait, ils n'avaient aucune valeur militaire, se servaient assez mal de leurs arcs et de leurs flèches. Un seul chasseur à cheval eut le nez touché, « parce qu'il l'avait trop long ». Par dérision et pour montrer le peu de cas qu'ils faisaient d'eux, les Français les surnommèrent « les amours » de l'armée russe.

La Pregel était un obstacle d'une autre importance. Murat le jugea d'un coup d'œil et après avoir crié : « Allons, chasseurs, empoignons cette canaille ! », plongea avec son cheval dans la rivière, immédiatement suivi par toute la division qui attendait un ordre. La remontée sur l'autre rive se révéla assez facile et, aussitôt à terre, Murat se jeta sur les Baskirs qui se dispersèrent.

Il continua donc sa chevauchée vers l'est, mais agissait à présent avec beaucoup de prudence, même s'il ne relâchait pas sa pression sur l'ennemi. C'est qu'il ne voyait pas jusqu'où cette poursuite allait le mener et il craignait de se voir entraîné au cœur de ce vaste pays. Il fit part de ses appréhensions à l'Empereur, qui n'était pas loin de les partager.

Or, au même moment, l'état-major russe traversait une crise, une partie des généraux voulant que le tsar mît fin au conflit, les autres, soutenus par les cercles dirigeants de Saint-Pétersbourg, étant partisans de continuer à reculer pour entraîner les Français loin de leurs bases, les affaiblir et les vaincre, rappelant le précédent de Pierre le Grand avec Charles XII. C'était avant la lettre le plan de 1812.

Quoiqu'il ne fût pas vraiment versé dans la science militaire, le tsar Alexandre avait une vue lucide de la situation. Son armée n'était plus en état de supporter une nouvelle bataille qui serait perdue d'avance. Il avait assisté à la déconfiture des régiments mongols en qui il avait mis ses espoirs. Dans ces conditions, la prolongation d'une retraite ne correspondait à rien. Il estima qu'il valait mieux traiter pour ménager l'avenir et avoir le temps de reconstituer ses forces. Aussi quand, le 19 juin, Murat arriva devant le Niemen sur la frontière russe (car jusqu'à présent la guerre s'était déroulée en terre prussienne ou polono-russe), ce fut pour y rencontrer un parlementaire qui lui annonça que son maître avait sollicité un armistice. Mais comme il se souvenait de la ruse de Koutouzov, Joachim, tout en suspendant sa marche, se dépêcha d'en aviser le grand quartier général, qui lui répondit par retour que la nouvelle était exacte. L'armistice fut signé deux jours plus tard et dès ce moment on se préoccupa de part et d'autre d'organiser l'entrevue des deux empereurs.

Les armées campaient chacune sur une rive du Niemen et montraient des tendances à fraterniser. Mais l'exemple vint de haut. Une amitié aussi rapide qu'imprévue se développa entre deux grands-ducs : Murat et Constantin, le frère cadet d'Alexandre. Les deux hommes avaient plus d'un point commun et se découvrirent avec un certain plaisir. Grands mangeurs, grands buveurs, supportant très bien l'alcool, amateurs de femmes de très petite vertu, bavards et hâbleurs, ils se livrèrent ensemble à une noce crapuleuse. Cela crée des liens. Constantin, peut-être sur instructions de son frère, déploya tout son charme et Murat fut séduit. Mais son courage, sa folle bravoure, son mépris du danger avaient aussi impressionné les Russes, qui gardaient en mémoire son rôle superbe à Eylau.

Sur un radeau ancré au milieu du Niemen, allait avoir lieu la première entrevue des empereurs suivis de leurs proches. À la surprise générale, Murat, dont l'amour des uniformes de fantaisie rutilants était connu, y parut en tenue de maréchal de France strictement réglementaire. C'était la conséquence d'une altercation qu'il avait eue avec son beau-frère. Il n'avait pas abandonné son idée de se faire offrir le trône de Pologne par le tsar et dans ce but était venu dans un costume néo-polonais de sa conception mais dont la signification était claire. Aussi, en le voyant ainsi accoutré, Napoléon qui avait deviné son manège l'avait renvoyé d'un : « Allez mettre votre uniforme de général ; vous avez l'air de Franconi [1] », et ce devant ses camarades ravis du camouflet. Murat en voulut beaucoup à l'Empereur, non pas de la réprimande, mais qu'elle ait eu lieu en public.

Pourtant, dans les jours suivants, il rendit de nouveau un signalé service à Napoléon. Les deux empereurs passaient ensemble la revue de la garde impériale française et, apercevant un grenadier cousu de balafres au garde-à-vous, Alexandre saisi d'admiration s'arrêta. Napoléon, croyant en tirer avantage, lui demanda :

– Sire, que dites-vous de ces soldats qui survivent à de pareilles blessures ?

Mais le tsar ne se laissa pas impressionner et fort aimablement répliqua :

– Et vous, Sire, que dites-vous de ceux qui les ont faites ?

Napoléon resta coi, ne sachant que répondre, et ce fut Murat qui dénoua la situation en disant dans le silence qui régnait :

– Ils sont morts !

Constantin ne put s'empêcher de pouffer de rire et de lancer un clin d'œil complice à son nouvel ami, ce qui dégela instantanément l'atmosphère.

Le 5 juillet 1807, Napoléon passa la revue de toute la cavalerie en compagnie de Murat. Ce fut l'occasion de nombreuses promotions et décorations. Lasalle, qui ne se gênait pas avec l'Empereur ni avec le grand-duc, arborait un air grognon.

– Qu'avez-vous donc, lui demanda Napoléon, vous ne paraissez pas content ?

---

1. Célèbre famille d'écuyers de cirque d'origine italienne, fixée en France.

– Je suis heureux de vos bontés, Sire, dit Lasalle, mais je ne suis pas satisfait. J'espérais que Votre Majesté aurait jeté les yeux sur moi pour commander le premier régiment du monde. En un mot, j'espérais remplacer le général Dahlmann (tué à Eylau), colonel de vos guides.

L'Empereur répondit :

– Quand le général Lasalle ne jurera plus et ne fumera plus, non seulement je le mettrai à la tête d'un régiment de cavalerie de ma garde, mais je le ferai un de mes chambellans.

Lasalle s'inclina et répliqua :

– Sire, puisque j'ai toutes les qualités d'un marin, je demande à Votre Majesté le commandement d'une frégate !

– Non pas, dit Napoléon en riant. Ce ne serait pas mon compte. Vous commanderez les vingt régiments de cavalerie en l'absence du prince Murat.

Joachim avait trop de sympathie pour ce grand voyou de Lasalle pour ne pas acquiescer.

*

Le traité de Tilsit entre la France et la Russie fut signé dans une ambiance extraordinaire. Napoléon croyait sincèrement avoir conquis Alexandre, et que la paix continentale était acquise pour de nombreuses années. Il ne réalisa pas qu'Alexandre, en partie inconsciemment, jouait un double jeu car lui aussi, en un sens, était sincère lorsqu'il dit :

– Je n'ai rien aimé plus que cet homme.

Mais en même temps, et c'est là l'autre face de ce caractère si ambivalent, il écrira à sa sœur : « Moi, passer mes journées avec Bonaparte ! Être des heures en tête-à-tête avec lui… », et à sa mère : « Heureusement que Bonaparte avec tout son génie a un côté vulnérable : c'est la vanité, et je me suis décidé à faire le sacrifice de mon amour-propre pour le salut de l'empire », sans dévoiler là non plus le fond de sa pensée.

Pour le charmer, Napoléon fera preuve d'une extraordinaire délicatesse, ce qui était bien peu dans son caractère. Alexandre – toujours sa complexité – éprouvait comme un vague remords d'avoir abandonné à leur triste sort les souverains de Prusse et surtout la reine Louise, avec qui il avait eu une de ces idylles platoniques qu'il affectionnait. Napoléon, à qui il fit part de ses états d'âme, non sans quelque naïveté, se dépêcha d'inviter Frédéric-Guillaume, présent chez les Russes, à assister à certains entretiens, mais en témoin muet, ainsi que de convier la reine Louise, demeurée à Memel, ce dont Alexandre lui sut gré. Mais la sollicitude du tsar ne l'empêcha pas de demeurer indifférent lorsqu'il vit la Prusse amputée de la moitié de ses territoires.

En réalité, Alexandre cherchait surtout à gagner du temps, ne sachant trop ce que l'avenir lui commanderait. Il n'éprouvait peut-être pas une sympathie profonde pour ce fils de la Révolution, mais il était prêt à s'en accommoder si cela était nécessaire à la Russie. Ce n'était pas le « beau et bon jeune empereur » dont a parlé Napoléon, mais un être secret extraordinairement compliqué, qui devait jouer un jeu extrêmement difficile, car il devait éviter de mécontenter en même temps Napoléon et les classes dirigeantes russes, en sachant que le moindre faux pas pouvait lui coûter et son trône et la vie.

Ce fut peut-être Murat qui, chez les Français, devina le mieux les problèmes du tsar. Avec lui, les Russes et le grand-duc Constantin, qui le considéraient un peu comme une sorte de brute courageuse mais pas très intelligente, s'étaient montrés un peu plus ouverts qu'avec d'autres Français. De leurs conversations, il avait vite déduit ce que ses propres rêves concernant la Pologne avaient d'irréaliste, et il mit même en garde Napoléon contre son projet de grand-duché de Varsovie érigé sur des territoires prussiens, qui inquiétait Alexandre, frustrait Frédéric-Guillaume et ne satisfaisait en rien les Polonais plutôt mécontents qu'on ne leur reconstituât qu'un État croupion. Mais l'Empereur, persuadé que son beau-frère n'agissait que par dépit, ne l'écouta pas et persista dans son erreur.

Pour le reste, Murat se désintéressa des négociations. La diplomatie l'ennuyait et Agar n'était pas là pour le forcer à y montrer de l'intérêt. Il se heurta à Talleyrand, venu à la hâte pour aider son maître dans la rédaction du traité et, pour prouver son indépendance, Joachim coqueta avec la reine de Prusse, rendant ainsi sans s'en rendre compte service à Alexandre que la présence de son ancienne « amoureuse » gênait quelque peu. Mais s'il se montra aussi attentionné, c'était avec cynisme car il savait déjà que Napoléon avait l'intention de largement agrandir (aux dépens de la Prusse) les territoires de son duché, ce qu'il fit peu après.

L'intermède de Tilsit était terminé. En se quittant, Murat et Constantin enchantés l'un de l'autre se promirent de se rendre bientôt visite. Ils ne devaient jamais se revoir. Le 19 juillet 1807, Napoléon et Murat montaient en voiture pour regagner la France quand Savary leur remit le rapport dans lequel étaient étalés les amours de Caroline et de Junot. La fureur des deux beaux-frères fut à la mesure de la nouvelle : Napoléon parce qu'il s'agissait de la conduite de sa sœur, Murat de la vertu de sa femme. Le grand-duc de Berg déclara qu'arrivé à Paris il irait couper les oreilles de Junot et, l'en jugeant très capable, Napoléon eut beaucoup de mal à le calmer en lui expliquant qu'un tel acte ajouterait encore au scandale.

De retour à Saint-Cloud le 27 juillet, l'Empereur convoqua immédiatement Junot, pourtant un de ses proches les plus dévoués, et lui fit une scène effroyable, lui reprochant d'avoir compromis sa sœur. Après quoi, pour l'éloigner quelque temps, il le nomma à la tête du corps d'observation de la Gironde, chargé en fait, après avoir traversé l'Espagne, pays ami, d'envahir le Portugal qui appliquait avec beaucoup de mollesse le blocus continental contre l'Angleterre, décrété quelques mois plus tôt par Napoléon. Le Portugal aurait pu faire remarquer que la Grande-Bretagne, qui lui achetait presque toute sa production de vin, était son premier client.

Cette désignation, épilogue d'une aventure amoureuse, allait avoir des conséquences graves car Junot, livré à lui-même, tout à fait incapable d'assumer le commandement d'une armée, allait commettre les pires sottises, laisser échapper les souverains légitimes du Portugal et finirait par capituler devant les Anglais, portant un rude coup au prestige de l'édifice impérial.

Caroline, comme son amant, eut droit elle aussi à la colère de son frère mais elle se défendit avec habileté, lui laissant entendre que, si elle avait été sa maîtresse, elle ne se serait pas affichée en compagnie de Junot. Napoléon, qui avec les femmes manquait d'adresse, se résigna à la croire. Ironique, le général Thiébault, dont la plume était trempée dans le vitriol, rapporte dans ses mémoires : « Quant à Napoléon, il a beau se faire le Don Quichotte de la vertu de ses sœurs, il y perd son latin. (...) Sa puissance et son génie y échouent. »

L'entrevue entre les époux risquait d'être plus orageuse, quoique Murat ait été absent de chez lui depuis dix mois. Mais Caroline, bien renseignée sur les fredaines de son mari, ne manquait pas d'arguments à lui opposer. Peut-être même lui laissa-t-elle entrevoir le complot pour assurer la succession de Napoléon. Ils avaient du reste encore des intérêts communs qui leur commandaient de rester liés. Le moment où le grand-duc rosserait sa femme comme n'importe quel mari trompé n'était pas encore venu.

L'été 1807 se passa en fêtes et réceptions à la cour. On célébra le mariage du plus jeune des Bonaparte, Jérôme, avec Catherine de Wurtemberg, et ce fut encore l'occasion d'une querelle de préséance de la part des Murat.

Joachim ne tenait pas en place. À la cour, il s'ennuyait. Il recevait d'Agar des lettres où celui-ci le pressait de venir dans le grand-duché qu'il avait de plus en plus de mal à administrer, en raison de la mainmise croissante des services français sur l'économie. Aussi voulait-il se rendre à Düsseldorf pour reprendre en main la situation. Mais Napoléon qui, de son côté, se refusait à le laisser gouverner Berg à sa guise, fit tout pour qu'il différât ce voyage. Ainsi Murat constata-t-il avec amertume qu'il n'était que le souverain fantoche d'une principauté réduite à l'état de dominion, et il en voulut à Napoléon de cet assujettissement déguisé. Sur le moment, il garda sa rancœur par-devers lui, mais bien plus tard ce sera un de ses motifs pour se dresser contre son beau-frère.

En novembre 1807, Napoléon se rendit en Italie pour y rencontrer successivement ses deux frères, Joseph, alors roi de Naples, et Lucien. Il emmena avec lui Murat sans que personne comprît très bien pourquoi, mais ce geste inquiéta considérablement Talleyrand, qui se méfiait beaucoup du grand-duc de Berg, ne voyant en lui qu'un va-t-en-guerre. D'où venait cette nouvelle marque de faveur ? De ce que Napoléon ne voulait pas que Murat profite de son absence pour se rendre à Berg, et aussi parce qu'il désirait qu'il fût au courant des projets qu'il méditait.

Convoqué à Milan comme un simple préfet, Joseph se vit offrir par son cadet le trône d'Espagne. La proposition était insolite. L'Espagne avait un gouvernement légitime, un roi, et de plus était alliée à la France. Mais elle appliquait peu les règles du blocus continental, avait une frontière commune avec une possession britannique (Gibraltar) et dans ce pays la contrebande pouvait être considérée comme un sport national. De plus, l'attitude ambiguë de l'Espagne dans le passé et même récemment n'en faisait pas un partenaire sûr au moment où, pour les opérations du Portugal, Napoléon voulait disposer d'arrières solides. C'était là à ses yeux un motif suffisant pour justifier un changement de dynastie.

Tranquille, heureux dans son royaume de Naples, Joseph ne manifesta aucun empressement à abandonner son trône et à se lancer dans ce qu'il considérait comme une aventure. L'Empereur ne fut pas plus heureux avec Lucien, à qui l'idée parut certes intéressante mais qui se refusa obstinément à divorcer au préalable et lança avec insolence à son frère : « Il vaut mieux épouser sa maîtresse que celle des autres ! », allusion qui visait Joséphine.

Murat avait assisté à ces entretiens et savait donc que le trône d'Espagne serait bientôt vacant. Cette possibilité de nouvelle annexion le laissa rêveur. Dans quelle dangereuse voie expansionniste Napoléon se lançait-il ? En même temps, il apprenait qu'un trône serait libre et qu'aucun des frères de l'Empereur ne semblait désireux de l'occuper. Alors, se pourrait-il qu'il lui revînt ? Il ne lui vint toutefois pas à l'esprit que Napoléon l'imposerait par la force à son frère aîné, jugeant que c'était un trop gros morceau pour les Murat.

En arrivant à Paris le 20 janvier 1808, Murat trouva de quoi s'occuper. On allait célébrer le mois suivant le mariage de sa nièce Antoinette avec un prince de Hohenzollern-Sigmaringen. Et cette fois, l'ancien républicain convaincu qu'était Joachim ne trouva rien à redire.

CHAPITRE IX

L'AFFAIRE D'ESPAGNE
(1808)

En ce début du XIXe siècle, l'Espagne était un vieux royaume régi par des institutions surannées. Depuis Louis XIV, le pays avait pour souverains une dynastie d'origine française dont le dernier descendant, le roi Charles IV, avait, à en croire les ambassadeurs étrangers, les qualités d'un bon garde-chasse. La reine, née Marie-Louise de Parme, hideuse sorcière dont Goya nous a laissé plusieurs portraits saisissants, avait fait d'un garde du corps, Manuel Godoy, son amant puis un premier ministre et le roi s'accommodait fort bien de ce ménage à trois.

Dans cette péninsule Ibérique en pleine décadence et à l'économie archaïque, qui avait trop longtemps vécu grâce aux richesses tirées de ses colonies, végétait une population plutôt misérable, superstitieuse, peu incitée à travailler et entièrement sous l'influence d'un clergé ignorant et rétrograde. Le pays était le dernier où fonctionnait l'Inquisition. Pourtant, à des signes imperceptibles, on pouvait mesurer la fierté des individus, le sentiment de supériorité qu'ils éprouvaient parce qu'ils étaient espagnols et héritiers d'un empire qui avait régné sur la moitié de la terre.

Si la politique intérieure était vouée à l'immobilisme, la politique étrangère n'avait pas été heureuse en Europe et depuis près de vingt ans avait vu s'accumuler les désastres. L'armée et la marine, composées, hormis la garde royale, d'un ramassis de mendiants et de vagabonds récoltés par la presse, avaient été de défaite en désastre et l'alliance avec la France, consécutive à la paix de Bâle en 1795, n'avait été une bonne affaire pour aucun des deux partis. Les escadres espagnoles avaient, dans la guerre contre l'Angleterre, coopéré avec les nôtres ou, pour être plus précis, étaient demeurées à la remorque des nôtres, la défaite de Trafalgar en 1805 ayant confirmé la faiblesse de la flotte espagnole, hommes et matériels.

Ainsi, trompé par un décor qui semblait près de s'écrouler, Napoléon pensait avoir facilement raison d'un État qui ne manifestait aucune volonté de résistance. En même temps, des rapports lui apprenaient dans quel discrédit étaient tombés le couple royal et son ministre qui, pour relever les finances, reconstituer l'armée et rénover la marine, projetait d'imposer les biens du clergé et des grands seigneurs, initiative intelligente mais fort mal perçue par les intéressés. Seulement, les mêmes rapports se gardaient bien de lui signaler qu'en même temps la popularité du prince héritier Ferdinand, qui ne faisait rien, était au zénith et que l'imagination populaire lui attribuait toutes les qualités qui font un bon roi.

Impopulaire jusqu'à un point qu'il est difficile d'imaginer, Godoy n'en continuait pas moins à gouverner et à mener une politique toute en nuances vis-à-vis de la France. Après avoir corrompu Talleyrand puis Lucien Bonaparte, alors ambassadeur à Madrid, il s'était imaginé qu'un des personnages clés du système napoléonien était Murat et il scella leur « amitié » avec des espèces sonnantes au travers d'une opération d'exportation que Murat empocha sans sourciller en disant :

– Il est comme nous. Nous pouvons faire cause commune avec lui. Son sort est le nôtre, celui de ceux qui se sont élevés.

Cette camaraderie à distance allait durer plusieurs années et Murat en profita pour se faire attribuer la Toison d'or, la plus haute décoration espagnole.

Pourtant, au moment de la guerre contre la Prusse, la francophilie de Godoy subit une éclipse due à la mauvaise volonté de Talleyrand de voir ce ministre se créer une principauté indépendante aux dépens du Portugal. Aussi Godoy prit-il ses dispositions pour que son pays se joigne à la quatrième coalition et seule la victoire d'Iéna lui fit comprendre qu'il s'engageait dans une mauvaise voie. Mais aux yeux de Napoléon, parfaitement renseigné de ses agissements, son sort était dès ce moment réglé.

À l'automne 1807, Godoy était pourtant toujours en place. La politique impériale était hésitante. Ferdinand, l'héritier du trône, était veuf. Godoy avait demandé officiellement pour lui la main d'une princesse française, de préférence de la famille de Murat ! Mais, précisément, Ferdinand, indifférent au choix de sa future épouse, ne voulait pas qu'elle fût choisie par le premier ministre de son père, son ennemi mortel.

Au milieu de cet imbroglio, fut signé le 27 octobre 1807 le traité de Fontainebleau entre la France et l'Espagne. Il stipulait que le Portugal serait dépecé en trois États : le nord irait à la reine d'Étrurie, princesse espagnole dont la France venait d'occuper le royaume, le sud à Godoy pour constituer la principauté indépendante dont il rêvait, et le centre verrait son avenir réservé mais pour l'instant serait attribué aux Français. Ainsi serait bouchée une des dernières brèches ouvertes dans le blocus continental.

C'est par application de ce traité que des troupes impériales firent mouvement vers la péninsule ibérique. Junot, en flèche, effectua son entrée dans Lisbonne dès le 30 novembre 1807 mais d'autres généraux, et non des moindres, avaient déjà pénétré en Espagne. C'est ainsi que Dupont se trouvait à Valladolid, le maréchal Moncey à Burgos et Mortier en Navarre ; enfin, Duhesme en Aragon complétait provisoirement ce dispositif, surtout déployé dans le nord. Un peu plus tard, Napoléon, qui avait été fort dépité de la fuite de la famille royale portugaise, les Bragance, vers le Brésil, envoya des instructions à l'amiral Rossily qui commandait depuis trois ans les bâtiments français échappés au désastre de Trafalgar et réfugiés à Cadix, pour que, si la famille royale espagnole cherchait aussi à s'embarquer pour les Amériques, il fît tout, au besoin par la force, pour l'en empêcher.

Les Espagnols, persuadés que les Français ne venaient que pour les débarrasser de Godoy, les avaient bien accueillis. Tout de même, ils avaient été étonnés de découvrir que ces soldats qui avaient fait trembler l'Europe étaient dans leur majorité des conscrits très jeunes, sachant à peine tenir un fusil. C'est que nos meilleures troupes stationnaient encore outre-Rhin. Napoléon avait jugé que la faible valeur militaire de celles qu'il dirigeait vers l'Espagne était bien suffisante pour les opérations qu'il y projetait. Cependant les autorités espagnoles commençaient à s'inquiéter en voyant les Français prendre méthodiquement possession d'un certain nombre de points stratégiques : forts, citadelles, et s'y installer pour une période indéterminée. À l'enthousiasme succéda l'inquiétude. Godoy lui-même se demanda s'il ne s'était pas fourvoyé et commença à recommander le départ pour l'Amérique. Mais Charles IV, moins conscient du danger, hésitait. Ce fut à ce moment que Murat entra en scène.

*

Il était à Paris et, à la fin de février 1808, se préparait ouvertement à partir pour Düsseldorf, où Agar l'appelait de manière de plus en plus pressante. Le 20, il alla aux Tuileries et eut avec l'Empereur une brève conversation, durant laquelle ils n'échangèrent que des banalités. Rentré chez lui à l'Élysée, Murat venait de se mettre à table pour dîner quand il reçut une lettre de Clarke, ministre de la Guerre. Il l'ouvrit et lut avec stupéfaction que l'Empereur l'avait nommé son lieutenant général en Espagne et qu'il devait monter en voiture et prendre la route du sud la nuit même. Par la même missive, il apprenait que toutes les troupes françaises outre-Pyrénées seraient sous ses ordres. Là s'arrêtaient les instructions et il fit remarquer un peu plus tard à son ami Belliard, quand il le rejoignit :

– On ne demande guère autrement à un sergent de prendre la garde.

Le fait est que Napoléon se défiait un peu de lui, après ses manœuvres pour se faire nommer roi de Pologne, et qu'il désirait le cantonner, pour le moment, dans son rôle de commandant en chef. Mais alors, pourquoi l'avoir expédié là-bas, où se révélait déjà nécessaire la présence d'un homme ayant toute la confiance du maître, pour résoudre une crise qui s'annonçait délicate ? L'Empereur était encore dans l'incertitude sur la manière dont il allait résoudre ce problème espagnol. Un peu plus tard, il écrivit à son beau-frère : « Il est inutile que vous ayez aucune communication avec la cour d'Espagne jusqu'à ce que je vous en aie donné l'ordre. »

Et pour camoufler le voyage de Murat aux yeux de l'Europe, il fit publier dans le *Moniteur* que le grand-duc était absent de Paris parce qu'il était allé prendre possession de ses nouvelles terres allemandes.

Murat ne sut plus que penser.

Il avait fait route avec sa célérité habituelle, avait rencontré le banquier Michel à Bordeaux, lequel avait servi d'intermédiaire entre lui et Godoy, mais qui ne l'informa guère, et, continuant son chemin vers Bayonne, y avait enfin retrouvé Belliard le 26 février. Les deux amis ayant confronté leurs connaissances avaient dû convenir qu'ils allaient s'avancer à l'aveuglette, ce qui déplut fortement à Murat. D'ailleurs, tout lui déplaisait dans cette affaire : le pays, les gens, l'ignorance dans laquelle on le tenait, le fait que l'Empereur l'avait brusquement envoyé en Espagne au lieu de le laisser se rendre à Berg s'occuper de scs nouvelles acquisitions, jusqu'à ce détail irritant que ses subordonnés recevaient des ordres directement de Paris sans même qu'il en fût avisé.

Cependant, au fur et à mesure qu'il recevait de nouvelles directives et qu'il voyait sa mission se préciser, il se mit à réfléchir. Napoléon ne faisait pas occuper toutes les places fortes du nord de l'Espagne dans le simple but de consolider le trône de Charles IV. Il commença donc à se demander quelles étaient les intentions profondes de son beau-frère. Détrôner les Bourbons, comme il l'avait laissé pressentir à Milan, mais pour les remplacer par qui ? Tous les frères de l'Empereur étaient pourvus de trônes. Seul Lucien n'en avait pas, mais Murat savait mieux que personne qu'étant donné ses dispositions d'esprit, il n'avait aucune chance de régner. Alors ne serait-ce pas à lui, Joachim, que ce royaume d'Espagne serait destiné ? Le raisonnement ne manquait pas de logique. Mais, au même moment, les nouvelles qu'il recevait d'Espagne ne l'incitaient pas à l'optimisme.

À Bayonne, il trouva deux rapports de Moncey et de Dupont qui, l'un de Burgos, l'autre de Valladolid, l'informaient de l'hostilité croissante de la population vis-à-vis de nos soldats, se matérialisant par des attentats contre ceux qui sortaient isolément, et lui recommandaient de ne se déplacer en Espagne qu'avec une forte escorte. Murat trouva le conseil judicieux puisqu'il franchit la frontière avec deux divisions sur ses talons et de l'artillerie. En même temps, il avertissait l'Empereur du changement d'état d'esprit du peuple et des difficultés qu'il y avait lieu d'en attendre. Mais Napoléon qui, de loin, sans être bien informé, jugeait mal la situation, s'imaginait encore que d'eux-mêmes les Espagnols viendraient lui demander comme une grâce de leur donner un prince français, et il pria sèchement Murat de ne pas faire preuve de pessimisme. Simplement, il lui recommanda d'éviter toute effusion de sang et de se montrer prudent et modéré.

Entré en Espagne le 9 mars, Murat arriva à Vitoria, où il comptait établir son quartier général. Là, le maréchal Moncey acheva de lui dessiller les yeux, si besoin en était, sur les sentiments réels des Espagnols. Murat comprit que Napoléon s'était bercé d'illusions. Il n'avait que peu de renseignements sur ce qui se passait à Madrid et décida de rester sur place en attendant d'y voir plus clair. Avec le corps de Moncey, il disposait de suffisamment de troupes pour faire face à tout événement ; du reste, l'accueil du clergé et de la noblesse était plutôt favorable, ce qui l'aurait amené une nouvelle fois à modifier son propre jugement.

Il les abreuva de bonnes paroles, tout en les mettant en garde contre les conséquences de désordres. Mais à peine était-il installé qu'un ordre de Napoléon lui prescrivit de s'avancer jusqu'à Burgos et là, une nouvelle plutôt inquiétante lui parvint.

Le général Solano, qui commandait le seul corps d'armée espagnol ayant une valeur militaire, était entré au Portugal, tant pour soutenir Junot que pour occuper la principauté de Godoy. Or celui-ci, maintenant inquiet, ne songeait plus qu'à s'enfuir en Amérique avec la famille royale car il était très conscient du danger qu'elle courait (mais il était à peu près le seul). Il venait de donner à Solano l'ordre d'interrompre son mouvement et de se porter à marches forcées sur Badajoz d'où il pourrait rapidement tendre un écran protecteur à la fuite du roi et des siens. Pour le renforcer, un parc de quatre-vingts pièces d'artillerie était dirigé de l'arsenal de Ségovie également sur Badajoz.

Dès lors, il n'était plus question pour Murat de diplomatie du sourire. Mais il ne s'agissait pas non plus de déclencher un conflit. Avec beaucoup d'habileté, tout en poursuivant son avance, il décida de s'informer et envoya un de ses aides de camp, La Vauguyon, auprès de l'ambassadeur de France à Madrid, Beauharnais. Ce n'étaient ni l'un ni l'autre des génies, mais la mission de La Vauguyon était simple. Officiellement, il devait demander la raison du mouvement du corps Solano dont la présence sur le flanc de l'armée française constituait une menace. Mais dans le même temps Murat, en militaire chevronné qui s'était penché sur les cartes, ordonnait à la division de Grouchy de se porter sur le col de Somosierra et de l'occuper en force. Cette passe dans la sierra de

Guadarrama était la clé de la route de Madrid. Il ne pouvait être question de laisser Solano s'y installer. Cependant, avec tout cela, Napoléon continuait à ne pas le tenir au courant de ses plans, et Murat se persuadait de plus en plus qu'il travaillait pour son propre compte, d'autant qu'avant son départ Caroline, aussi intéressée que lui, l'avait assuré qu'elle allait recommencer à intriguer pour leur procurer un trône, ce qui ne le rassurait qu'à moitié.

Brusquement, le 19 mars, alors qu'il venait d'arriver à Miranda, il apprit ce que l'on a nommé la révolution d'Aranjuez.

La cour résidait depuis plusieurs jours dans ce palais au sud de Madrid, et là, tandis que Godoy continuait à essayer de persuader le roi et la reine de fuir, le prince héritier Ferdinand, homme très peu intelligent, s'obstinait à dire que lui, il resterait, simplement parce qu'il détestait Godoy.

Mais dans la nuit du 17 au 18 la populace déchaînée, sans doute travaillée en sous-main par les amis de Ferdinand, s'était révoltée pour empêcher la famille royale de partir. Sans exactement abdiquer, Charles IV avait délégué la lieutenance générale du royaume à son fils pour négocier avec les Français. Quant à Godoy, après avoir essayé de se cacher, il avait été arrêté et à moitié lynché par une foule en furie qui avait pillé et brûlé ses palais à Madrid.

Devant cette situation tout à fait imprévue, Murat allait manœuvrer avec beaucoup de finesse. Alors que Beauharnais, qui n'y comprenait rien, appuyait à fond Ferdinand, Murat le rappela sèchement à l'ordre, en lui précisant qu'il fallait éviter à tout prix de donner l'impression que la France avait organisé cette révolution d'Aranjuez. Son idée personnelle et assez originale consistait à persuader Charles IV de remonter sur son trône et de déclarer nulle l'espèce d'abdication qui lui avait été arrachée. Après quoi il se réfugierait près de Napoléon qui en disposerait à sa guise.

Le problème était d'approcher le souverain sans avoir l'air de mener une politique d'intervention. Par chance, le 21 mars au soir, alors qu'il atteignait la localité d'El Molar, Murat reçut la visite d'un officier espagnol porteur d'une lettre de la reine d'Étrurie, cette princesse espagnole qui était revenue vivre auprès des siens. En se référant à leur amitié, elle suppliait le grand-duc de Berg, qu'elle connaissait depuis plusieurs années, de venir au secours de ses parents en danger de mort.

Enchanté de cette opportunité qui allait lui permettre de concrétiser ses plans, Murat envoya à Aranjuez le général de Monthyon avec sa réponse et en même temps le chargea d'une mission de renseignement sur la situation réelle de la cour. De son côté, il prépara l'occupation de Madrid, bien décidé à refuser de reconnaître Ferdinand comme roi. Puis, comme il s'attendait au pire, il fit avancer les trois divisions de Moncey par un mouvement concentrique, pour les amener aux portes de la capitale. Le 23 mars, Murat fit à Madrid une entrée triomphale. À son habitude, il était revêtu d'un de ses uniformes de fantaisie couvert de dorures, suivi d'un état-major somptueux et de solides troupes pour inspirer le respect. L'accueil qu'il reçut ne fut pas mauvais. La population, éblouie, montra d'autant plus d'enthousiasme qu'elle ne comprenait rien aux tractations en cours et demeurait persuadée qu'on allait lui livrer Godoy pour le pendre.

Ce dernier était d'ailleurs en route pour Madrid, chargé de chaînes et sous bonne escorte, afin d'y être jugé, et il ne dut la vie sauve qu'à une énergique intervention de Murat qui, prétextant qu'il ne voulait pas de troubles, ordonna de surseoir à son transfert.

Le lendemain 24 mars vit le retour à Madrid de Ferdinand au milieu d'une allégresse générale. Les Espagnols, dans leur aveugle crédulité, croyaient avoir hérité d'un bon roi. Les Français brillèrent par leur absence, car Murat, qui ne voulait toujours pas reconnaître ce nouveau souverain sans instructions spéciales de son gouvernement, consigna ses troupes dans leurs quartiers, interdit de sonner les cloches et refusa de recevoir un représentant de Ferdinand. Du reste, le rapport de Monthyon le confirma dans sa première impression : Charles IV, pauvre sire, complètement affolé, était prêt à tout ce que voudrait le grand-duc de Berg : reprendre son abdication qui lui avait été arrachée et se réfugier auprès de son « ami Napoléon ». Murat comprit tout le parti qu'il pourrait tirer d'un tel document. Ferdinand désavoué, le roi en route vers la France, le pouvoir serait vacant à Madrid et lui, Joachim, à l'endroit où il pourrait l'occuper.

Charles IV sembla se prêter de bonne grâce à cette comédie. Le 21 mars, il avait écrit :

« Je proteste et déclare que mon décret du 19 mars par lequel j'abdique la couronne en faveur de mon fils est un acte auquel j'ai été forcé pour prévenir de grands malheurs et l'effusion de sang de mes sujets bien-aimés. Il doit, en conséquence, être regardé comme de nulle valeur.

« Signé Moi le roi. »

En réalité, la pièce avait été antidatée pour donner l'impression qu'elle n'avait pas été dictée par les Français.

Il n'y avait plus qu'à transférer les souverains en France. Cependant, par un singulier caprice, Charles IV et surtout la reine ne voulaient pas partir sans Godoy, toujours aux mains de Ferdinand qui, malgré

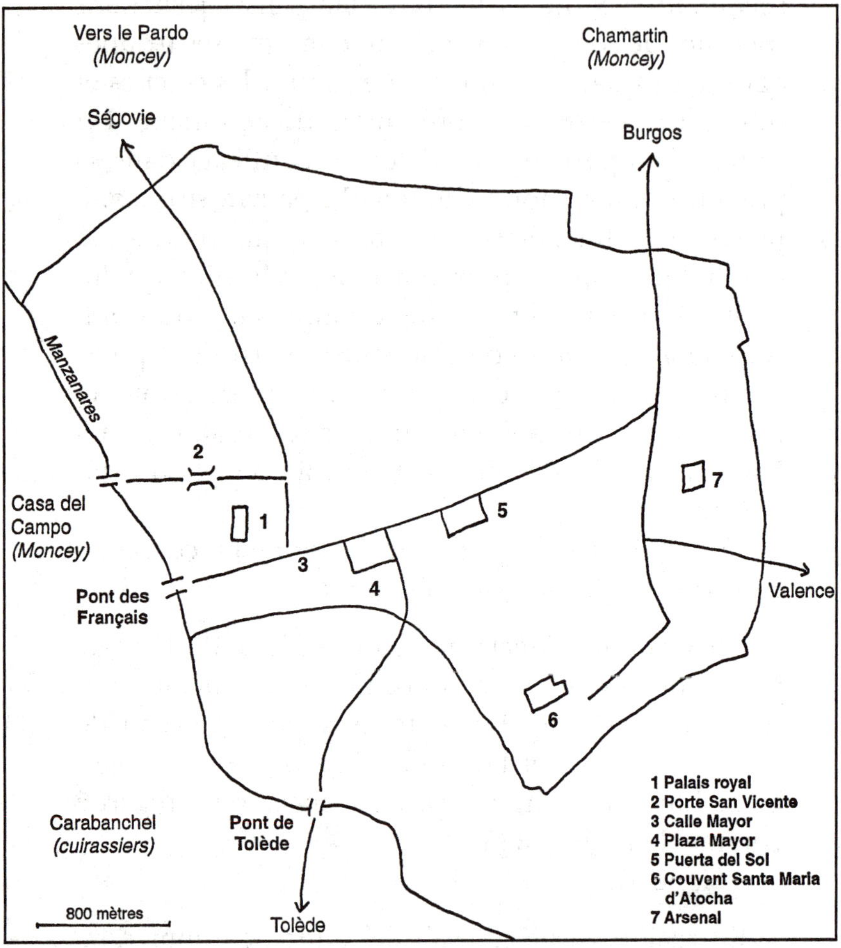

Madrid en 1808

les pressions exercées sur lui, n'acceptait pas de le libérer. Son attitude était au demeurant assez ambiguë, et si devant les Français il multipliait les courbettes, il se considérait comme le souverain légitime et en sous-main exhortait le peuple, la noblesse, le clergé et l'administration à la résistance, préparant l'insurrection qui, croyait-il, permettrait de chasser les envahisseurs.

Murat, de son côté, ne demeurait pas inactif. Décidé à en finir avec Ferdinand et sa camarilla, il mit sur pied, sans en avoir parlé à Napoléon, un véritable coup d'État, dans le but de faire détrôner Ferdinand par les Cortès, faire arrêter le gouvernement et rétablir momentanément Charles IV, mais en le maintenant loin de Madrid, le tout, pour plus de sûreté, après avoir proclamé l'état de siège.

Il n'avait pas commencé à mettre son plan à exécution mais ce n'était plus qu'une affaire de jours. Déjà les ordres étaient donnés aux troupes et l'occupation des points stratégiques de Madrid programmée lorsque le 6 avril débarqua à Madrid Savary, envoyé en renfort à Murat, mais qui depuis l'affaire du duc d'Enghien et surtout le rapport remis après Tilsit entretenait avec lui des rapports franchement détestables. Le nouveau venu arrivait avec des instructions précises qui allaient réduire à néant le plan si ingénieux, tout en finesse, de Murat.

*

Napoléon ne comprenait et ne comprendrait jamais rien à l'Espagne. Les causes de la décadence économique qu'il attribuait à la seule influence du clergé lui échappaient. Certes, l'Église rétrograde y jouait son rôle ; l'expulsion des Maures et des Juifs trois siècles plus tôt n'y était pas étrangère. Mais la part prépondérante revenait à l'afflux des métaux précieux provenant des mines du Nouveau Monde. De plus, l'idée qu'un peuple pût oser se révolter par amour pour un souverain comme cet imbécile de Ferdinand lui paraissait aussi inconcevable que le principe des nationalités. Certes, les rapports qu'il recevait contribuaient à l'ancrer dans l'erreur, mais lorsque Murat avait fait preuve de pessimisme, il n'avait pas voulu le croire. À présent qu'il visait le trône, le grand-duc de Berg changeait de ton et se montrait d'un optimisme suspect. Napoléon, qui avait vite deviné où son beau-frère voulait en venir, n'approuvait pas ce qu'il considérait comme des atermoiements dans le règlement de la question espagnole, d'où l'envoi de Savary dont il savait qu'il exécuterait les ordres sans chercher à louvoyer. En même temps, éclairé par Murat sur le rôle de l'ambassadeur Beauharnais, il le rappelait pour le remplacer par Laforest.

Les ordres de Savary étaient simples. Il devait acheminer la famille royale au complet vers Bayonne, donc hors d'Espagne, où l'attendrait l'Empereur qui comptait par la terreur lui arracher une abdication en sa faveur. Elle lui permettrait de disposer de la couronne à son gré. Ferdinand, toujours roi à ses yeux et à ceux de son peuple, fit quelques difficultés pour partir, surtout que ses proches l'encourageaient à résister. Mais Savary sut lui faire miroiter que Napoléon ne voulait qu'arbitrer le conflit entre lui et son père et trancherait en sa faveur. On voit jusqu'où allait sa naïveté. Point n'était besoin d'un voyage à Bayonne pour obtenir cet arbitrage-là.

Toutefois, avant de capituler, Ferdinand prit la précaution de laisser son pouvoir à un gouvernement de huit membres présidé par son frère et, en fait, aux mains du général O'Farril et d'Azanza, ministre des Finances. C'est autour de lui que se galvaniserait un peu plus tard la résistance. Les autres membres de la famille se laissèrent mettre en voiture sans problèmes. Étrangement, le seul qui voyait clair et comprit dans quel guet-apens on entraînait les Bourbons fut Godoy.

Demeuré à Madrid, Murat ne sous-estimait pas les difficultés qui l'attendaient, mais il avait commis plusieurs maladresses. C'est ainsi qu'il réclama la restitution de l'épée de François Ier conservée en Espagne depuis que le roi de France s'était rendu à Pavie. Les Espagnols étaient justement fiers de ce trophée qui n'avait plus guère d'importance, et sa remise à Murat en grande pompe les choqua.

Bien que de jour en jour la pression montât et que l'on vît les attentats contre les Français isolés se multiplier, Joachim, toujours persuadé que le trône d'Espagne allait lui revenir, hésitait à employer la force, comprenant que ce n'était pas le meilleur procédé pour se rendre populaire auprès de ceux qu'il considérait déjà comme ses futurs sujets. D'ailleurs, pour détendre l'atmosphère, il multipliait les opérations de charme tant auprès du peuple que de la noblesse et même de la junte établie par Ferdinand. Et l'on peut dire que dans un sens, il y réussit. Il osa se promener seul, sans escorte, hormis un ou deux officiers, sur les marchés et dans les rues, et les Espagnols, qui avaient un grand respect pour toute forme de courage, admirèrent sans réserve le sien.

Depuis le 16 avril, Napoléon était à Bayonne et c'est là qu'il reçut la famille royale, la traita assez mal et finit par atteindre son objectif : arracher le renoncement de la dynastie au trône. Mais lorsque la nouvelle en parvint à Madrid dans les derniers jours du mois, la révolte se prépara ouvertement et Murat en fut averti. Le 1er mai, les Espagnols qui logeaient des

Français les prévinrent, avec un sens de l'honneur qui leur est propre, de ne pas sortir le lendemain. Mais, en fait, toutes les dispositions pour faire face à ce que l'on pensait n'être qu'une émeute étaient prises.

Murat avait sous ses ordres près de 30 000 hommes. Rien qu'au palais où il résidait, il disposait de deux cents marins de la garde, d'une compagnie de chasseurs basques et d'un escadron de chevau-légers qu'appuyaient deux pièces de canon. Dans la ville, stationnaient les 7 000 soldats de la division Gobert, deux escadrons de chasseurs à cheval de la garde et les Mamelucks qui avaient fait une assez fâcheuse impression sur les Espagnols en leur rappelant les Maures. Ils étaient tous consignés, en état d'alerte dans leurs casernes. Puis dans la proche banlieue campait le corps de Moncey, soit 20 000 hommes répartis entre les camps de la Casa del Campo, le Pardo et Chamartin. Enfin, à Carabanchel, bivouaquait une division de cuirassiers.

En face se dressait presque toute la population, environ 400 000 personnes, civils, religieux et quelques militaires, plus les paysans venus en ville en grand nombre, mal armés, sans discipline ni chefs, animés seulement par la colère et le fanatisme. Le corps d'armée espagnol du général Solano, toujours à Badajoz, n'intervint absolument pas.

Ce fut dans la matinée du 2 mai que l'insurrection éclata à Madrid, au moment où l'infant Don Francisco, dernier fils de Charles IV, encore en ville, montait en voiture pour gagner Bayonne. Le départ de sa sœur la reine d'Étrurie, peu auparavant, n'avait provoqué aucune réaction. Elle n'intéressait personne. La nouvelle se répandit comme une traînée de poudre et aux cris de « Mort aux Gavachos ! » (les Français), la populace se jeta sur les hommes isolés qui circulaient dans les rues. Un peu plus tard, ce seraient nos blessés et nos malades, à l'hôpital de la ville, qui seraient massacrés sans que leurs camarades aient le temps d'intervenir.

Murat réagit avec énergie et rapidité. Il savait comment mater ce genre de soulèvement. Ayant fait dégager à coups de canon l'esplanade de son palais qu'envahissaient les émeutiers, il se porta avec son état-major au-delà de la porte San Vicente et de là dirigea les opérations. Ayant formé une partie de ses troupes en quatre colonnes, il les fit converger à partir de midi vers la Puerta del Sol au centre de la ville, au cœur de la rébellion. Dans le même temps, les régiments chargés de porter secours au petit poste qui occupait l'arsenal de Monteleone subissaient un échec, les insurgés y étant parvenus avant eux. Averti, Murat lança alors en renfort la brigade Lefranc qui, bien que l'ennemi eût déjà enlevé les canons et les eût mis en batterie, le délogea à la baïonnette et le dispersa. Quand un peu plus tard les Madrilènes tentèrent de revenir plus nombreux, ils furent accueillis par un feu roulant.

Les combats furent tout de suite d'un acharnement et d'une férocité inouïs. Du haut des toits, hommes et femmes faisaient pleuvoir sur nos soldats les projectiles les plus hétéroclites : tuiles, pierres, meubles, jusqu'à des pots de fleurs. De leur côté, nos fantassins exaspérés ne faisaient pas de quartier, enfonçaient les portes des maisons d'où on les bombardait et tuaient tous les occupants. La cavalerie donna à fond, les charges se succédèrent et le général Daumesnil eut deux chevaux tués sous lui. Mais ce fut surtout contre les Mamelucks que les Espagnols se déchaînèrent le plus. Ceux-ci ne furent pas en reste, faisant voler les têtes. Lorsqu'un peu plus tard l'un d'eux fut tué d'un coup de feu, tiré depuis le couvent de Santa Maria d'Atocha, ils en forcèrent les portes, décapitèrent les moines jusqu'au dernier et jetèrent les têtes par les fenêtres afin que nul n'en ignorât. On a beaucoup exagéré leur rôle, le tableau de Goya n'y est pas étranger, car ils n'étaient pas plus d'un peloton.

Puis ce fut l'hôpital que l'on reprit et comme les assassins avaient disparu, tous les infirmiers qui étaient sans doute un peu complices furent passés par les armes.

Vers cinq heures du soir, l'ordre était rétabli, la ville terrorisée, et seuls quelques feux de salves trouaient encore le silence. Murat regagna sa résidence. Il ne pouvait laisser passer cette tentative de révolution sans exercer une répression sévère. Ayant fait constituer une commission militaire, elle condamna sans nuances tous les prisonniers pris les armes à la main qu'on lui amena, et ses membres allèrent loin dans la définition du mot « armes », puisque par là ils entendirent jusqu'à des rasoirs et des canifs. Goya nous a laissé l'image de ces exécutions où, à la lueur d'un falot, un peloton de voltigeurs couche en joue des condamnés hagards dont un moine. À combien s'éleva le nombre des morts ? Le chiffre est encore discuté et oscille entre quelques centaines et plusieurs milliers chez les Espagnols, beaucoup moins chez nous, mais il est indiscutable que le mouvement était écrasé.

Fait aussi étonnant qu'insolite, l'infant Don Antonio, président de la junte, se montra fort satisfait de la tournure qu'avaient prise les événements. Il écrivit à Murat, qui fut un peu abasourdi en lisant ces mots : « Nous sommes enchantés de ce qui est arrivé ; on ne viendra plus nous dire qu'on peut détruire une armée avec des paysans armés de bâtons et de couteaux. On vient enfin de se convaincre qu'un bataillon de troupes de ligne suffit pour en disperser 10 000. »

Après la terrible leçon qu'il venait de lui infliger, Murat se persuada un peu facilement que tout le peuple espagnol était maté. Il attendait les félicitations de Napoléon qui n'allaient pas tarder, et il était tellement certain que le trône d'Espagne allait lui revenir qu'il déménagea et s'installa au palais royal en se proclamant commandant en chef de l'armée espagnole. Personne ne songea à lui demander d'explications sur sa conduite.

*

Le 6 juin, Ferdinand terrifié abdiqua entre les mains de son « ami » Napoléon, bientôt imité par son père. Mais, dès le 2, l'Empereur avait écrit à Murat pour lui annoncer que le nouveau roi d'Espagne serait son frère aîné Joseph. Quoi, Joseph, cet incapable, cet imbécile, ce bon à rien ! Murat tomba de haut. Certes, à titre de lot de consolation, il lui était donné à choisir entre le trône de Naples et celui du Portugal, ce dernier n'étant pas encore à nous. C'était se moquer. Alors qu'il avait tout fait pour assurer la conquête de l'Espagne ! Pourtant, il ne se rebella point et presque humblement remercia son beau-frère en précisant qu'il prendrait Naples, les restes de Joseph !

Toutefois, il n'avait pas dit son dernier mot. S'étant lié d'amitié avec le nouvel ambassadeur de France, Laforest, il le persuada sans peine d'écrire à l'Empereur que l'élévation de Joseph au trône d'Espagne était une bévue et que le meilleur souverain pour les intérêts français serait Murat. Napoléon ne voulut rien entendre et fit savoir brutalement qu'il maintenait sa décision. Alors Joachim, peu soucieux de faciliter l'installation de Joseph, demanda dès le 31 mai son rappel et tomba réellement malade, sans doute de rage, de dépit et également de surmenage, et puis, semble-t-il, il supportait mal le climat de la Castille. Mais surtout, il ne voulut plus s'occuper de rien au moment où le soulèvement gagnait toute l'Espagne et où Dupont, sans ordres précis, s'avançait en Andalousie pour tendre la main à l'amiral Rosily toujours à Cadix, mouvement qui allait se terminer par la capitulation de Bailén.

En désignant son frère aîné Joseph pour régner à Madrid alors que celui-ci n'en éprouvait nulle envie et n'en avait pas les capacités, Napoléon avait commis une faute énorme. Mais il avait cédé à son curieux penchant pour un népotisme métissé de droit d'aînesse. Il ne s'était pas arrêté à la médiocrité et au manque absolu de sens politique de son frère, pensant qu'il serait possible de le commander depuis Paris. À Naples déjà, Joseph s'était montré piètre souverain, préférant courir les jolies femmes plutôt que de gérer ses possessions. Les Anglais avaient enlevé Capri à sa barbe, sans qu'il tentât de réagir. Les souverains légitimes réfugiés en Sicile étaient le moindre de ses soucis.

La vie facile en Italie du sud lui avait convenu à merveille et il avait laissé les conseillers tels Roederer, Saliceti, Miot ou Mathieu Dumas faire tout le travail. Tout au plus, jouant les intellectuels, avait-il voulu se donner l'image d'un roi libéral. En Espagne, ce sera bien pis. Toujours aussi incapable, il ne gagnera que le mépris et la haine de ses sujets qui l'affubleront du sobriquet de *Pepe Botella* (« l'ivrogne »). La mansuétude dont il fera preuve vis-à-vis d'eux en croyant les gagner sera sans effet. Il ne régnera qu'à l'ombre portée des baïonnettes françaises, et encore bien peu, car les généraux placés sous ses ordres n'auront qu'un souci : ne pas lui obéir. Là où Napoléon avait mis ce mollasson, il aurait fallu un homme à poigne et un homme de guerre, ce que précisément était Murat. Certes, il n'était pas sans défauts et n'avait pas la popularité artificielle de Ferdinand. Les Madrilènes l'avaient même surnommé « la grande tige de choux » *(Gran troncho de berzas)*, ce qui à tout prendre était moins péjoratif que « l'ivrogne ». Mais avec sa prestance, son faste, son courage superbe au feu, il avait déjà impressionné les Espagnols. Il eût su s'en faire respecter, sinon aimer. De plus, connaissant son métier, il aurait pu combattre les Anglais et les insurgés et avec lui la guerre en Espagne n'aurait pas traîné toutes ces années. Il n'eût pas fui sa capitale sitôt qu'il y aurait mis les pieds. Beaucoup plus tard, trop tard, Napoléon reconnut son erreur et admit qu'il aurait été plus sage d'accepter la proposition de Ferdinand qui avait suggéré qu'on lui conservât son trône en prenant Murat comme lieutenant général avec tous les pouvoirs.

À présent vraiment malade, le grand-duc de Berg s'était fait transporter à la Florida, villa du duc d'Albe sur la rive droite de la rivière Manzanares. Au bout de quelques jours, se sentant mieux, il regagna Madrid pour y trouver une lettre de Napoléon qui croyant à une maladie diplomatique lui recommandait de « ne pas tant s'écouter ». Il ne put longtemps exercer son commandement, quoique la situation lui donnât désormais beaucoup de soucis, car une rechute de sa maladie le força à s'aliter de nouveau. De la villa de Chamartin où il était soigné, il s'efforçait, non pas de préparer l'arrivée de Joseph dont il se moquait, mais de coordonner l'action des troupes et de les regrouper.

Le 15 juin, son remplaçant arriva enfin. C'était encore Savary, choix singulier pour faire face à la lame de fond qui soulevait l'Espagne. Murat, en lui transmettant ses pouvoirs, le mit en garde contre les dangers que couraient les unités françaises et Savary était trop avisé pour les mésestimer. Après quoi Murat, le 29 juin, se mit en route pour la France, ne voulant pas attendre Joseph ni laisser croire qu'il allait au-devant de lui. Son état de santé était tel qu'il ne put supporter les cahots de sa voiture et fit le trajet en litière avec une forte escorte, car il savait les risques que comportaient les routes.

À Bayonne il retrouva Caroline, installée dans une propriété près de Larega, qui se chargea de le remettre sur pied. Joseph était également à Bayonne mais les Murat jugèrent inutile de le rencontrer. Il avait voulu l'Espagne (ce n'était pas exact), qu'il se débrouille avec elle ! Et Joachim se sentait encore si faible qu'il laissa Caroline débattre avec son frère des conditions de leur accession au trône. Elle ne lui avait pas caché qu'elle avait déjà dû lutter contre sa famille. Indignés de voir une « pièce rapportée » monter sur un de « leurs » trônes, les Bonaparte s'étaient unanimement élevés contre la nomination de Murat et avaient tous plus ou moins suggéré que la couronne fût dévolue à Caroline à titre personnel ! Si futile qu'elle fût, Mmc Murat avait compris que jamais son mari n'accepterait d'être un prince consort et avait énergiquement combattu cette proposition qui, du reste, n'agréait point à Napoléon.

De Bayonne, afin de parfaire sa guérison, Murat partit prendre les eaux à Cauterets. Il laissa Napoléon entrer seul en Espagne pour rétablir Joseph qui s'était montré sous son vrai jour : pleutre et poltron, car à peine arrivé à Madrid, il avait pris ses jambes à son cou et s'était replié vers Burgos, en route pour la France à l'annonce de la capitulation de Dupont à Bailén.

Sa convalescence achevée, Murat alla passer quelques semaines au château de Bouillas chez Lannes.

Celui-ci, on le sait, n'avait pas toujours été dans les meilleurs termes avec Joachim. Mais il était indigné que Napoléon lui eût préféré ce pantin de Joseph pour gouverner à Madrid, et comme il avait son franc-parler avec l'Empereur, il avait trouvé là un bon moyen de lui faire connaître sa réprobation.

Le 5 août, Murat était de retour à Paris et y prenait connaissance du « traité », en fait un décret de Napoléon daté du 15 juillet, qui leur donnait Naples, à Caroline et à lui, et au sujet duquel il n'avait même pas été consulté.

CHAPITRE X

ROI DE NAPLES
(1808-1809)

Jusqu'en 1806, le royaume des Deux-Siciles avait eu pour souverains une branche des Bourbons qui s'étaient révélés aussi piètres administrateurs que leurs cousins d'Espagne. Dans ce pays arriéré, cinquante pour cent du sol était entre les mains de la noblesse et du clergé sous forme de grands domaines ; le reste à de petits paysans ou à des communautés rurales lourdement handicapées par les droits féodaux ou la dîme ecclésiastique. Il n'y avait pratiquement aucune industrie, sauf un peu d'artisanat. Aussi les classes moyennes, en France moteur de la Révolution, étaient-elles peu nombreuses et sans influence.

Déposés par Napoléon, car ils pratiquaient un peu trop le jeu de bascule des alliances suivant la conjoncture militaire, le souverain Ferdinand et sa terrible épouse Marie-Caroline s'étaient enfuis en Sicile sous la protection un peu méprisante des Anglais et de leur flotte. Ils avaient été remplacés sur la partie continentale de leur royaume par Joseph, frère de l'Empereur.

Quoique flanqué d'excellents conseillers, il s'était révélé un déplorable roi, trop paresseux pour travailler, trop bambocheur pour s'intéresser aux choses sérieuses, trop imprégné d'idées prétendument libérales pour se montrer homme à poigne. Il faut dire que les finances étaient dans un triste état. Une des plus importantes sources de revenus, les douanes, avaient vu leurs recettes tomber à peu près à rien depuis le blocus continental car, pays essentiellement maritime, Naples vivait surtout du commerce.

En quittant ce pays pour se rendre en Espagne, Joseph eut un véritable comportement de mafieu. Prévoyant déjà ce que serait son destin après l'entrevue de Milan, depuis plusieurs mois il avait cessé de payer ses fonctionnaires. Ce n'était pas tout. Il avait fait main basse sur l'argent que contenait encore le trésor, en ayant beaucoup distribué à ses amis. Puis, craignant la réaction de ses nouveaux sujets, il emmena la garde royale, soit 3 000 hommes, et les meilleurs de ses régiments ; ce geste fut sans grande portée car, peu soucieux de servir outre Pyrénées, soldats et officiers désertèrent en masse. En même temps, ce furent les œuvres d'art et le mobilier du palais qui prirent le chemin de Madrid ou de Morfontaine. Joseph entendit se faire suivre jusque par ses ministres. Là aussi, ce fut un échec : la plupart retournèrent en France et Saliceti, l'un des meilleurs, refusa de quitter l'Italie. En bref, il ne laissait derrière lui que des dettes : 500 millions, a-t-on avancé, empruntés à la France pour mener joyeuse vie, que la faiblesse de son cadet lui avait laissé souscrire. Mais le même cadet, plus tard, eut la prétention de les faire rembourser par Murat, qui s'y refusa mais en garda une forte rancœur contre son beau-frère.

Le dernier cadeau empoisonné de Joseph avant son départ fut l'octroi d'une Constitution ultra-libérale, parfaitement inapplicable dans un pays où plus de quatre-vingts pour cent de la population était illettrée, ignorait ce qu'était le suffrage universel et même le droit de vote. Murat serait prié de la conserver mais se garda bien de la mettre en application.

Ce n'avait pas été sans regrets que Napoléon avait consenti à ce que Murat montât sur ce trône. Il se méfiait toujours de lui, de ses initiatives, et craignait non sans raisons de trouver en Joachim un « représentant » moins docile que son frère, d'autant qu'ils savaient l'un comme l'autre qu'en cas de conflit Murat serait toujours sans égal à la tête de la cavalerie, ce qui l'inclinait à faire preuve d'indépendance. Aussi les conditions d'accession à Naples imposées par la France furent-elles extraordinairement dures. On commença par retirer au couple le grand-duché de Berg, ce qui pouvait encore se concevoir, puis tous leurs biens en France, meubles et immeubles, pensions, traitements et bénéfices, cela contre une rente de 500 000 francs par an et une indemnité de dix millions, « à prendre sur les terres que Napoléon s'était réservées dans le royaume de Naples », autrement dit des biens difficilement réalisables. Napoléon était là de mauvaise foi, car il était parfaitement au courant des razzias opérées par Joseph. Quant aux meubles de toute nature que possédaient les Murat, ils firent l'objet d'une jolie comédie dans laquelle Caroline montra que sa rapacité valait bien celle de son frère.

Quand le conservateur des palais impériaux, M. Lefuel, se présenta à l'Élysée, Caroline lui fit répondre de revenir huit jours plus tard. Ce fut pour trouver tout déménagé et déjà en route pour l'Italie. Plus un meuble, un vêtement, un bijou ni même un cheval dans les écuries ! Par ordre de l'Empereur plutôt amusé, on fit silence sur cette manière d'opérer.

Pour pressurer un peu plus les Deux-Siciles, le traité de cession précisait qu'en cas de conflit Naples, alliée de la France, devrait mettre à sa disposition 18 500 hommes parfaitement entraînés et une marine de six vaisseaux, six frégates et six corvettes, que le pays était bien incapable de construire et d'armer. Enfin, les troupes françaises stationnées en permanence à Naples seraient entièrement à la charge du Trésor royal.

Murat n'eut qu'à signer ce traité et d'emblée trouva bien cher le prix de sa couronne.

Beaucoup de gens s'imaginèrent que le changement de souverains ne modifierait guère l'état du royaume. Chateaubriant écrivait : « L'Empereur enfonça ces coiffures d'un coup de main sur les fronts des deux nouveaux rois et ils s'en allèrent chacun de son côté comme deux conscrits qui ont changé de shako. »

Pour Murat, il se trompait complètement.

*

Ayant paraphé le traité du 15 juillet 1808 qui l'intronisait à partir du 1er août, Murat ne se pressa pas d'aller visiter son nouveau royaume. Il connaissait un peu le pays, y ayant mené des négociations en 1800, et n'en avait pas gardé le meilleur souvenir. Et puis il se plaisait à Paris et l'idée de se voir relégué au fin fond de l'Italie de cette manière un peu brutale le froissait. Caroline partageait les mêmes sentiments. Ce ne fut qu'après un nouveau heurt avec Napoléon, qui s'étonnait qu'il fût encore en France, qu'il prit le 22 août la route de l'Italie. Une des raisons de cet atermoiement était la prochaine réunion d'Erfurt avec les Russes et « un parterre de rois ». Murat aurait aimé y être convié pour, entre autres, y rencontrer les amis qu'il s'était faits, en particulier le grand-duc Constantin, espérant se ménager leur appui pour un avenir qu'il jugeait incertain. Sa déconvenue fut grande, et son ressentiment vis-à-vis de Napoléon proportionnel à celle-ci.

Voyageant à petites journées, il atteignit Turin le 29 août et eut la surprise d'y rencontrer une délégation napolitaine venue à sa rencontre pour lui souhaiter la bienvenue. Il gagna ensuite Rome où il ne s'arrêta guère. Les affaires avec la papauté se gâtaient et Murat, ignorant superbement le Saint-Père, qui de son côté ne voulait pas le reconnaître comme roi des Deux-Siciles, prit contact avec les francs-maçons de la Ville éternelle, tous dans l'opposition, ce qui eut pour effet de mettre dans son camp tous les patriotes italiens. De là, il descendit enfin vers son royaume et tout au long du parcourt fut acclamé par des populations lassées par la manière dont avaient gouverné ses deux prédécesseurs. Ceux-ci ne s'étaient déplacés qu'en carrosse ; lui, fit son entrée dans Naples à cheval, sans vraie escorte et dans l'allégresse générale. Tout cela semblait de bon augure. Après quoi, il se mit au travail.

Ceux de Joseph étant partis, il avait besoin de collaborateurs. Heureusement, Saliceti était toujours là. Les deux hommes se connaissaient depuis la campagne d'Italie et s'entendaient bien. Murat le confirma dans son poste à la tête de la police, en lui précisant que la période rose de Joseph était terminée et qu'il comptait sur lui pour faire régner un ordre musclé, ce qui convenait parfaitement à Saliceti. Puis il demanda à Paris qu'on lui envoie Belliard pour l'aider à reconstituer l'armée et Agar afin de prendre en main les finances. Bien que ce domaine ne fût pas vraiment sa partie, il subodorait qu'elles étaient dans le plus grand désordre. Napoléon fit preuve d'une étonnante mauvaise foi et commença par refuser Belliard sous prétexte qu'il ne pouvait quitter Madrid pour le moment. À sa place, il maintint le général Reynier déjà à Naples, qui de loin ne le valait pas et ne songeait qu'à se laisser vivre. Quant à Agar, Napoléon qui ne l'aimait pas décida de le laisser à Berg pour y rendre compte de sa gestion. Ensuite, on aviserait. Ce diktat rendit en un sens service à Murat car, après la razzia opérée par Joseph, il demanda sans remords à Agar de l'aider à renflouer son trésor et celui-ci puisa sans hésiter dans les caisses à Düsseldorf et lui adressa trois millions.

Poursuivant son idée, Napoléon avait envoyé dans le grand-duché Beugnot pour étudier de près la gestion de Joachim. Beugnot constata que les haras de Berg avaient été vidés et les chevaux expédiés à Naples, puis, bien entendu, découvrit l'envoi des trois millions qu'il ne put dissimuler malgré sa sympathie pour Murat. En fouillant dans les papiers de Murat demeurés sur place, il tomba à sa grande stupéfaction sur des passages de l'*Énéide*, traduits en vers français très corrects... par le grand-duc ! Mais Napoléon se souciait peu de poésie et écrivit à Naples en ordonnant la restitution du tout. Cette fois, Joachim se fâcha. S'il avait demandé ces sommes à Agar, ce n'était pas pour les dilapider mais afin de commencer à remettre à flots les finances napolitaines et il répondit même à son beau-frère : « Je n'hésiterai pas une minute à vous prier de disposer du trône des Deux-Siciles, je m'en retournerai au fond de la province qui m'a vu naître ; j'y rentrerai au sein d'une honnête famille... »

Une pierre dans le jardin de Joseph.

Napoléon n'insista pas et Agar fut enfin autorisé à

se rendre à Naples où il s'attela à la restauration du Trésor. Mais il n'arriva qu'en février 1809.

Depuis septembre 1808, Caroline était arrivée. Elle manquait davantage encore d'enthousiasme que son mari mais se consolait à la pensée qu'elle allait régner à ses côtés, assister aux conseils, surveiller et commander les ministres. Elle tomba de haut : non seulement Joachim n'entendait pas partager le pouvoir mais, connaissant son tempérament, il la cloîtra dans ses appartements. Elle s'en plaignit à son frère qui ne réagit pas. Il n'aimait pas voir les femmes s'occuper de gouverner, ce pourquoi il les jugeait incapables.

Il ne donna pas ouvertement raison à Joachim. Son sens de la famille le lui interdisait, mais son silence fut éloquent. Tant pour se venger que pour se distraire, Caroline prit alors pour amant La Vauguyon, aide de camp de son mari. Celui-ci l'apprit, chassa La Vauguyon et le renvoya en France après une algarade mémorable. Vis-à-vis de Caroline, il n'osa pas agir avec brutalité. Elle était tout de même la sœur de l'Empereur. Devant ce manque de réactions, elle se remit en chasse et avant la fin de l'année jeta son dévolu sur Daure, que Murat avait connu en Égypte et dont il venait de faire son ministre de la Guerre à la place du général Reynier. Se montrant plus habile et surtout plus discret que La Vauguyon, Daure sut cacher, du moins le crut-il, son idylle avec la reine. C'était compter sans Maghella, préfet de police choisi par Saliceti et tout dévoué à Joachim, un enquêteur hors pair. Sa filature allait durer plus de deux ans, mais il finit par réunir un dossier contre les coupables et le mit sous le nez de son maître en 1811. Cette fois, c'en était trop, Joachim eut une explication des plus vives avec sa femme, la traita de putain et, comme elle tentait de lui tenir tête, il la rossa d'importance puis la séquestra tout à fait. Elle réussit à prévenir son frère, mais celui-ci était las de ces éternelles disputes conjugales. Tout au fond de lui-même, il n'était pas loin de donner raison à Murat et s'il lui en voulut quand même (c'est là un des côtés complexes du caractère de Napoléon), il garda pour lui son ressentiment.

Cependant, ces mésaventures étaient loin de constituer le principal souci de Joachim. En arrivant à Naples, il avait eu à faire face à des problèmes intérieurs et extérieurs qui, en fait, étaient assez étroitement mêlés. Un mal endémique ravageait le royaume, soigneusement entretenu par les Anglais et les souverains Bourbons depuis la Sicile : le brigandage. Aucune route n'était sûre, même aux portes de Naples. Ces bandits, le plus souvent d'origine paysanne, terrorisaient la population, pillaient les convois, rançonnaient les voyageurs. Ils ne se montraient pas particulièrement sanguinaires mais n'hésitaient pas, le cas échéant, à tuer ceux qui leur résistaient.

Ni Ferdinand, ni Joseph ne s'en étaient vraiment souciés, considérant qu'il était impossible d'en venir à bout. Pourtant, en 1806, quand le célèbre Fra Diavolo avait été débarqué par les Anglais avec sa bande, le colonel Sigisbert Hugo l'avait pourchassé, capturé et pendu. Mais ce succès était demeuré sans lendemain car Joseph n'avait pas approuvé cette justice expéditive.

Murat décréta que cet état de fait ne pouvait durer. Il existait bien une gendarmerie royale mais elle manquait de tout. Murat lui fournit des équipements, un encadrement de sous-officiers français chevronnés, des montures, et le service de renseignement de Saliceti fut mis à contribution pour l'aider. Un système de primes de délation fut institué pour délier les langues. Murat avait fait sien l'axiome selon lequel pour faire régner l'ordre, il faut des archers, des potences et des cordes. Les archers, on les avait ; les potences, on les dressa, et les cordes, on les tressa. Le succès fut spectaculaire. En peu de mois, le calme et la sécurité revinrent dans toute la péninsule. L'activité économique reprit comme jamais avant. Le colonel Manhes, chargé de l'opération, captura un grand nombre de bandits et refoula les autres dans les montagnes sauvages du centre où ils moururent de faim. Pour rafraîchir la mémoire de ceux qui auraient été tentés de recommencer, il fit ficher en terre des poteaux le long des routes où l'on attacha un certain nombre de têtes. Comme entrée de jeu, ce fut un beau succès pour Murat.

*

Le second problème qu'il eut à résoudre était infiniment plus délicat. Les Anglais occupaient l'île de Capri en face de Naples depuis 1806. De là, ils étranglaient le peu qu'il restait de commerce maritime du royaume. Depuis son appartement au palais, Murat voyait chaque jour flotter l'Union Jack, ce qui lui paraissait proprement intolérable. Il résolut de déloger les intrus. Si en théorie l'opération paraissait simple, en réalité elle ne l'était pas. Capri est un îlot volcanique dont presque tous les rivages sont des falaises assez abruptes. Son exiguïté (quinze kilomètres de périmètre) en facilite la surveillance. Enfin, la mer toujours agitée rend la traversée délicate.

Les Anglais avaient puissamment fortifié l'île, et en principe une escadre la couvrait sur mer. Plutôt ignorant en matière maritime, Murat n'en tenta pas moins l'opération. Si la flotte napolitaine, dont le rôle s'était toujours limité à la lutte contre les Bar-

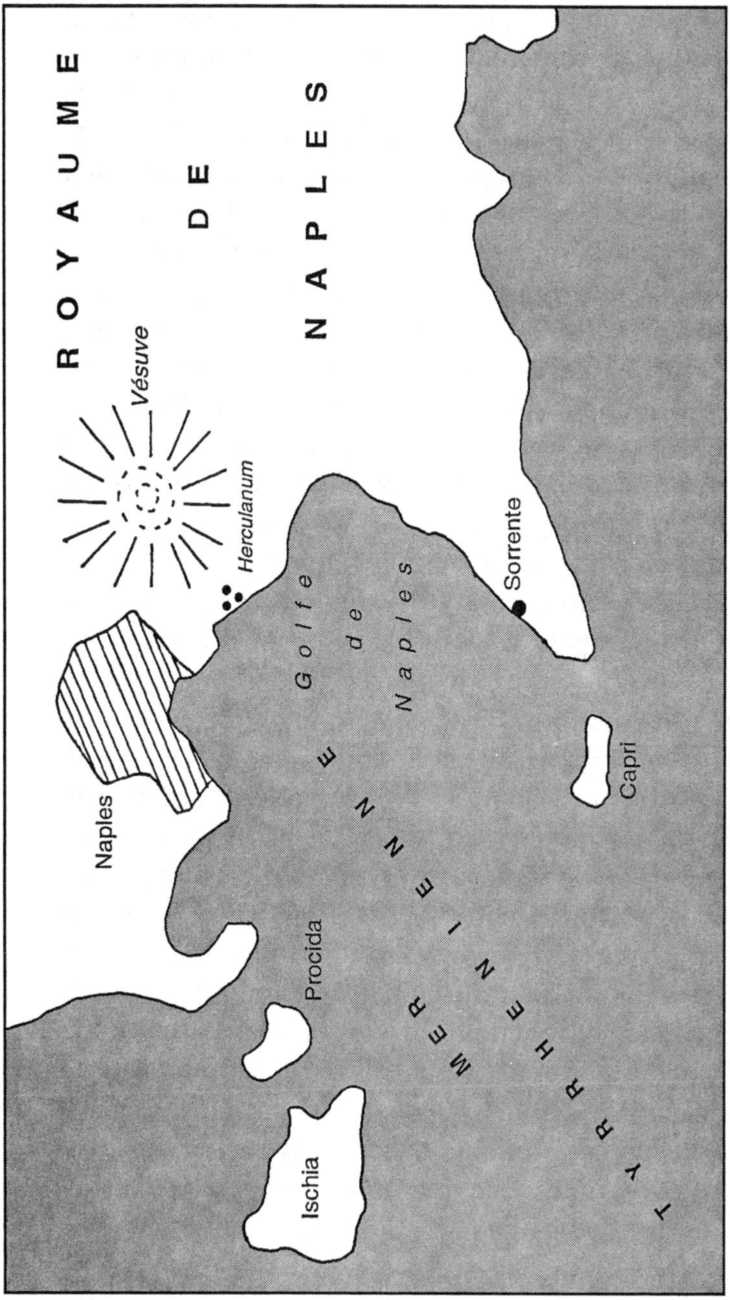

Le golfe de Naples

baresques, n'était pas en état de combattre les navires britannique de haut bord, ses marins n'en étaient pas moins excellents. Leurs chefs suggérèrent – et Murat fut assez sage pour suivre cet avis – de tenter la traversée sur des barques légères mais dont les qualités nautiques étaient parfaitement adaptées aux eaux du golfe ; de plus, ils recommandèrent de prendre le risque de réaliser l'opération lorsque la mer serait plutôt grosse et la surveillance des côtes relâchée.

Murat confia le commandement des troupes aux généraux Lamarque et Pignatelli. Ils disposaient de 1 900 hommes, soit un peu moins que l'ennemi, mais Murat ne voulut pas en risquer davantage pour l'opération initiale. Cette première vague prit place dans 180 barques dans le port de Sorrente et, ayant débarqué le 2 octobre 1808 dans la nuit en trois points, pour dérouter les Anglais, Lamarque s'empara d'Anacapri au centre de l'île et y établit une forte batterie de trente pièces qui commandait le reste du terrain. Après cela, malgré la résistance acharnée des Anglais, la conquête ne posa plus de gros problèmes. Une escadre ennemie vint bien croiser non sans risques entre Capri et la côte et lança quelques boulets mais, n'ayant pas les moyens de mettre à terre des compagnies de débarquement, se retira. Le 18 octobre, le général Hudson Lowe, futur gouverneur de Sainte-Hélène, demanda à capituler.

Il voulait simplement être autorisé à se retirer en Sicile avec ce qui lui restait d'hommes valides. Sans en référer à Murat, que cette mansuétude rendit furieux, Lamarque le lui accorda. La victoire franco-napolitaine n'en était pas moins totale. Dans la foulée, en profitant de ce que les Anglais semblaient se désintéresser de la Méditerranée, Murat envisagea un débarquement en Sicile avec l'appui de l'escadre française de Toulon. Or le seul à avoir pris ombrage de l'affaire était Napoléon. Il reprocha vivement à Murat d'avoir monté en épingle un succès de « ses » troupes pour une opération de rien du tout ! Quant à la Sicile, ce n'était pas au moment où l'Espagne flambait et où l'Autriche réarmait et menaçait qu'il fallait envisager d'ouvrir un nouveau théâtre d'opérations.

Ce ne serait ni la première ni la dernière fois que Napoléon ferait vis-à-vis d'un de ses grands collaborateurs preuve de mauvaise foi. Depuis un certain temps, il supportait mal de les voir obtenir hors de sa présence des succès militaires et quant à Murat, il continuait à le soupçonner de conspirer pour le remplacer sur le trône en cas de décès. Il avait de bonnes raisons pour cela. Talleyrand et Fouché n'avaient jamais abandonné leur projet d'organiser la succession de l'Empereur s'il disparaissait brusquement. L'année précédente, au moment où au fond de l'Espagne il courait après l'armée anglaise, Fouché, pourtant la prudence même, avait écrit une lettre à Murat dans laquelle il lui demandait de se tenir prêt à tout événement pour le cas où l'Empereur serait tué. Cette approche était la suite d'une première en février 1808, à laquelle Murat n'avait pas voulu donner suite mais dont Caroline s'était inspirée dans ses rapports ultérieurs avec Fouché.

Or cette seconde lettre avait été interceptée par La Valette, directeur général des postes, et transmise à Madame Mère qui s'était empressée de la faire porter à son fils. On connaît la scène que Napoléon fit à Talleyrand en revenant d'Espagne. Il le couvrit des termes les plus orduriers. Pour Fouché, dont il avait besoin, il ne souffla mot et quant à Murat, il décida de se passer de ses services pour la campagne qui allait s'ouvrir contre l'Autriche. Tout à sa rancune, Napoléon commettait une erreur. La cavalerie jouait un rôle capital dans sa stratégie et sa tactique, et la campagne de 1809 allait montrer à quel point Murat était indispensable, mais cela tout le monde le savait. Puisqu'on ne voulait pas de lui à l'armée, il allait administrer son royaume.

Depuis l'arrivée d'Agar, il avait une foule de réformes en tête ; ce n'étaient encore que des projets, mais il commença à les mettre en application. Son premier souci avait été de remettre sur pied une armée digne de ce nom et une garde royale. Il considérait que l'indépendance réelle du pays passait par l'autonomie militaire, et là il était à son affaire.

Pour sa garde, il la recruta parmi les fils de famille en leur laissant le soin de payer leur équipement, car ils en avaient les moyens. Quant au reste de l'armée, il créa des légions provinciales, chacune correspondant à un régiment, et les forma avec ses contribuables. Ainsi, il évitait d'encombrer ses unités avec un ramassis de gueux prêts à déserter au premier coup de feu. En réalité, c'était établir la conscription tout en la masquant. La cavalerie reçut comme noyau les lanciers de Berg que Joachim avait emmenés avec lui. D'ailleurs, comme il n'avait aucune campagne immédiate en vue, il décida de prendre son temps pour former cette armée.

Son activité ne s'arrêta pas là. Se rappelant qu'il était avant tout fils de la Révolution, il résolut de briser l'influence des grands propriétaires terriens qui, dans leur ensemble, ne lui étaient pas favorables. Cela se fit en douceur. Simplement, il promulgua un Code civil calqué sur celui de la France. Et comme tous les latifundistes avaient de nombreux enfants, il pensa voir rapidement ces propriétés morcelées. Il abolit également les lourds droits féodaux et donna aux petits paysans l'occasion d'acquérir les communaux, ce que faute d'argent et de crédit ils ne purent réaliser. Puis, après la prise de Capri, il publia des décrets amnistiant les exilés politiques, de quelque bord qu'ils fussent, et leur rendit leurs biens. C'était habile mais Napoléon ne le comprit pas et lui adressa une sévère réprimande. Déjà, un peu avant, ayant appris qu'il avait pris part à une procession pour se concilier le clergé, l'Empereur lui avait écrit : « J'ai appris que vous aviez fait des singeries à saint Janvier. »

Il est vrai que, de la part du franc-maçon Murat, c'était pousser un peu loin les complaisances cléricales. Mais surtout Napoléon supportait mal de constater que Joachim s'installait comme un souverain légitime et non comme son simple délégué.

Les sciences étaient vraiment le parent pauvre du royaume et il allait créer deux écoles : Polytechnique et Navale.

Se souvenant qu'un roi laisse un souvenir d'autant meilleur qu'il a fait effectuer de grands travaux, il en entreprit à Naples, perça des avenues, élargit des places, ce qui pouvait se révéler utile en cas d'émeute, et pensa faire édifier plusieurs palais, ce qu'il ne put faute d'argent. Mais surtout, dès son arrivée, il se hâta de faire dresser des fortifications et élever des batteries autour de la ville, car il la jugeait trop ouverte et à la merci d'un coup de main. Ce fut enfin lui qui un peu plus tard ordonna de reprendre les fouilles, commencées au temps de Charles VII (le futur Charles III d'Espagne) pour retrouver les ruines de la ville romaine d'Herculanum ensevelie par l'éruption du Vésuve en 79.

Dans toutes ces entreprises, il s'était au départ appuyé sur une équipe à majorité française : Daure, Agar, Saliceti... Mais peu à peu il les remplaça par des Napolitains qui se révélèrent bons administrateurs. Daure fut écarté en 1811, en raison de sa liaison avec la reine. Saliceti mourut, peut-être empoisonné, en décembre 1809, ce fut une perte irréparable. Seul resta jusqu'à la fin le fidèle Agar. Son génie financier ne fut pas de trop pour essayer d'équilibrer année après année un budget où, quoi qu'il fît, les dépenses dépassaient régulièrement les recettes.

*

La campagne de 1809 contre l'Autriche fut loin d'être aussi brillante que celle de 1805. Il nous manquait nombre de nos anciens soldats tombés dans les batailles ou à présent en Espagne : il manquait surtout Murat à la tête de la cavalerie. Même des généraux aussi fougueux que Lasalle, tué à Wagram, ne le remplacèrent pas.

Après avoir manqué l'encerclement de l'armée autrichienne à Ratisbonne en avril 1809, Napoléon ne put renouveler le « coup » des ponts à Vienne et la traversée en force du Danube échoua à Essling. Ce ne fut qu'à Wagram le 7 juillet que l'armée autrichienne fut écrasée.

L'Europe entière avait suivi avec attention ce conflit, Murat autant que les autres souverains. Dès le début, le gros des troupes françaises stationnant à Naples était parti pour renforcer l'armée qu'Eugène constituait dans le nord et qui, envahissant l'Autriche par le sud, battrait l'archiduc Jean à Raab avant de tendre la main aux forces de l'Empereur.

Dès lors, Joachim ne disposait plus que de 15 000 hommes insuffisamment entraînés et il se montrait inquiet. Il avait raison. Aussi, quand Napoléon lui ordonna de prendre possession des États pontificaux et d'arrêter le pape, se garda-t-il de bouger et laissa-t-il le général Radet se charger de l'enlèvement. Cette immobilité n'était pas sans cause.

Si les Siciliens savaient ce qui se passait à Naples, Murat de son côté était parfaitement renseigné sur ce qui se préparait contre lui à Palerme. Une armée mixte anglo-sicilienne de 20 000 hommes, aux ordres théoriques d'un fils de Ferdinand mais en réalité commandée par le vieux général Stuart, autrefois vaincu par Suffren, se préparait à opérer une descente sur le continent. La maîtrise de la mer lui permettait de choisir ses points de débarquement. Pourtant, il fit preuve d'une étonnante timidité et se borna à occuper deux petites îles : Procida et Ischia, au nord du golfe de Naples, sans réelle valeur stratégique, sauf à servir de base pour un nouveau bond en avant. La belle défense d'Ischia par un général napolitain impressionna l'Anglais, et les quelques centaines d'hommes, débarqués au cap Misène pour soutenir une révolte générale, n'en ayant pas trouvé trace, se hâtèrent de regagner leurs navires. Ils ne songèrent même pas à tenter de reconquérir Capri.

Plus sérieux aurait dû être le bombardement de Naples par la flotte. Inquiet pour les siens, Murat voulait envoyer ses enfants à l'abri dans la forteresse de Gaète. Caroline s'y opposa. Mieux, quand les Anglais ouvrirent le feu, elle alla se promener en voiture sur le boulevard longeant la mer, ce qui eut pour effet de déchaîner l'enthousiasme de ses sujets. Mais, peu soucieux de voir sa popularité montée en épingle, Murat fit interdire à la presse de rapporter cet acte d'héroïsme. Du reste, la canonnade dura peu. Les batteries de côte installées par Murat se révélèrent efficaces. Un navire en bois se trouvait en état d'infériorité face à une grosse artillerie protégée par des murailles de pierre et tirant des boulets rougis capables de l'incendier. Pour riposter efficacement, il eût fallu aux Anglais des galiotes à bombes et ils n'en avaient pas.

Lorsqu'il apprit vers le 25 juillet la victoire de l'Empereur à Wagram, Stuart se hâta d'évacuer les deux îles, à la grande indignation des souverains Bourbons restés bravement à Palerme. Le prestige de Murat sortit encore grandi de l'épreuve.

À présent que tout danger d'invasion était écarté et qu'il avait même pu constater que sa jeune armée se comportait plutôt bien, Murat put à nouveau s'intéresser aux affaires de Rome.

*

Ce fut en tant que lieutenant général de Napoléon, commandant des troupes françaises en Italie, et non pas comme roi de Naples, que Murat fit son entrée à Rome le soir du 10 novembre 1809. Il est certain qu'il avait évoqué avec Agar la possibilité d'annexer à son royaume les États pontificaux, mais il eut la sagesse, pour l'heure, de ne rien laisser paraître de ses ambitions. Du reste, il appliqua strictement les directives de son beau-frère, évita tout contact avec l'administration ecclésiastique (les « singeries » à saint Janvier n'étaient plus de mise) et eut des rapports suivis avec ses amis francs-maçons à qui il confia une partie des ministères clés. Il était écrit que cette société secrète jouerait un grand rôle dans la carrière de Murat.

Puis brusquement, le 19 novembre, alors que son entourage croyait qu'il allait encore séjourner quelque temps dans la Ville éternelle pour présider à sa remise en ordre, il retourna à Naples et de là prit la route de Paris. C'est qu'il venait de recevoir de Napoléon une lettre tout à fait charmante et se terminant par ces mots de la main de l'Empereur, qui d'habitude dictait ses missives, sachant son écriture peu lisible :

« Je serai à Paris tout janvier : si vous venez, vous me trouverez toujours le même pour le roi de Naples que pour le général Murat. »

Pendant son voyage, Joachim ne cessa de se demander ce qui pouvait bien motiver ce revirement. Il n'était pas sans savoir que son absence de l'armée pendant la crise de Wagram avait été cruellement ressentie par tous, à commencer par l'Empereur qui avait regretté qu'après cette bataille il n'ait pas été là pour se lancer à la poursuite des débris de l'armée autrichienne, comme au lendemain d'Iéna.

Mais il devait y avoir un ou plusieurs autres motifs. Jusqu'à quel point cette invitation si aimable ne cachait-elle pas un piège ? Ce ne fut qu'en arrivant à Paris le 20 décembre, où il précéda de peu Caroline, qu'il apprit la raison de la convocation : des conseils de la famille Bonaparte allaient se tenir pour discuter du divorce de Napoléon et surtout de son remariage. En effet, depuis que la Polonaise Marie Walewska lui avait annoncé qu'elle était enceinte de lui, il avait définitivement compris qu'il n'était pas stérile et il ne pensait qu'à prendre une nouvelle épouse pour avoir un héritier.

La première partie de ce programme ne rencontra aucune difficulté. Nul ne se souciait, pas même Murat, qui pourtant lui devait beaucoup, d'épouser la cause de l'impératrice, surtout que tous les participants la savaient perdue d'avance. Elle-même accepta son sort avec beaucoup de dignité.

Pour le remariage, trois candidates sérieuses étaient en lice : une grande-duchesse russe, une archiduchesse autrichienne et une princesse saxonne. Dans un premier temps, Napoléon aurait préféré la grande-duchesse Anne mais Alexandre, s'il n'y était pas complètement opposé, devait compter avec sa mère qui ne voulait à aucun prix d'un gendre nommé Bonaparte. Le tsar devait biaiser. Napoléon commença à faire preuve d'impatience. L'aînée des sœurs lui avait déjà échappé, se refusant à ce mariage et se jetant dans les bras d'un principicule allemand. Cette union franco-russe était pourtant la dernière chance de pérennité de l'Empire. La candidature saxonne n'avait jamais été sérieusement envisagée. Restait l'archiduchesse Marie-Louise. Ce fut presque en désespoir de cause que Napoléon finit par jeter son dévolu sur elle. Le gouvernement autrichien était prêt à se sacrifier afin de gagner quelques années, et l'Empereur semblait si peu certain de la clairvoyance de ce choix qu'il convoqua le 20 janvier 1810 en conseil privé les grands dignitaires, les ministres et les membres de la famille impériale présents dans la capitale. Après leur avoir exposé succinctement ses doutes, il leur demanda leur avis. On a prétendu que ce conseil n'était qu'un simulacre et que le choix de Napoléon était déjà arrêté. S'il avait été tellement sûr de lui, il aurait imposé sa décision.

L'opinion des invités à ce conseil était partagée entre les candidates. Les partisans de la Saxonne étient les moins nombreux. Ceux de Marie-Louise faisaient valoir, non sans cynisme, que l'empereur d'Autriche, son père, était tout prêt à jeter sa fille dans les bras de son vainqueur, ce qui balayerait toutes les difficultés. Mais les tenants de la grande-duchesse Anne avaient des arguments beaucoup plus sérieux à mettre en avant : ils étaient hostiles au mariage autrichien parce qu'hommes de la Révolution, et estimaient qu'on ne pouvait faire confiance aux Habsbourg, contre lesquels la France était en lutte depuis des siècles.

Murat fut le premier à demander la parole et mena une véritable charge contre l'archiduchesse, rappelant que la dernière Autrichienne à être montée sur le trône de France, la propre tante de Marie-Louise, y avait plutôt laissé un triste souvenir. D'ailleurs les Autrichiennes, poursuivit-il, ne reniaient jamais leur patrie d'origine. De plus, c'étaient toutes des catholiques pieuses, pour ne pas dire bigotes, et les démêlés avec le pape ne faisaient pas pencher la balance en leur faveur. On ne rencontrerait aucun de ces inconvénients avec la grande-duchesse, et une solide alliance avec la Russie ferait des deux empires les maîtres de l'Europe. Prise entre deux mâchoires, l'Autriche elle-même n'aurait qu'à se tenir, sans compter – il ne le dit pas expressément mais le laissa deviner – que la dynastie des Romanov n'était pas assez ancienne pour entretenir des préjugés comme les Habsbourg.

Un autre motif poussait Murat à recommander l'alliance russe, mais il le garda pour lui. Marie-Caroline, reine Bourbon des Deux-Siciles, était à la fois la tante et la belle-mère de l'empereur d'Autriche, donc la grand-mère de l'archiduchesse Marie-Louise. Dans ces conditions, s'il voulait ménager son beau-père, Napoléon n'allait-il pas s'opposer à la conquête de la Sicile, mieux peut-être, quoique improbable : ne chasserait-il pas les Murat pour rendre Naples aux Bourbons ? En tout état de cause, cette union ne serait pas favorable aux intérêts des Murat. Joachim le comprit avant quiconque. Moins politique que son mari, Caroline, qui ne voyait pas si loin, ne songeait qu'à faire plaisir à son frère pour en tirer des avantages ; elle savait qu'il était impatient de convoler et d'avoir un fils, sans se rendre compte que cet enfant hypothétique constituerait une menace pour ses propres descendants. Elle appuya donc la candidature de Marie-Louise.

Mais Joachim avait trouvé un allié autrement puissant en la personne de Cambacérès, tout autant que lui défavorable à l'Autriche. Celui-ci déclara :

– Je suis moralement sûr qu'avant deux ans nous aurons la guerre avec celle des deux maisons dont l'Empereur n'aura pas épousé la fille.

Mais il laissa lui aussi entendre qu'alors l'Autriche, prise dans l'étau franco-russe, ne pèserait pas lourd et quand, pensant apporter de l'eau à son moulin, Lacuée (chargé de l'administration de la Guerre) déclara que l'Autriche n'était plus une grande puissance, Napoléon lui jeta la fameuse phrase :

– On voit bien que vous n'étiez pas à Wagram !

Wagram qui ne cessait de le hanter, car ce n'avait pas été le triomphe éclatant d'Austerlitz.

Devant cette sortie de l'Empereur, les autres partisans de l'alliance russe gardèrent le silence. D'ailleurs, la faiblesse de leur position tenait à ce qu'Alexandre n'avait toujours pas donné sa réponse. Prenant cette réserve pour un acquiescement à l'idée autrichienne, Napoléon se déclara favorable à cette dernière. Mais était-il certain de la justesse de son raisonnement ? En fait, il l'était si peu qu'il ne garda pas rancune à Murat de sa sortie et qu'un peu plus tard il allait lui confirmer que rien n'était changé aux plans de conquête de la Sicile, comme si, ayant saisi ses craintes, il tenait à le rassurer.

Tout semblait donc réglé et, estimant que sa présence à Paris n'était plus nécessaire, surtout qu'il n'avait aucune envie d'assister au mariage, Murat prit le 30 janvier la route d'Italie en laissant Caroline derrière lui. Le maréchal Berthier, de son côté, partit pour Vienne signer au nom de son maître le contrat de mariage. La demande officielle fut présentée à François II le 8 mars.

Or entre-temps, une lettre du général Caulaincourt, ambassadeur à Saint-Pétersbourg, était arrivée aux Tuileries, faisant l'effet d'une bombe. Passant outre aux objections de sa mère et aux réserves de la société pétersbourgeoise, considérant que l'alliance française pouvait, tout bien pesé, se révéler très profitable, Alexandre donnait son accord au mariage de sa sœur avec Napoléon. La perplexité de l'Empereur fut grande. On pouvait encore tout arrêter avec Vienne, qui évidemment considérerait ce recul comme un soufflet. Et après ! L'Autriche n'était pas en état de prendre les armes pour venger l'honneur d'une archiduchesse. Appelé en hâte, Cambacérès tenta de forcer le destin mais comprit immédiatement combien l'absence de Murat se faisait sentir. Car en raison de l'âge de sa sœur (à peine quinze ans), Alexandre demandait un délai de quelques mois, ce qui était assez raisonnable. Napoléon vit-il là une tentative d'échappatoire, son impatience fut-elle trop grande ? Il finit par trancher en faveur de Marie-Louise et fit répondre à « son ami le tsar » qu'il était trop tard. Ce refus fut d'autant plus ressenti par Alexandre comme un affront qu'il considéra qu'il s'était stupidement avancé.

Arrivé à Naples, Murat reçut une invitation au mariage de son beau-frère, qui était un ordre à peine déguisé. Alors, pour lui jouer un bon tour, il fit passer à la reine Marie-Caroline, à Palerme, une lettre dans laquelle il la félicitait avec quelque ironie du mariage de sa petite-fille dont il allait devenir le beau-frère ! En Sicile, on ignorait tout. La colère de la vieille reine ne connut pas de bornes et elle le fit savoir à toute l'Europe. À un ami, elle écrivit : « L'empereur ose donner sa fille en concubine adultérine à un scélérat. » Elle ne mâchait pas ses mots. Et ce ne fut encore rien à côté de la lettre qu'elle envoya à son neveu et gendre en le traînant dans la boue. Il en prit philosophiquement son parti. Mais Murat avait été plus loin. Sa fameuse lettre laissait prévoir, dans le cadre d'un accord franco-autrichien, le prochain retrait des troupes anglaises et l'arrivée en remplacement de sa propre armée.

Joachim revint une fois encore à Paris en traînant les pieds. Pendant toutes les fêtes du mariage, il se montra grognon et peu empressé. Caroline était partie au-devant de l'archiduchesse, ayant reçu pour mission de son frère d'instruire la nouvelle impératrice. C'était de la part de Napoléon un certain manque de tact puisque Caroline occupait le trône de la grand-mère de Marie-Louise. En fait, elle allait surtout servir d'entremetteuse et apprendre à l'innocente enfant un vocabulaire propre à séduire Napoléon.

Murat voulait avoir un entretien sérieux avec l'Empereur pour concrétiser son projet de débarquement en Sicile. À présent beaucoup moins pressé, Napoléon éludait, différait ce tête-à-tête, et le 9 avril 1810, en ayant assez de ces tergiversations, Joachim força la porte de son beau-frère. L'explication entre les deux hommes fut orageuse. Napoléon, de plus en plus égocentriste et que son comportement dicté par le blocus continental amenait à tout subordonner à la lutte économique contre l'Angleterre, reprocha à Joachim de mener un jeu purement napolitain souvent en opposition avec ce que lui, Napoléon, estimait être les intérêts de la France. Murat rétorqua qu'il n'était pas un pantin et que c'était précisément en jouant son rôle de roi de Naples qu'il se ferait apprécier de ses sujets. D'ailleurs, précisa-t-il, la barrière du blocus était trouée comme un fromage de Gruyère. Napoléon ne le savait que trop et à bout d'arguments, excédé, lui aurait jeté :

– Monsieur le maréchal, je vous ferai couper la tête !

Paroles en l'air ! L'expérience récente de Wagram lui avait montré qu'en cas de nouveau conflit, il aurait besoin de Murat.

Quelques jours avant cette scène, pour la remercier de son action pendant l'hiver précédent ou pour la séparer de son mari, Napoléon avait offert à Caroline, dont il surestimait d'ailleurs les qualités, le poste de surintendante de la maison de l'impératrice. Faisant preuve d'une certaine sagesse, ayant aussi constaté que ses rapports avec Marie-Louise risquaient de ne pas être des meilleurs alors que son frère était prêt à tout lui céder, Caroline avait refusé. Estimant une fois de plus qu'il n'avait plus rien à faire à Paris pour le moment, Murat monta en voiture le 21 avril pour rentrer, seul, chez lui.

CHAPITRE XI

DÉBARQUER EN SICILE
(1810-1812)

Un débarquement en Sicile était une opération d'une tout autre envergure que la prise de Capri. Murat ne pouvait compter la réussir avec les seules forces napolitaines, et il avait besoin de la participation de l'armée française, théoriquement sous ses ordres, mais dont le chef réel, le général Grenier, recevait ses directives de Paris. Il n'avait aucune sympathie pour le roi de Naples, auquel il avait été imposé mais qui lui avait retiré le ministère de la Guerre. Il n'allait donc pas vraiment coopérer dans la préparation de l'expédition. De son côté, Agar, si écouté par son souverain, se déclara franchement hostile à cette conquête pour la seule raison qu'elle allait achever de mettre à sec un Trésor déjà à peu près vide. Murat ne lui avait pas caché qu'il lui faudrait 70 000 hommes, dont 25 000 Français et 13 000 marins, mais qu'il avait prévu très large.

À Paris, c'était Clarke, ministre de la Guerre, qui avait été chargé par Napoléon de superviser cette campagne. Or les ordres de l'Empereur étaient demeurés vagues et ambigus. Il avait entre autres précisé qu'il ne faudrait rien tenter si on n'était pas certain du succès, comme si à la guerre un résultat était acquis d'avance. Une lettre du 11 juin 1810 de Clarke vint rappeler ces consignes en insistant sur le fait que s'il s'avérait impossible de faire passer 15 000 hommes d'un coup, il fallait renoncer. De plus, aux demandes de Murat de mettre à sa disposition l'escadre de Toulon, il n'avait d'abord été répondu que par des promesses vagues puis par un silence épais.

Or, tandis que Murat continuait ses préparatifs, une intense activité diplomatique s'était nouée entre Paris, Naples et Palerme. Les Anglais s'étaient rendus odieux en Sicile aussi bien vis-à-vis de la famille royale que de la population, par leur prétention, leur morgue et les réquisitions auxquelles ils soumettaient l'agriculture de l'île. Lord Bentinck, envoyé spécial auprès des souverains, se considérait comme le véritable détenteur du pouvoir et avait tendance à traiter les Siciliens comme de vulgaires indigènes. Aussi la reine Marie-Caroline avait-elle commencé à esquisser un rapprochement avec la France. Quand on se souvient de la manière dont elle avait traité Napoléon en apprenant son remariage, on ne peut que s'incliner devant tant de cynisme.

Elle envoya à Paris un officier nommé Amitia, porteur d'une lettre. L'affaire est d'autant plus mystérieuse qu'Amitia fut arrêté, envoyé à Vincennes dont il ne sortit qu'en 1814 pour disparaître peu après. Napoléon ne parla de l'incident qu'à Sainte-Hélène, en donnant aux faits une interprétation assez fantaisiste. Marie-Caroline lui aurait proposé de mettre fin à la domination anglaise par une répétition des Vêpres siciliennes, au cours desquelles tous les Anglais présents dans l'île auraient été massacrés. Napoléon se serait montré indigné à l'idée qu'un aussi insupportable forfait puisse être perpétré à l'instigation de l'arrière-grand-mère du futur roi de Rome. C'est peu vraisemblable.

Toujours est-il que la tentative de débarquement eut lieu et qu'en même temps la reine échangeait des messages avec Murat. Cherchait-elle vraiment à négocier l'abandon de la Sicile contre le trône des Pays-Bas ? Attendait-elle une aide des Franco-Napolitains pour se débarrasser des Anglais, quitte à se retourner ensuite contre ses nouveaux alliés ? Sa duplicité était tellement connue de toutes les chancelleries qu'en fait plus personne ne lui faisait confiance. Voyant que la diplomatie ne mènerait à rien, Murat en revint à ses projets de débarquement en force. Il les cacha si peu qu'il réunit en Calabre autour de Reggio une petite armée de trois divisions, deux françaises aux ordres des généraux Pastourneaux et Lamarque, et une napolitaine commandée par Cavaignac. Sur place avant la fin du mois de mai 1810, elle allait attendre près de quatre mois avant de bouger.

Pour la protéger contre une attaque de la flotte anglaise, dont les pièces lourdes pouvaient se révéler meurtrières, Murat avait fait construire un certain nombre de batteries de côte armées de canons d'assez gros calibre. Le choix de Reggio pouvait paraître étonnant, car ce port est situé juste en face de Messine, de l'autre côté du détroit de Sicile, et c'était précisément à Messine que mouillait une partie de l'escadre britannique. Mais cela ne voulait rien dire car le régime des vents et des courants, très particulier dans ce bras de mer, pouvait suivant les circonstances se révéler favorable ou non aux bâtiments stationnant d'un côté du détroit comme de l'autre.

Napoléon voyait d'un très bon œil cette concentration des troupes. Il avait en effet appris par son service de renseignement qu'un grand convoi se rassemblait dans le sud de l'Angleterre pour amener d'importants renforts à l'armée du Portugal opérant contre Masséna. Or, inquiet des mouvements de Murat dans le sud de l'Italie, le cabinet de Londres, soudain conscient de ce que représenterait la perte de la Sicile, avait décidé de dérouter ce convoi vers la Méditerranée pour renforcer les garnisons de la grande île.

L'Empereur, trouvant excellente la menace permanente que Murat ferait peser sur la Sicile, se montra moins pressé de voir son beau-frère se lancer dans la traversée du détroit. S'il échouait, cette défaite porterait au prestige de la France un coup plus grave que celui de Bailén, et s'il réussissait, ce serait l'auréole de gloire de Napoléon lui-même qui en serait affectée. Il était en même temps un peu inquiet de voir Naples presque démuni de troupes car de cette capitale à Reggio il y a 450 kilomètres et une seule mauvaise route les reliait. Il n'aurait donc pas été mécontent d'apprendre qu'un certain nombre de régiments étaient échelonnés sur le parcours. En fait, si l'armée franco-napolitaine immobilisait d'importantes forces britanniques sans pour autant qu'il y eût d'engagement, ce serait tout bénéfice pour elle. Mais Murat ne voulait rien entendre à ces subtilités. Autour de Reggio, il réunissait systématiquement des embarcations légères de la Méditerranée : polacres, chebecs, sacolèves, tartanes, qui arrivaient en suivant la côte. Les Anglais lui en coulaient mais beaucoup passaient et bientôt une imposante flottille fut réunie dans le détroit de Messine.

Visiblement, Napoléon tergiversait. L'envoi du

colonel Leclerc à Naples pour constater *de visu* l'état des préparatifs vexa Murat. Et c'est sans doute pour se venger de ce qu'il considérait comme un camouflet qu'au mois de juillet il apporta son aide à Lucien Bonaparte.

Celui-ci vivait depuis 1804 à Rome, en excellents termes avec le pape et sa cour. Après l'annexion des États de l'Église par Napoléon, il fut prié d'aller s'installer ailleurs et fut en butte aux tracasseries de la police impériale. Personne en Europe ne se souciait de l'accueillir et Lucien, qui savait qu'à Naples plusieurs navires américains étaient retenus par suite du blocus, sollicita l'aide de Murat pour embarquer sur l'un d'entre eux et gagner les États-Unis. Le roi fut enchanté de jouer un bon tour à l'Empereur et non seulement agréa la requête de Lucien mais fit réarmer à ses frais un des trois-mâts américains. Il le fit même escorter par un de ses navires de guerre jusqu'à la sortie du golfe. Par suite d'une tempête, imprévisible en août, le bâtiment fut contraint de relâcher en Sardaigne occupée par les Anglais. Lucien se retrouva prisonnier, emmené en Grande-Bretagne avec toute sa suite et y fut traité avec les plus grands égards.

Mais toute l'Europe rit de l'aventure et Napoléon accabla Murat de reproches, allant jusqu'à lui écrire : « Ne vous mêlez pas de ce qui ne vous regarde pas ! » Cependant, quoique un certain nombre d'officiers supérieurs et de généraux influencés par Daure eussent commencé à émettre des doutes sur les chances de voir réussir le débarquement, Murat fit le 8 septembre tenter la traversée par deux petits bateaux portant trente grenadiers dans le but de tâter les défenses ennemies. Cette action de commando réussit parfaitement. Non seulement les voyages d'aller et retour au nez et à la barbe de l'escadre anglaise s'effectuèrent sans encombre, mais les grenadiers s'emparèrent le plus facilement du monde de deux postes de garde siciliens dont ils laissèrent les garnisons ficelées comme des saucissons, ce qui montrait le peu de résistance que ces soldats avaient opposée.

Alors Murat décida que son armée allait profiter des tempêtes d'équinoxe pour forcer le passage. L'une d'elles balaya la Méditerranée le 17 septembre et fut à la fois violente et brève. L'escadre anglaise fut obligée de lever la surveillance devant Reggio et de se réfugier à Messine. La division commandée par Cavaignac sortit dans la nuit du 17 au 18 septembre, traversa sans difficulté et débarqua au matin sans coup férir. Elle s'empara de deux villages. Mais son général savait que sa propre action devait seulement servir de diversion et faciliter la mise à terre du gros de l'armée au nord. Or, à sa surprise, il constata qu'aucun combat ne semblait s'engager au nord. Il n'entendait pas le canon. De plus, la réaction des paysans siciliens était mauvaise. Loin d'accueillir les Franco-Napolitains en libérateurs, ils adoptaient une attitude qui n'était pas sans rappeler celle des Espagnols.

Cavaignac savait qu'il allait bientôt avoir sur les bras les forces de Stuart, très supérieures aux siennes. Pour éviter un désastre, il arrêta sa progression et regagna en bon ordre la plage de débarquement, laissant derrière lui, pour faire bouchon devant l'ennemi, un régiment, le Royal-Corse, qu'il sacrifia délibérément, moyennant quoi il put regagner la Calabre avec la quasi-totalité de sa division sans être inquiété par la flotte anglaise. Les Anglais firent quelques centaines de prisonniers, à peu près rien. Ce n'était pas à proprement parler une défaite, tout au plus une échauffourée qui avait mal tourné.

Mais une leçon était à tirer de l'événement : l'attitude particulièrement hostile des Siciliens, sans que rien vînt l'expliquer. Il fallait logiquement en déduire que toute nouvelle tentative de conquête n'en serait que plus difficile.

Que s'était-il passé ? Pusillanime, timoré, indécis – certains allaient jusqu'à le taxer de poltronnerie –, le général Grenier, qui en voulait toujours à Murat, s'était opposé à l'embarquement et à la traversée des deux divisions françaises. S'appuyant sur des ordres de l'Empereur, au demeurant discutables, il avait refusé d'obéir à Murat. Il lui avait mis sous les yeux les instructions de Napoléon que, dans sa rage, le roi avait déchirées et piétinées. Il n'était que trop certain qu'une telle opportunité ne se présenterait pas de sitôt. Même l'annonce de l'appareillage de Cavaignac n'avait pu fléchir Grenier. Et puisque désormais les troupes d'occupation françaises n'étaient plus censées lui obéir, Joachim résolut de manifester encore davantage son indépendance.

À Palerme, le roi Ferdinand avait fait chanter un *Te Deum* pour célébrer sa « victoire ». Mais de son côté Murat, après son retour par mer du Pizo à Salerne, pour bien montrer que les Anglais n'étaient pas aussi maîtres de la mer qu'ils voulaient le faire croire, était rentré à Naples en proclamant que la conquête était simplement ajournée. Puis, ayant gardé à l'esprit le risque de coup de main sur sa capitale, il ramena le gros de ses forces par échelons vers le nord, et comme il ne s'agissait que d'une retraite, Grenier lui obéit. Napoléon n'apprécia pas la tentative et Joachim eut droit à une nouvelle remontrance. Il lui écrivit :

« Toutes les troupes que les Anglais avaient destinées à la Sicile viennent d'être envoyées au Portugal. (...) Mon intention était que mes troupes restassent en position de menacer la Sicile jusqu'au premier janvier. Mais vous agissez sans aucune espèce de prudence. »

Ce reproche était injustifié et Murat n'eut aucune peine à le démontrer à un Napoléon qui accusa le coup. Entre les deux hommes, une fois de plus, les relations se tendaient.

*

Mercantiliste à la manière de Colbert, Napoléon n'avait qu'un but, en soi des plus louables : protéger et développer le commerce et les industries françaises, même et surtout au détriment de ceux des pays du système napoléonien. Sans être particulièrement expert en économie, Murat avait compris que pour rendre une certaine prospérité à son royaume et pour permettre à la bourgeoisie, assise de sa couronne, de croître en nombre et en influence, il devait redonner un élan à ces deux activités, même en concurrence avec la France. C'est une des raisons qui l'amenèrent à entamer des négociations avec les États-Unis pour leur ouvrir ses portes et permettre à leurs denrées d'entrer en Europe. Ce n'était pas à proprement parler une brèche dans le blocus continental. Les Américains étaient en termes suffisamment mauvais avec les Anglais pour se soucier peu de leurs problèmes. Grâce à ce nouveau courant commercial, Murat comptait remplir son trésor pour étoffer son armée, ce qui demeurait un de ses principaux soucis.

Mais l'Empereur et surtout ses bureaux ne voyaient pas la chose du même œil. Ils firent tout ce qui était en leur pouvoir pour contrecarrer cette initiative. Il y eut ensuite l'affaire des draps militaires. Pour habiller son armée, Murat décida de faire tisser l'étoffe sur place. Nouveau veto de Napoléon, toujours soucieux de préserver les intérêts de ses propres filatures. Que ce fût une hérésie économique ne le frappa guère. D'ailleurs, l'Empereur n'y entendait pas grand-chose.

Par mesure de rétorsion contre cette brimade, Murat prit le 2 avril 1811 un décret interdisant l'exportation des graines de coton. C'était toucher un point faible de l'industrie française. La réponse de Napoléon fut fulgurante. Murat fut sommé de rapporter sa décision sous peine de perdre son trône. À son ambassadeur, Napoléon fit dire « que le roi se trompe s'il croit régner à Naples autrement que par ma volonté ou pour le bien général de l'Empire... ».

Pourtant, quand au mois de mars Murat était venu à Paris pour assister en tant que grand amiral au baptême du roi de Rome, les entretiens entre les deux beaux-frères ne s'étaient pas mal déroulés. Il faut dire que Caroline, qui excellait dans ce genre de rôle, était sérieusement intervenue pour rétablir de bonnes relations entre son frère et son mari, cajolant l'un et essayant de calmer l'autre. Mais quoi qu'entreprît Murat, Napoléon ne supportait pas ses initiatives. Il est vrai que dès ce moment il ne les acceptait plus de personne.

Sans s'attarder à Paris, le roi rentra à Naples, bien décidé à exercer plus que jamais son pouvoir en toute indépendance. À ce moment, deux clans essayaient d'exercer leur influence sur lui : les Français et les Napolitains. Il décida de jouer les Napolitains, car il trouvait les Français trop dépendants de Paris. Circonscrit par Maghella, qui peu à peu avait repris les fonctions de Saliceti, il supprima le poste de gouverneur général tenu par le maréchal Pérignon, franc-maçon, mais à présent « une vieille baderne », et le remplaça par un lieutenant général napolitain. Puis il proclama le 14 juin que tous les étrangers (c'est-à-dire les Français) occupant un poste civil devraient choisir la nationalité napolitaine ou perdre leur emploi. Le 6 juillet, Napoléon ripostait que les incriminés avaient la double nationalité et que le décret du 14 juin ne leur était pas applicable. Puis, pour casser définitivement le caractère indépendantiste de Murat, il décida de dissoudre l'armée napolitaine et de la remplacer par un corps d'observation français en y incorporant des contingents locaux, et il ordonna à Grenier d'occuper la grande forteresse de Gaète. On crut la rupture consommée, et pourtant il n'en fut rien.

À ce moment, l'Empereur sentait que plus que jamais il avait besoin de Murat et songeait à le renvoyer en Espagne pour y mettre de l'ordre. Ses maréchaux y menaient chacun sa guerre personnelle au lieu de coordonner leurs mouvements. Lui-même n'avait pas envie de s'y rendre en personne pour un certain nombre de motifs. Murat aurait-il accepté de se voir même nominalement subordonné à Joseph ? C'est une autre question.

Un nouveau scandale, presque un fait divers, vint détériorer un peu plus les relations entre Paris et Naples. Depuis 1808, Murat entretenait un petit service de renseignement dans notre capitale et en avait confié la direction à l'un de ses hommes sûrs, l'intendant Aymé, dont il avait fait un de ses chambellans. La police française connaissait depuis longtemps cette officine, mais tant que le ministre de la Police avait été Fouché, celui-ci avait mis toute surveillance en sommeil. Disgracié, le duc d'Otrante avait été remplacé depuis peu par Savary, qui n'avait aucune raison de ménager Murat. Il fit donc arrêter Aymé et, dans ses papiers saisis, ses sbires « découvrirent par hasard » toute une correspondance entre Murat, Fouché et Talleyrand datée de 1808, au moment où la succession de Napoléon faisait l'objet de craintes.

Cette trouvaille, qui présentait l'avantage de mettre en cause les trois dignitaires, est éminemment suspecte et sent la machination policière. On ne voit pas pourquoi et comment des lettres compromettantes se seraient trouvées chez Aymé, quand on sait qu'aux premières avances des deux ministres Murat avait répondu par la négative et que la seule lettre connue était depuis longtemps aux mains de l'Empereur. Le seul reproche que l'on put faire à Murat était l'existence de son service secret. Pour couronner le tout, Savary affirma qu'il avait la preuve que certains diamants de la couronne d'Espagne disparus de Madrid en 1808 avaient été dérobés par Murat ! Or, cette preuve, il ne la fournit jamais.

Napoléon cherchait-il vraiment un mauvais prétexte pour annexer Naples ? Savary, à son habitude, fit-il du zèle ? Toujours est-il que l'affaire n'eut pas de suite. Bien inspiré, l'Empereur ordonna de classer les fameuses lettres dans les archives impériales, d'où elles disparurent un peu plus tard, on ne sait pas exactement quand, ce qui confirme les doutes quant à leur authenticité. Mais il en résulta un rapprochement entre Murat et Caroline, qui peut-être plus que son mari craignait pour leur couronne.

Elle se rendit en septembre à Paris les bras chargés de cadeaux pour le roi de Rome et voulut persuader son frère de la fidélité de son époux. Par la même occasion, elle obtint de lui qu'il exigeât le renvoi de ses ennemis, les deux ministres napolitains Zorlo et Maghella. Napoléon se montra assez ouvert. Ses affaires se gâtaient avec la Russie. Victime une fois de plus de sa propre intransigeance en matière économique, il avait, peut-être inconsciemment, amené l'empire du tsar au bord de la faillite. Cela, Alexandre ne pouvait l'admettre. En vain avait-il supplié son « ami » de faire preuve d'un peu de souplesse. Ses produits d'exportation : bois, lin, chanvre et goudron, si utiles aux chantiers navals britanniques, auraient pu être employés par les nôtres. Par ailleurs, l'appétit d'extension territoriale de la France était pour lui un sujet d'inquiétude.

À ce point, un conflit armé semblait inéluctable et une fois encore Napoléon savait que Murat lui serait indispensable. D'ailleurs, il n'avait personne à mettre à sa place. Bessières, si grand cavalier qu'il fût, n'était pas de la même classe ; Nansouty, Montbrun, Grouchy ou Latour-Maubourg étaient d'excellents chefs de corps, sans plus. Il suffisait à l'Empereur de se rappeler la charge d'Eylau pour se convaincre, si ce n'était déjà fait, qu'il devrait mettre son beau-frère à la tête de la cavalerie. Pourtant, par un dernier sursaut d'orgueil, il imposa que Murat fît le premier pas et lui écrivît pour lui demander ce commandement. Et cela faillit tout faire capoter. Joachim ne voulait pas s'humilier et considérait que le commandement de la cavalerie était un hommage rendu à ses talents et non pas une faveur due au bon plaisir de l'Empereur. Pourtant, Caroline le bombardait littéralement depuis Paris de messages dans lesquels elle le suppliait, pour sa propre gloire et celle de sa famille, de se plier au désir de son frère.

Mais, justement, Murat trouvait cette pression suspecte. Il savait très bien où sa femme voulait en venir. S'il partait à l'armée, elle deviendrait automatiquement régente du royaume et, connaissant son incapacité, cette perspective ne l'enchantait guère. Il finit pourtant par se soumettre, comme à regret. Mais quand il prit la route de Paris, au mois de mai 1812, il ne s'était absolument pas penché sur l'organisation de cette nouvelle réserve générale, énorme cette fois à en donner le vertige, dont il allait assurer le commandement.

Chapitre XII

L'AFFRONTEMENT
(1812-1813)

La guerre de 1812 entre la France et la Russie a revêtu des dimensions très différentes de celle de 1806-1807. Tout en la craignant un peu, Napoléon l'avait prévue dès 1811. Il avait cette année-là ordonné à son cabinet topographique de dresser les cartes pour une campagne éventuelle qui pourrait le mener jusqu'à Moscou. Également, et c'était un signe de pré-hostilité, il avait fait occuper le grand-duché d'Oldenbourg, fief du beau-frère du tsar, mari de sa sœur Catherine, laquelle ne l'avait épousé que pour ne pas se voir contrainte de convoler avec Napoléon.

Pourtant les avertissements n'avaient pas manqué, mettant en garde l'Empereur contre une telle conflagration. Un certain capitaine Leclerc (rien à voir avec le colonel du même nom venu à Naples inspecter les préparatifs de Murat contre la Sicile) rédigea un rapport en janvier 1812 dans lequel il écrivit :

« Je pense que si l'Empereur Napoléon faisait pénétrer son armée à l'intérieur de la Russie, elle serait anéantie comme celle de Charles XII le fut à Poltava ou forcée à une retraite. (...) Je pense que le Russe seul peut faire la guerre en Russie. »

C'est en partie pour répondre par avance à ces objections que Napoléon réunit une armée d'une importance jamais vue. Elle comprenait 678 000 hommes, dont 359 000 Français et 329 000 étrangers parlant douze langues ! S'y côtoyaient des Espagnols, des Portugais, des Hollandais, des Danois, des Saxons, des Wurtembergeois, des Bavarois, des Italiens, des Suisses, des Polonais et même des Prussiens et des Autrichiens à la combativité douteuse. Aussi n'avait-elle pas l'unité, la souplesse, la rapidité, bref la force de frappe des troupes d'Austerlitz et d'Iéna. La cavalerie voyait elle aussi ses rangs démesurément grossis : 50 000 sabres, 4 corps, 48 régiments et 78 pièces d'artillerie. Alors que Caroline vibrait d'enthousiasme à l'idée de voir son mari à sa tête, Murat montrait moins d'empressement en songeant aux problèmes qu'allait soulever la logistique impliquée dans cette guerre, surtout qu'il avait déjà une solide expérience de la lutte contre les Russes. Il pensait qu'aux montures de la cavalerie, il allait falloir ajouter celles de l'artillerie (1 200 pièces, plus de 12 000 chevaux) et celles du train.

La constitution de cette armée des nations représentait un trop grand effort pour la France, à un moment où elle devait en entretenir une grosse en Espagne. Elle fut acheminée dès février 1812 vers la Vistule. Pourtant Napoléon, comme s'il eût été effrayé par le gigantisme même de sa création, ne se hâtait pas d'ouvrir les hostilités. Alexandre, de son côté, aurait voulu lui en laisser l'initiative. Il peaufinait ses préparatifs et, afin d'augmenter l'importance de ses effectifs, négociait la paix avec les Turcs pour pouvoir ramener face à l'ouest ses troupes combattant dans le sud. Il concluait aussi une nouvelle alliance avec la Grande-Bretagne et la Suède. Celles-ci allaient permettre la réouverture du commerce dans la Baltique. Mais il était évident que pour l'heure ce serait la Russie seule qui supporterait le poids de l'offensive française. En aurait-elle la capacité ?

Car malgré tous ses efforts, Alexandre n'était capable de mettre en ligne que 200 000 combattants articulés en deux armées de 130 000 et 70 000 hommes. Seule la première, commandée par Barclay de Tolly, était en position, plus ou moins face au Niemen. La seconde se trouvait plus au sud, sous les ordres de Bagration, du moins à en croire les renseignements apportés au quartier général français.

Ce fut pourtant le tsar qui eut un geste qui pouvait être interprété comme les prémisses du conflit. Les Français avaient atteint l'Oder le 1er avril, car leur concentration s'opérait lentement. Mais dès le 8, Alexandre, brusquement inquiet de ces mouvements, somma Napoléon de replier ses troupes derrière l'Elbe et d'indemniser le grand-duc d'Oldenbourg. C'était suffisamment anodin pour permettre l'ouverture de négociations. Surtout que les Russes n'avaient pas pris de dispositions offensives. Mais Napoléon, qui à présent cherchait lui aussi un prétexte, considéra la demande du tsar comme un acte d'hostilité.

Avant même le début de la campagne, Napoléon commit toute une série de fautes graves. Sa réunion avec des rois et sa parade devant eux à Dresde, mouvement de pure vanité, lui fit perdre un temps précieux. Outre qu'elle démotivait un certain nombre de nos généraux et d'hommes politiques – car pour la première fois l'Empereur n'apparaissait pas comme le successeur naturel de la Révolution mais comme le premier des monarques –, elle entraîna un retard fatal. L'armée française ne franchit la frontière du Niemen que le 24 juin. Ce délai servait les Russes. Napoléon n'avait plus devant lui que deux mois d'été.

Ensuite, il commit une erreur de jugement. Essayant de se mettre à la place d'Alexandre, il tenta de raisonner comme celui-ci pour en déduire la conduite à tenir durant le déroulement des opérations. La méthode était bonne. Mais Napoléon ne réalisa pas qu'il faisait réfléchir le tsar non pas avec l'imagination d'Alexandre mais avec la sienne, et il en déduisit que, vaincu ou non sur le terrain, l'empereur de Russie serait mathématiquement obligé de solliciter la paix une fois que les Français auraient occupé Smolensk. Et il s'enfonça dans ce rêve. Quand plus tard il comprit sa méprise, au lieu de rebâtir son raisonnement, il en garda le cadre et repoussa la négociation à Moscou. Enfin son intendance – mais c'était une constante dans les guerres napoléoniennes – ne fut pas à la hauteur de sa tâche, et il allait en résulter des pertes importantes avant qu'une bataille ait été livrée.

Napoléon avait-il une confiance totale dans les corps autrichien et prussien qui marchaient à ses côtés ? On peut en douter car il leur assigna des rôles secondaires, faisant porter le poids de la pointe d'invasion sur les seuls Français.

Il est remarquable de noter que si, par application de son raisonnement, le plan de l'Empereur pouvait paraître simple, celui des Russes l'était encore davantage. Ils ne voulaient pas nous affronter en bataille rangée, du moins dans la période initiale du conflit, sachant qu'ils n'auraient pas une chance de la gagner. Donc il leur fallait reculer. Jusqu'où, jusqu'à quand ? Ils n'en avaient pas la moindre idée. Simplement, ils savaient que l'espace derrière eux était immense et ils en concluaient vaguement que ce facteur, plus le temps, constituerait leur meilleur atout sans concevoir la manière dont ils l'utiliseraient.

Dans le même état d'esprit, ils n'élevèrent pas à l'état de théorie la tactique de la terre brûlée, mais se contentèrent de l'appliquer par endroits, recommandant simplement aux moujiks de cacher leurs vivres et de se dissimuler eux-mêmes. Ils comptaient que la vénération que le petit peuple portait au tsar suffirait à exciter les paysans contre l'envahisseur.

*

Murat avait quitté Naples dans les derniers jours d'avril 1812, pour arriver à Paris le 4 mai. Il ne demeura qu'une huitaine de jours dans la capitale et là dut avaler une nouvelle couleuvre qui lui fit presque regretter d'avoir accepté ce poste de commandant de la cavalerie.

Ces fêtes de Dresde où étaient conviés, ou plus exactement convoqués, tous les souverains d'Europe – enfin presque tous –, n'avaient qu'un rapport éloigné avec la guerre contre la Russie. Napoléon voulait-il impressionner son ancien ami ? Espérait-il se présenter dans de futures négociations comme le mandataire de l'Europe face à l'Asie ? On se perd en conjectures sur les motifs qui ont été les siens et d'aucuns pensèrent qu'il eût été mieux inspiré d'attendre d'avoir gagné la guerre pour donner cette comédie.

En tout cas, Murat ne fut pas invité et en fut gravement vexé. Qu'était-il donc, lui, le roi de Naples, un moins que rien ? On lui expliqua qu'en lui ayant donné l'ordre de gagner immédiatement Danzig, Napoléon avait voulu ménager la susceptibilité de son beau-père, l'empereur d'Autriche, à cause de sa tante, la reine Marie-Caroline de Sicile. On lui fit également comprendre que son beau-frère se défiait toujours un peu de lui et craignait qu'il ne tentât quelque approche des Autrichiens et en particulier de Metternich, ancien amant de sa femme. Ces raisons ne se tenaient guère et Murat arriva à Danzig dans un état d'esprit épouvantable. Avec lui, il emmenait un train royal, de nombreux fourgons pour son service en campagne, qu'il serait rapidement contraint de laisser en arrière.

Il y retrouva son chef d'état-major, le fidèle Belliard, qui entreprit de lui remonter le moral, en vain. D'ailleurs le roi de Naples, au cours de conversations avec les autres généraux, put constater qu'ils étaient tout sauf enthousiastes. Quand Napoléon arriva enfin le 7 juin, il fut tout de suite frappé par le manque de motivation de son beau-frère. Il voulut le prendre à la plaisanterie, mais la conversation tourna vite à l'affrontement et Murat n'envoya pas dire à l'Empereur que si c'était pour être traité comme un laquais, il préférait rendre sa couronne, encore qu'il n'en pensât pas un mot. Napoléon dut presque lui faire des excuses. Ils considérèrent l'incident comme clos, à tort du reste.

Aussitôt après son arrivée, Joachim avait eu de nombreux entretiens avec ses quatre chefs de corps : Nansouty, Grouchy, Latour-Maubourg et Montbrun, qu'il connaissait et appréciait. Ils ne lui cachèrent pas la complexité de la tâche qui les attendait, ni les problèmes que poserait le commandement d'unités étrangères, qui ne comprenaient pas toujours les ordres qui leur étaient donnés et n'avaient ni l'allant ni la science de la guerre des nôtres.

Au fur et à mesure que les jours passaient, Murat était de plus en plus conscient des difficultés qu'allait rencontrer l'armée, ce dont Napoléon semblait peu se soucier. Il tergiversait, hésitait à sauter le pas, comme s'il avait attendu un message d'Alexandre demandant à entamer des pourparlers de paix. Celui-ci ne venant pas, il se résolut le 23 juin à donner l'ordre de franchir le Niemen le lendemain. Le génie lança des ponts sans que les Russes cherchent à s'y opposer. Le corps de Davout passa le premier, immédiatement suivi par la cavalerie légère de Murat qui commença par tendre un rideau devant les autres troupes puis se lança en éclairage pour prendre contact avec l'ennemi. À tout cela rien que d'ordinaire, seulement les reconnaissances tombèrent dans le vide. Personne ! Si l'armée russe avait été concentrée devant le Niemen, elle s'en était éloignée. Seules quelques sotnias [1] de cosaques se montraient, pour disparaître aussitôt. Une chaleur étouffante fatiguait hommes et chevaux qui peinaient le long des rares et mauvaises routes. Dès les premiers jours, se posa le problème du ravitaillement. Les vivres individuels durèrent peu. Chose étonnante dans un pays qui aurait dû être en pleine fenaison, pas de fourrage ou presque, de trop rares points d'eau. Malgré ces conditions défavorables, la cavalerie de Murat réussit à établir assez rapidement un contact avec les troupes adverses qui reculaient avec célérité et dans l'ordre le plus parfait, ne laissant derrière elles ni un homme, ni un cheval, ni un canon.

1. Équivalent d'un escadron.

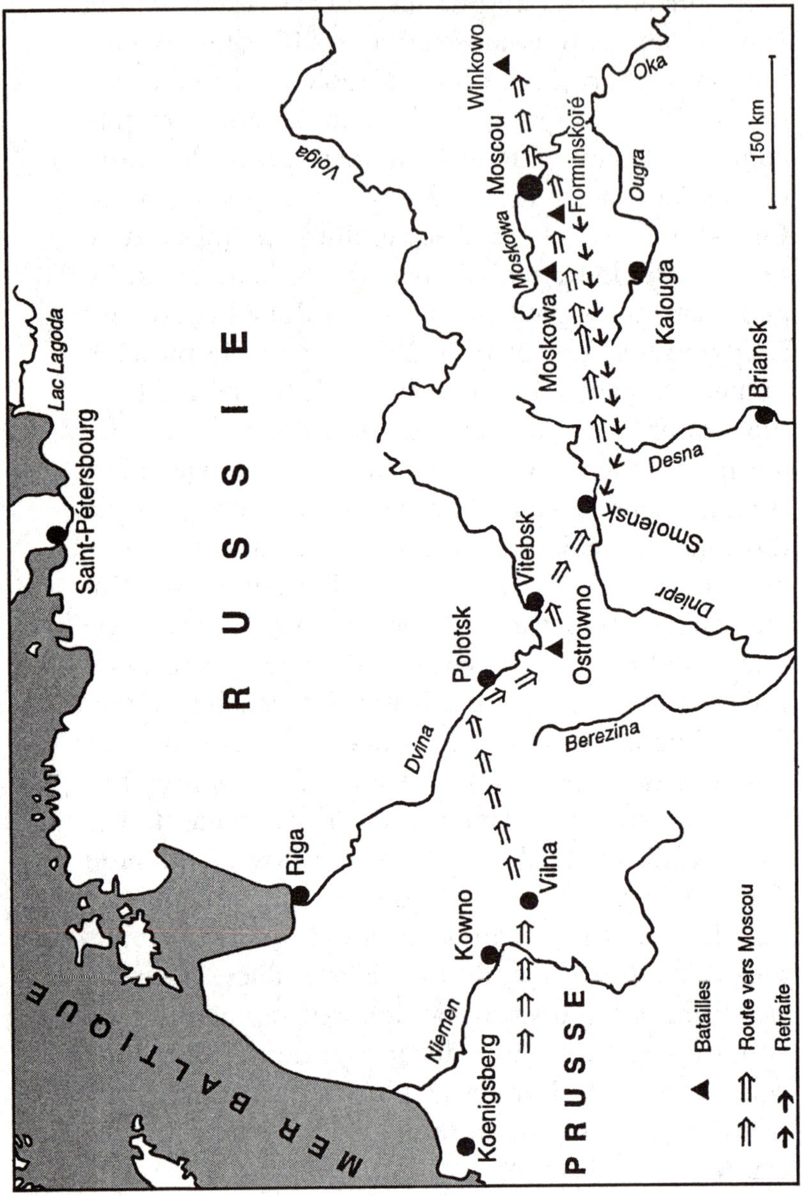

La campagne de Russie (1812)

Le surlendemain de l'invasion, un plénipotentiaire russe, le prince Balachov, se présenta aux avant-postes français porteur d'une lettre de son maître pour Napoléon. Murat l'accueillit courtoisement et après lui avoir délivré un sauf-conduit lui déclara :

– Je souhaite vivement que nos deux empereurs s'entendent et que cette guerre commencée contre mon gré se termine le plus tôt possible...

Dans ce document, Alexandre se déclarait prêt à négocier, à condition que Napoléon arrête son avance et retire ses troupes de l'autre côté du Niemen. Était-il sincère, voulait-il savoir quelle ambiance régnait chez les Français, cherchait-il à gagner du temps ? On ne le sait, car Napoléon ne donna pas suite à cette ouverture bien tardive. Et du reste, la volonté de résistance qui se manifestait à Saint-Pétersbourg aurait-elle permis au tsar d'entamer des pourparlers ? En tout cas, en ayant écrit cette lettre, quel que fût le secret de sa pensée, Alexandre s'était donné par avance le beau rôle.

Quatre jours après leur entrée en Russie, les Français arrivaient devant Vilna, capitale de la Lituanie, déjà en grande partie incendiée par les Russes. Il est rapporté un incident qui serait survenu entre Napoléon, Murat et le général de Montbrun, chef d'un des corps de cavalerie.

Passant par-dessus la tête de son beau-frère, Napoléon aurait ordonné à Montbrun de se porter sur Vilna à toute vitesse et de l'occuper afin d'empêcher les Russes de mettre le feu à leurs magasins, dont notre armée aurait eu le plus pressant besoin (après quatre jours de campagne !). Mais furieux de se voir ainsi court-circuité, Murat aurait annulé les instructions. Un peu plus tard, devant Vilna en flammes, Napoléon, laissant éclater sa colère, aurait traité Montbrun de « bon à rien » et Murat présent à la scène n'aurait dit mot. Cela est étonnant et constitue déjà une invraisemblance, quand on connaît son caractère. À la suite de quoi Montbrun aurait jeté son sabre au loin et se serait éloigné au galop en criant : « Allez vous faire foutre tous ! » Mais l'Empereur n'aurait pris aucune sanction contre lui, à la suite d'une intervention tardive de Murat en faveur de son subordonné.

Montbrun, qui devait être tué à la Moskowa, ne devait laisser aucun récit de cette affaire, et curieusement les seuls documents que nous possédons sont une note de Berthier, major général, datée du lendemain et demandant simplement à Murat pourquoi Montbrun était arrivé en retard sur l'horaire prévu à Vilna. Pas un mot du prétendu incident. Murat répondit qu'il fallait en chercher l'explication dans la fatigue qui frappait les montures. On est loin d'une scène mélodramatique, sans doute inventée par des détracteurs du roi de Naples.

Après Vilna, la canicule fut remplacée par des pluies torrentielles et la boue ralentit encore la marche de l'armée. Montées par des hommes qui prenaient moins soin de leurs chevaux que les anciens, les bêtes se blessaient beaucoup et comme elles restaient parfois trente heures sans être dessellées, cela n'arrangeait pas les choses. Murat se plaignit à Nansouty de les voir manquer de vigueur et celui-ci répondit :

– C'est que les chevaux n'ont pas de patriotisme ; nos soldats se battent sans pain, nos chevaux ne font rien de bien sans avoine.

À la même époque, Sébastiani écrivait : « Nos chevaux meurent d'épuisement et nos hommes ne mangent que de la viande. Ils sont harassés. » Il est vrai que les montures commençaient à crever en quantité inquiétante. Murat, qui pourtant aimait ces animaux, ne les ménageait guère. Mais pouvait-il faire autrement avec un ennemi qui continuait à se dérober et un service d'éclairage à assurer ? Les roussins de l'artillerie et du train n'étaient pas en meilleur état. Joachim se rendait compte que les services de la remonte, pour faire face aux demandes de l'armée, avaient dû acheter des animaux trop jeunes, n'ayant pas terminé leur croissance, et qui manquaient de résistance.

Le premier engagement sérieux ne se déroula pas avant le 25 juillet, à Ostrowno, car jusque-là n'avaient eu lieu que des escarmouches sans importance. L'arrière-garde russe acceptait enfin le combat. Malgré la fatigue accentuée des chevaux, Murat lança ses divisions à l'attaque et en quelques instants anéantit trois régiments de cavalerie de la garde russe. Dans son élan, il alla donner dans le corps d'armée d'Ostermann, fort de 10 000 hommes, dont il contint l'avance grâce à plusieurs charges des cuirassiers de Nansouty, jusqu'à ce que le corps du prince Eugène, débouchant au pas de course sur le champ de bataille, rejetât l'ennemi en désordre sur ses bases d'où il se hâta de disparaître.

Le combat avait été très dur mais il avait montré à Barclay de Tolly que les siens tenaient difficilement devant les Français et que sa tactique de la retraite restait la seule qui, pour l'instant, ne conduisît pas au désastre. Dans cette journée d'Ostrowno, il avait perdu 3 000 tués, 700 prisonniers et huit canons ; peu de chose en somme, mais seule la fuite l'avait préservé de l'anéantissement d'un corps d'armée.

Fait rare, le combat reprit le jour suivant un peu plus loin. Ce fut le corps d'Eugène qui en supporta le poids mais Murat, avec plusieurs charges efficaces des Polonais puis de la division Piré, permit de demeurer encore maître du terrain. Les Russes y laissaient 1 800 hommes.

Murat était assez content de lui. Au son du canon, il avait retrouvé son moral et, comme beaucoup de ses camarades, comptait bientôt livrer et gagner la bataille décisive. Le lendemain, en arrivant devant Vitebsk, le sort sembla lui donner raison. L'armée russe entière s'était arrêtée et avait pris position sur le plateau dominant la ville. Sa ligne de défense était très forte, couverte par un ravin que franchissait un seul étroit défilé. Pour tâter l'adversaire, Murat y lança un seul régiment de chasseurs à cheval qui se heurta à toute l'arrière-garde russe. Refoulés, rejetés, les malheureux chasseurs succombèrent presque sous le nombre et une charge des lanciers russes les ramena jusqu'aux pieds de Napoléon qui observait du sommet d'une butte. Murat n'avait aucun régiment sous la main. Alors, avec sa seule escorte, son état-major – moins de cent hommes –, il se jeta sur ces lanciers vingt à trente fois plus nombreux, avec une telle force, une telle furie qu'il les mit en fuite ! C'était du très grand Murat.

Le corps d'Eugène, une fois de plus, gravit le plateau et se déploya, mais les Russes rompirent le contact. Murat aurait voulu continuer sur sa lancée, les forcer à la bataille. Il avait raison. Napoléon l'arrêta. Il n'avait pas toutes ses forces sous la main, expliqua-t-il, et il repoussa l'attaque au lendemain. Mais à l'aube les Russes avaient disparu, faisant route au sud-est pour opérer leur jonction avec la seconde armée, ce qu'au départ Napoléon aurait voulu empêcher.

À présent, l'Empereur était aussi inquiet que le roi de Naples de l'état de sa cavalerie. Le nombre des chevaux boitant augmentait dans des proportions inhabituelles car ils se déferraient et, les forges de campagne étant demeurées en arrière, il était difficile de les referrer.

Napoléon réunit un conseil à Vitebsk le 28 juillet. Interrogé, Belliard déclara au cours de celui-ci :

– Sire, si nous marchons encore ainsi pendant seulement six jours, nous n'aurons plus de cavalerie.

Il exagérait à peine. Les historiens ne sont pas d'accord sur l'avis que donna Murat. Pour les uns, il fallait continuer sans diminuer la pression sur l'ennemi ; pour d'autres, il demanda que l'on suspendît les opérations en raison de la fatigue de toute l'armée. Napoléon se rangea à ce dernier parti mais décida d'accorder seulement quinze jours de repos à ses soldats et aux bêtes. Il lui était difficile, expliqua-t-il, de mettre fin à la campagne s'il voulait maintenir le rôle prédominant de la France en Europe. Différents facteurs, dont son désir personnel de gloire, l'incitaient à continuer jusqu'au moment où dans une grande bataille il anéantirait les Russes.

Ces quinze jours permirent à l'armée de souffler, mais les pertes étaient déjà si importantes que Napoléon aurait dû admettre qu'il devait suspendre la marche sur Moscou, ce qui ne veut pas dire qu'il devait battre en retraite. D'un autre côté, ce nouveau délai réduisait encore la marge déjà brève dont disposait Napoléon avant l'automne, mais il ne semblait pas vouloir en tenir compte. En vain attendit-il de nouvelles ouvertures d'Alexandre. Profitant de cet arrêt, l'hetman Platov se jeta avec 12 000 cosaques sur la division de Sébastiani qui le repoussa aisément. Les Français étaient toujours redoutables.

Le 14 août, l'avance reprit. Barclay de Tolly s'accommodait assez bien de cette tactique qui usait l'armée française plus vite que la sienne et qui mettrait bientôt à égalité, espérait-il, les forces en présence. Mais le gouvernement et la cour à Saint-

Pétersbourg ne comprenaient pas pourquoi « les invincibles soldats russes » n'acceptaient pas le combat qui leur permettrait de refouler l'envahisseur.

Le 7 août, sous la pression de son entourage, le tsar l'avait remplacé par Koutousov. C'était un vieillard de soixante-sept ans, obèse, fatigué et borgne. Certes, il savait la guerre et l'avait montré. Mais il présentait une tournure d'esprit courtisane qui irritait Alexandre. En un mot, il détestait l'homme. Pourtant, ce fut sur lui que son choix se porta et il s'est dit qu'il lui avait été imposé. En le recevant, il lui donna simplement l'ordre de livrer bataille le plus tôt possible.

Koutousov ne montra aucun empressement à exécuter ces instructions. Il avait une haute idée de ses capacités et estimait être le seul capable de battre les Français. Mais il pensait que le moment de l'affrontement n'était pas encore venu. Tout comme son prédécesseur, dont il trouvait la tactique excellente, il recula vers Smolensk où il fit enfin sa jonction avec Bagration. Avec les renforts que celui-ci lui amenait, il disposait à présent de 150 000 hommes et non plus des 200 000 que totalisaient les Russes au début de la guerre car eux aussi avaient subi des pertes, pour les mêmes raisons que nous.

Cependant, Murat était toujours sur ses talons ; mais en entrant à Smolensk, il conjura Napoléon d'arrêter la poursuite, de s'installer sur des positions fortes et de laisser passer l'hiver. Il essuya un refus. Napoléon entendait imposer la paix à Moscou. Pourquoi Moscou ? Il ne s'en expliqua pas mais il était évident qu'à présent, même si Koutousov livrait bataille, il serait prêt à sacrifier Moscou comme les autres villes. Tous les généraux français consultés par l'Empereur, à l'exception de Davout, partagèrent l'opinion de Murat. Celui-ci était de nouveau malade et dut s'aliter vingt-quatre heures. Napoléon ne changea pas d'avis.

Le récit de cette poursuite a quelque chose de lassant. Les Français croient rejoindre les Russes, y parviennent, puis ceux-ci se dérobent, et le cycle recommence.

Le 19 août, à Valoutina, un combat d'arrière-garde très meurtrier se termina sans avantage décisif par suite de l'inertie de Junot. Et pour rompre la mélancolie qui le regagnait, le roi de Naples faisait des vers !

Un moment à Belmonte, abandonnant Bellone,
Adieu soucis guerriers, fuyez soucis du trône.

Les rapports entre Davout et Murat, qui n'avaient jamais été bons depuis l'Égypte, devinrent franchement exécrables dans les derniers jours d'août 1812. Il fut même question d'un duel et en fin de compte les deux maréchaux portèrent leurs griefs devant l'Empereur, qui avait bien d'autres soucis et les renvoya dos à dos.

Étape après étape, les troupes françaises approchaient de Moscou, harcelant les Russes et ce qui restait de notre cavalerie, à présent habituée aux conditions de vie russes, semblait reprendre de la vigueur. On était aux premiers jours de septembre, et Koutousov comprit qu'il ne pourrait continuer à éluder la bataille. Dans ce but, il choisit un terrain qu'il pensa favorable. Il prit aussi ses dispositions pour livrer un combat défensif car il jugeait avec raison irréaliste d'attaquer, ce qui ne l'empêcherait pas au cours de l'action de lancer des contre-attaques locales, brèves mais violentes, pour tenter de reconquérir les positions déjà perdues.

Il disposait d'environ 120 000 hommes et de plus de 600 canons. Si les Français avaient des effectifs un peu plus étoffés que les siens, 130 000 combattants, ils ne pouvaient aligner qu'un peu plus de 500 pièces. Suivant les idées préconisées par le tsar Pierre le Grand et codifiées par le maréchal de Saxe, le Russe fit élever des fortifications de campagne sous la forme d'une série de redoutes qu'il garnit d'artillerie [1]. Avec un tel dispositif, il entendait opposer une défense statique et manœuvrer le moins possible. Et, du reste, il disposa sa cavalerie assez en arrière car il ne prévoyait son intervention, très éventuelle, que vers la fin de la bataille, pour couvrir une retraite qu'il estimait probable.

Il déploya ses forces derrière le ruisseau de la Kolocza, entre les villages de Gorki et de Borodino, en s'appuyant au centre sur la colline dite de la montagne rouge dont il fit sa grande redoute. Il confia le commandement de sa gauche à Bagration, le centre à Bennigsen et sa droite à Barclay de Tolly. Il n'avait aucun plan précis et recommanda simplement à ses adjoints de tenir, à tout prix, le plus longtemps possible.

Du côté français, Napoléon n'avait guère davantage de plan et du reste, malade, il ne commanda pas vraiment pendant les trois jours de la bataille. Murat se comporta beaucoup plus que lui en général en chef. Davout, ayant reconnu la solidité de la position russe, avait préconisé de la tourner, mais craignant de perdre du temps et que l'ennemi en profitât pour reculer encore, Napoléon s'y refusa. En face de Bagration, sur notre droite, commandait Davout, au centre Ney et à gauche Eugène. Les quatre corps de Murat les soutenaient, prêts à intervenir pour appuyer nos attaques. Enfin, plus en arrière, comme réserve ultime, Napoléon gardait la vieille et la jeune garde.

1. Son front s'étendait sur un peu moins de neuf kilomètres.

Il ordonna le 5 septembre au matin d'attaquer la redoute de Chevardino, la plus en avant et au centre. Murat y lança une division d'infanterie et une de cavalerie. La redoute fut prise et perdue, sous l'effet d'une contre-attaque russe, puis reprise. L'action s'arrêta là. Les Russes se replièrent sur leur ligne principale. La journée du 6 s'écoula avec seulement des escarmouches d'avant-postes, mais chacun comprit que le 7 verrait l'empoignade décisive.

Ce jour-là, à six heures du matin, alors que le soleil se levait à peine, l'artillerie française ouvrit le feu, donnant le signal de l'action. Les canons entrèrent en jeu des deux côtés sur toute la ligne. Presque tout de suite Davout, qui attaquait les trois redoutes de Bagration, nommées les trois flèches, fut désarçonné par un boulet. Il n'avait aucune blessure mais la commotion était telle qu'il fut incapable de commander durant toute la journée. Étant venu constater l'état de son camarade, Murat envoya Rapp pour le remplacer. Au même moment, à l'autre aile, Eugène enlevait Borodino. Un peu plus tard, Ney s'empara des trois flèches de Semenovskoïé. Ce fut à cet instant que Murat, menant la seule charge qu'il conduisit de la journée, coupa en deux l'armée russe. C'était la victoire. Il suffisait d'un dernier effort pour gagner franchement la bataille à une vitesse extraordinaire, car il n'était que dix heures du matin. Mais précisément, cet effort, les troupes engagées ne pouvaient le fournir. Il fallait faire donner les réserves, la garde. Celle-ci relevait exclusivement de Napoléon. Murat dépêcha Belliard à l'Empereur pour lui demander de la lancer dans la mêlée. Belliard trouva Napoléon malade, absent, ne s'intéressant pas aux événements. Il eut du mal à en tirer une réponse : « Non, il ne donnerait pas la garde. Il trouvait que l'ennemi n'était pas encore assez en désordre. »

Quand Belliard vint rapporter l'étrange réponse, les Russes s'étaient ressaisis, contre-attaquaient partout, reprenaient le terrain perdu. Ce fut en reconquérant les trois flèches que Bagration, renforcé par une partie de la garde impériale russe, fut tué. Un peu plus tard, Ney les enlevait une nouvelle fois. Cependant, la grande redoute que Murat avait conquise de haute lutte était à nouveau aux mains de l'ennemi. La division Claparède, que Napoléon lui envoya, ne suffit pas à Ney pour la reconquérir, car elle était soutenue par le tir d'une batterie de plus de cent pièces. Cette fortification était vraiment la clé de la ligne adverse. Alors Murat eut une inspiration de génie. Pendant qu'Eugène essayait une fois de plus de l'escalader de front, il la fit attaquer sur l'arrière, en passant par la gorge [1], par les cuirassiers de Montbrun. Celui-ci avait déjà été tué, mais Auguste de Caulaincourt, frère du grand écuyer, prit sa place et entraîna la division de choc.

Grâce à cette action inopinée, insolite (faire franchir par des chevaux un mur couronné d'une palissade) et brillante, la grande redoute fut prise une fois de plus. Caulaincourt avait été tué. Mais les Russes renoncèrent définitivement à reconquérir le terrain.

Toutefois ils ne se retiraient pas encore, et un duel d'artillerie reprit, meurtrier, jusqu'au crépuscule. La bataille avait duré près de quinze heures. De part et d'autre, les pertes étaient énormes. La moitié de l'armée russe était par terre. C'est ce qui détermina Koutousov à reprendre la retraite, bien que ses lignes eussent été reformées. Il n'était pas en état, estima-t-il, de supporter un nouvel affrontement. Et puis il était à court de munitions et savait qu'il n'en rece-

1. Étroite brèche permettant de pénétrer dans une redoute.

vrait pas dans les jours à venir. Dès lors, il avait deux possibilités : défendre Moscou avec acharnement, ou abandonner la ville. La première solution aurait amené indiscutablement la capitulation des troupes qui lui restaient, car il eût été aisé aux Français de l'encercler. Il se résolut donc à l'évacuer malgré les supplications de son gouverneur Rostopchine [1], préférant sauver son armée.

Les Français eux aussi avaient vu fondre leurs effectifs, mais d'une manière moins importante. Toutefois, les hésitations de Napoléon leur avaient coûté la victoire totale. Murat, quel qu'ait été son rôle – et il s'était conduit d'une manière magnifique –, se sentit frustré et ne le cacha pas à son beau-frère quand celui-ci parut sur le champ de bataille vers cinq heures du soir.

Cette boucherie de la Moskowa (les Russes la nomment Borodino) ne résolvait rien puisque l'armée ennemie, même réduite, existait toujours. La poursuite reprit donc le lendemain 8 septembre avec une certaine mollesse, car les hommes étaient exténués. Mais ils serraient de près les Russes aussi fatigués qu'eux, qui une nouvelle fois, à Forminskoïé, nous opposèrent une forte arrière-garde de 10 000 fantassins et 12 000 cavaliers. Koutousov voulait gagner quelques heures pour évacuer sur les hôpitaux de Moscou ses trop nombreux blessés.

Sans se donner la peine de faire reconnaître le terrain, Murat excédé lança sur eux la division de cavalerie légère de Pajol, qui ne put les entamer. Au cours du combat, le fidèle Belliard eut le mollet fracassé par un boulet. Il devait survivre à sa blessure mais allait manquer à son « patron » pendant le reste de la campagne.

1. Père de la comtesse de Ségur.

Enfin, le 14 septembre au matin, après quatre-vingt-trois jours de marche, quatre batailles rangées et des affrontements presque quotidiens, du haut de la colline nommée le mont des Moineaux, la cavalerie de notre avant-garde découvrit Moscou.

*

L'entrée de Murat dans la ville, au début de l'après-midi, eut quelque chose d'étrange. Ce fut comme si une suspension d'armes avait été décrétée entre les deux armées et bien entendu, lorsque Napoléon l'apprit, il n'approuva pas. Plusieurs hetmans cosaques attendaient le roi avec déférence afin de transmettre leurs pouvoirs et surtout de veiller à ce que les nombreux blessés abandonnés par l'armée russe soient convenablement traités par le vainqueur À la population il avait été conseillé de se terrer dans les caves ; c'est pourquoi la ville parut de prime abord déserte aux Français. L'un de ces généraux cosaques ayant demandé un « souvenir » de cette rencontre à Murat, celui-ci lui offrit spontanément sa montre. Après quoi il distribua celles des officiers de son état-major aux autres Russes. Les Français goûtèrent peu cette générosité. Joachim ne demeura que quelques jours à Moscou, où il s'ennuya. Il aspirait déjà à rentrer à Naples, ainsi qu'il l'écrivit à sa femme. Mais elle, peu soucieuse de le voir revenir pour lui reprendre le pouvoir qu'il lui avait délégué, s'appliqua à essayer de le persuader que sa place était auprès de Napoléon.

Celui-ci s'était installé au Kremlin et semblait absent de tout. Il se désintéressait du sort de l'armée et ne donnait aucun ordre. Lorsque l'incendie éclata à Moscou, non pas volontairement comme on l'a écrit, mais dû à une quelconque imprudence – chose quotidienne dans cette ville de bois –, Rostopchine, qui avait fait enlever les pompes, avait prévu ce qui arriverait. Napoléon réagit à peine. Ce « cataclysme » n'était qu'un contre-temps. Les importants dépôts de vivres n'avaient pas été touchés et il eût été très possible à nos troupes d'hiverner sur place en attendant des renforts pour une prochaine campagne. Il semble que Napoléon n'y songea pas. Prisonnier de ses illusions, il espérait en vain une demande de paix d'Alexandre, plus que jamais persuadé que puisqu'il occupait Moscou, le Russe *devait* traiter. En attendant, il se préoccupait de problèmes tout à fait secondaires, comme le statut de la Comédie-Française.

Murat à ce moment n'était plus à ses côtés. Il avait rejoint l'avant-garde dont le commandement était exercé à titre provisoire par Sébastiani, au village de Winkowo. Là, il trouva ce qu'il restait de la réserve générale de cavalerie, un peu plus de 15 000 hommes.

Une manière de trêve s'était établie entre les Français et l'armée russe au contact qui, un peu renforcée, comprenait environ 50 000 hommes. Mais les conditions de vie des nôtres demeuraient précaires, faute de vivres et surtout de fourrage. Il fallait aller les chercher loin et à grand péril. En effet, la suspension d'armes ne couvrait pas les fourrageurs. En vain le roi de Naples sollicitait-il des instructions de l'état-major. Il comprenait qu'il n'allait pas pouvoir rester tout l'hiver sur sa position, et comme il savait que ce qui lui manquait se trouvait à Moscou, il demandait à s'en rapprocher. Le 10 octobre, il écrivit à Belliard, alors loin à l'arrière sur son lit d'hôpital : « Ma position est affreuse. Toute l'armée ennemie est devant moi. Les troupes de l'avant-garde sont réduites à rien. Elles souffrent de la faim. »

Cette situation tout à fait insolite dura jusqu'à la mi-octobre. Murat avait vu Lauriston gagner les avant-postes ennemis pour aller de la part de Napoléon chercher à négocier avec Alexandre. Ainsi, à présent, bien qu'il se trouvât à Moscou, c'était l'empereur des Français qui demandait à faire la paix. Quelle dérision ! Mais justement des officiers russes qui, profitant de l'arrêt des opérations, venaient bavarder avec leurs camarades français de l'entourage de Murat, leur assurèrent que le tsar ne voulait pas traiter et que leurs généraux ne cherchaient qu'à gagner du temps. Murat ne prit pas ces avis à la légère. Seule, à une quarantaine de kilomètres du reste de l'armée, sans échelons intermédiaires de soutien, l'avant-garde française était tout à fait isolée et Napoléon ne faisait rien pour la renforcer ni améliorer ses positions. Il la laissait dans cette situation inconfortable, comme s'il avait voulu un jour prochain reprendre sa progression.

Le 17 octobre, les Russes firent brusquement prisonniers des palefreniers de Murat qui avaient dépassé la ligne de partage entre les deux armées et, malgré les protestations de Joachim qui menaçait de rompre la trêve, ne les rendirent pas. La tension monta d'un cran et le 18 au matin, ils attaquèrent. Leur armée comptait 55 000 soldats. Autant dire que les renforts qu'ils avaient reçus étaient peu de chose. Forts de leur supériorité numérique, ils contournèrent sans difficulté le camp des Français. Leur but était clair : tenter de faire prisonnière toute l'avant-garde et surtout son chef Murat. Celui-ci se montra à la hauteur. En fait, il ne fut pas surpris. L'hetman Platov s'était déjà emparé du seul défilé par lequel nos unités pouvaient retraiter. Contre lui, Murat lança Latour-Maubourg et parvint sans peine à dégager la route. Après cela, Joachim opéra sa retraite en ordre. Seule l'artillerie de Sébastiani (trente-six pièces) ne put être enlevée, faute de chevaux de trait, et tomba aux mains de l'ennemi.

Koutousov ne chercha pas à le poursuivre. N'étant plus observé, il put entreprendre un mouvement tournant par le sud pour contourner Moscou sans être deviné.

Murat, qui dans cet affrontement de Winkowo avait donné sans compter de sa personne et été légèrement blessé d'un coup de lance, revint le lendemain à Moscou où Napoléon, tout d'abord mécontent de cet échec, le félicita finalement pour la manière dont il avait tiré d'affaire les unités. Ce combat avait été le dernier auquel Murat participerait durant la campagne.

*

Ayant compris la manœuvre de Koutousov, Napoléon décida de battre en retraite. Il fit bien prescrire aux soldats de remplir leurs havresacs de vivres, puisqu'il y en avait en abondance, mais il ne fut pas obéi. Les hommes préférèrent emporter le fruit de leurs rapines, ce qu'ils allaient payer cher un peu plus tard. Il est vrai qu'ils n'avaient pas touché leur solde depuis le passage du Niemen.

L'Empereur et Murat quittèrent la ville le 19 octobre, après qu'en vain Mortier eut tenté de faire sauter le Kremlin. Joachim n'avait fait que la traverser. Désormais, il allait voyager dans la voiture de son beau-frère, car la cavalerie était réduite à peu de chose. Pourtant, il eut encore bientôt l'occasion de donner un avis à Napoléon. Celui-ci avait décidé de faire route par le sud vers Kalouga, suivant un chemin non dévasté par la guerre, où il était raisonnable de penser que l'on trouverait du ravitaillement. Plus rapides, les Russes lui barrèrent le 25 octobre le passage au village de Malojaroslavetz. La bataille fut acharnée, le bourg changeant sept fois de mains, mais enfin il resta aux Russes. Napoléon tint alors conseil avec Berthier, Davout, Eugène, Bessières et bien entendu Murat. Fallait-il persister à attaquer ou revenir à la route de Smolensk ? Murat déclara sans hésiter que puisque l'on s'était décidé pour la route de Kalouga, on devait continuer. Sur l'autre, hommes et chevaux ne trouveraient pas de nourriture avant Vilna. Que l'Empereur lui confiât tout ce qu'il restait de cavalerie, y compris celle de la garde encore à peu près intacte, et il se faisait fort de réussir à percer : à sa seule vue, les Russes fléchiraient. Silencieusement, Bessières opinait. Les autres ne disaient rien. Ce fut alors que Davout, l'adversaire déclaré de Murat, prit la parole pour démontrer qu'il délirait, qu'il allait faire massacrer à son habitude le peu de cavalerie qui restait et qu'il fallait la conserver précieusement pour de futures occasions, sans se soucier de savoir comment il la nourrirait. Une discussion, ou plutôt une empoignade verbale, éclata entre les deux maréchaux, à l'issue de laquelle Napoléon, curieusement, se rangea du parti de Davout et décida de reprendre la direction de Smolensk. Il avait tort, car la percée était réalisable et eût probablement permis de sauver une bien plus grande partie de l'armée.

Si dès le début de la retraite le froid fut extrêmement rigoureux (la température chutait jusqu'à – 25° la nuit), la neige ne commença à tomber que vers le 10 novembre, après la traversée des ruines de Smolensk. Mais le froid avait déjà exercé ses ravages, autant et plus peut-être que la faim. Les hommes tombaient par milliers. Au passage de la Bérézina, les 27 et 28 novembre, Murat se contenta de demeurer aux côtés de l'Empereur et d'observer les efforts désespérés des dernières unités constituées. Il était de plus en plus sombre, car il sentait parfaitement que cette catastrophe risquait d'entraîner une nouvelle coalition à laquelle la France aurait, cette fois, du mal à faire face.

Dans les tout premiers jours de décembre, Napoléon apprit à la fois la conspiration du général Malet et son échec. Le danger était conjuré et les conspirateurs fusillés depuis plus d'un mois. Il pouvait donc parfaitement rester à la tête de l'armée. Toutefois, un fait le frappa. Malet avait annoncé sa mort et aucun de ses interlocuteurs n'avait pensé, pour lui succéder, à son fils le roi de Rome, un enfant certes, mais son descendant légitime. Cela démontrait la fragilité et surtout le côté artificiel du régime. La volonté de Napoléon de créer une dynastie se révélait un échec. Il n'apparaissait plus que comme le factotum des hommes politiques issus de la Révolution. C'est pourquoi il décida de rentrer immédiatement en France. Ce n'était pas la première fois qu'il abandonnait une armée dans une situation difficile, mais cette fois le vide politique le commandait. Mais à qui allait-il laisser la responsabilité de le remplacer ? La question était délicate. Chose curieuse, les candidats ne manquaient pas, mais en avaient-ils la capacité ? Berthier, auquel certains songeaient, à commencer par lui-même, avait montré ses faiblesses en 1809. Les autres maréchaux présents n'étaient que de simples chefs de corps, peu susceptibles de s'imposer et de prendre des initiatives. Aussi le choix de Murat, qui à l'inverse de ses camarades ne tenait nullement à endosser la tunique de général en chef, apparaît-il logique. Le fait qu'il fût « roi », même si Napoléon le mit en avant, n'entre pas en ligne de compte. Car il lui était difficile d'étaler devant les autres maréchaux leurs limites voire leur incapacité. Murat, au contraire, avait démontré à plusieurs reprises ses dons de commandant en chef, même si ses décisions avaient parfois fait l'objet de critiques de la part de l'Empereur.

Ce ne fut donc pas son titre de roi, auquel dans le cas précis Napoléon n'accordait aucune prédominance, qui influa la décision. Tulard a soutenu qu'en maintenant Murat en Russie, l'Empereur voulait l'empêcher de retourner à Naples et d'y signer un traité avec l'Autriche. La chose est possible, mais sans doute à ce moment Napoléon pensa davantage au meilleur moyen de ramener en Allemagne les soldats qui pouvaient encore être sauvés.

Le 5 décembre au soir, Napoléon quitta l'armée en traîneau, accompagné du seul Caulaincourt et escorté de ce que la cavalerie de la garde comptait encore de légère. Pendant son voyage jusqu'à Paris, il déversa son amertume dans l'oreille de son confident. Il chercha surtout à faire porter par d'autres, en particulier Murat, le poids de ses errements.

Le 9 décembre, les troupes en retraite atteignirent Vilna. Murat exerçait sans problèmes son commandement, lequel se réduisait, hélas, à peu de chose : essayer de maintenir un semblant de discipline. Les magasins incendiés en juin avaient été en partie reconstruits et surtout réapprovisionnés. Murat ordonna de faire distribuer les vivres en respectant un certain ordre. Hélas, il ne disposait ni de gendarmerie ni de prévôté, et les colonels et autres officiers n'avaient plus aucune autorité sur ce qui restait des régiments. Ce fut une ruée et un pillage au cours duquel les trois quarts de la nourriture furent perdus.

Davout recommandait de s'arrêter à Vilna et de laisser les hommes souffler. Avec beaucoup de sagesse, Murat s'y opposa : « Je ne vais pas me laisser prendre dans ce pot de chambre », déclara-t-il, et après une halte de trente-six heures il fit reprendre la marche. Il est certain que Vilna, entouré de collines, n'aurait pas permis de résister à une tentative d'encerclement des Russes. D'ailleurs, avec quoi les Français auraient-ils pu se battre ? Ils n'avaient plus ni artillerie ni cavalerie, et la plupart des fantassins avaient jeté leurs armes individuelles. Les Russes n'attaquaient heureusement pas, se contentant de suivre la retraite et de ramasser le matériel et les traînards. Mais ils exerçaient une pression constante afin d'empêcher l'interruption de cette marche du désespoir.

Après Vilna, le mouvement tourna à la débâcle. Murat fut le premier à le reconnaître, mais il n'avait aucun moyen de l'empêcher. Les Français traversèrent Kowno sans s'arrêter, et le 16 décembre quelques dizaines de milliers d'hommes en piteux état repassaient le Niemen.

Les Russes, qui avaient subi eux aussi les assauts de l'hiver, n'étaient pas en bien meilleure forme et, en dehors de quelques sotnias de cosaques qui continuaient à nous harceler, ils avaient beaucoup de peine à nous suivre, quoique leur ravitaillement fût meilleur.

Dans l'état de désespérance où il se trouvait, Murat analysa tout de même froidement la situation et, compte tenu de ce qu'il savait de l'état des Russes, il décida de stopper la retraite et de reprendre l'offensive. Avec quelque hésitation, Berthier reconnut que l'opération était tentable et que si elle réussissait elle permettrait à l'Empereur d'éviter que quelques-uns de ses alliés de la veille ne lui tombent sur le dos. A Koenigsberg et à Varsovie, stationnaient deux corps d'armée à effectifs réduits mais intacts, ainsi que des parcs d'artillerie opérationnels. Murat décida donc de les faire venir puis d'attendre l'ennemi et de l'attaquer. Mais, le 30 décembre, le corps prussien du général York, qui avait un rôle à jouer dans la manœuvre, signa un armistice avec les Russes et se joignit à eux. Dès lors, la reprise de l'initiative devenait impossible.

Le 7 janvier 1813, à Elbing, en Prusse, Murat tomba malade. Ce centaure était de santé délicate. En fait, c'était sans importance, car les opérations militaires étaient suspendues. Les Russes avaient arrêté leur poursuite, se trouvant à l'extrême portée de leur logistique. Du reste, Koutousov ne voyait pas d'intérêt à continuer la guerre puisque le sol de sa patrie était libéré, mais il allait bientôt être contraint de résilier son commandement. Murat tint encore une dizaine de jours mais le 17, à Posen, il se jugea hors d'état de continuer. D'ailleurs, les nouvelles qu'il recevait de Naples l'inquiétaient et il estimait sa présence là-bas indispensable. Il délégua donc ses pouvoirs à Eugène. Quoiqu'il sût qu'il allait déchaîner la colère de Napoléon qui, oubliant son propre départ, n'allait pas tarder à l'accuser de désertion, Murat prit la route de l'Italie.

Chapitre XIII

POUR SAUVER LA COURONNE (1813-1814)

De Posen à Naples, où il parvint le 4 février, Murat voyagea à une vitesse stupéfiante, ce qui valut un mot cruel d'Eugène [1], toujours à la tête des débris de l'armée. Pendant tout le temps de son commandement en Russie, Joachim, qui se méfiait de Caroline, s'était fait tenir au courant de ses initiatives par sa police secrète. Aussi arriva-t-il dans son royaume parfaitement au fait de la situation.

Durant la route, il avait eu le temps de dresser un bilan politique. À la suite du désastre de Russie, la position de Napoléon devenait précaire. Il allait devoir faire face à l'est à une attaque russo-prussienne. En même temps, au sud, la pression anglaise en Espagne se faisait plus forte et au même moment l'Empereur était obligé de retirer des troupes de la péninsule ibérique pour encadrer l'armée qu'il allait reconstituer.

1. « Ce n'est pas mal pour un malade ! »

En face, l'Autriche restait neutre, pour l'heure. Le demeurerait-elle longtemps ? Des liens familiaux l'unissaient à Napoléon. Pèseraient-ils lourd dans la balance ? Ce qui compliquait encore la situation était que, sous l'influence de la Révolution française et celle de l'aventure napoléonienne, les peuples d'Europe montraient des signes d'éveil et voulaient affirmer leur nationalité. Le Tyrol autrichien avait connu un tel mouvement en 1809 et le soulèvement espagnol en était un autre. C'était précisément ce contre quoi se dressaient les souverains en place, désireux de mettre fin à l'hégémonie de Napoléon pour rétablir l'ordre des choses tel qu'il avait existé avant 1789.

C'étaient là des courants contradictoires qui continueraient à se heurter tout au long du XIXe siècle. L'Angleterre, moteur de cette pulsion, était tout sauf absolutiste et ne désirait qu'abattre Napoléon. Les sentiments d'Alexandre étaient plus complexes. Cet autocrate mystique, romantique, se voyait très bien prendre la place de celui qu'il combattait et avec qui il n'était pas parvenu à s'entendre. Le roi de Prusse nc songeait qu'à récupérer les territoires perdus et à en annexer d'autres si cela était possible. Quant à l'empereur François d'Autriche, c'était un parfait imbécile qui ne voyait que par les yeux de son ministre Metternich, plus qu'aucun autre attaché à rétablir l'ancien ordre, peut-être par manque d'imagination.

Au milieu de cet imbroglio, quelle devait être la politique du roi de Naples ? Il pouvait continuer à se montrer un allié de son beau-frère, mais précisément son analyse l'amenait à ne plus croire en son avenir. Également, il lui était possible d'esquisser un rapprochement avec ses ennemis, mais cette démarche lui répugnait quelque peu. Enfin, dans une sorte d'expectative, il pouvait demeurer dans la neutralité.

Ce n'était pas que le poids de son royaume dans un conflit pesât lourd. Mais que lui, Murat, se décidât à rallier personnellement Napoléon et à reprendre en main la nouvelle cavalerie pouvait changer l'issue de la guerre. Il constituait donc à lui seul une pièce de première importance sur l'échiquier européen et tous les chefs militaires en étaient conscients. Dès lors, il lui était possible de dissocier sa fortune de celle des Bonaparte et de mener un jeu personnel qui lui permettrait de conserver son royaume.

À Naples, un de ses premiers gestes fut d'écarter Caroline du gouvernement et de rappeler à ses côtés les membres influents du parti napolitain. Ce ne fut qu'un peu plus tard qu'un rapprochement s'esquissa entre les époux. Pour l'heure, en tant que sœur de Napoléon, la reine se voyait mal l'abandonner, mais elle ne tarderait pas à changer d'avis. Un signe de Napoléon eût-il été de nature à ramener Murat dans son camp ? La chose est possible car sa perplexité était grande. En lui, intérêt égoïste et sens de la fidélité se contrebalançaient. Mais l'appel ne vint pas. L'Empereur, avec toujours la vieille rancune qu'il entretenait contre son beau-frère, lui reprochait d'avoir quitté l'armée. Devant ce silence, Murat se décida à la fin de février à envoyer un ambassadeur secret à Metternich. Il choisit un fin diplomate, le prince Cariati, chargé simplement de tâter les Autrichiens (toujours neutres) pour savoir « si l'existence politique du royaume ne pourrait être stipulée dans les arrangements généraux qu'on croit devoir se faire sous la médiation de l'Autriche ».

La démarche était très habile. Sans se compromettre, sans trahir personne, Murat laissait entrevoir des possibilités d'accord. Il reconnaissait à Metternich un caractère de médiateur et indiquait que lui aussi, pour le moment, se cantonnait dans la neutralité. Par contre, Caroline s'y déclara opposée, persuadée que son frère serait bientôt au courant et pourrait réagir très brutalement. Metternich, qui précisément cherchait à entrer en rapport avec Murat afin de le détacher de la cause napoléonienne, accueillit aimablement son envoyé, mais fit attendre sa réponse jusqu'au début d'avril.

Entre-temps, à la fin de février, les Anglais, depuis la Sicile, avaient esquissé un mouvement que l'on ose à peine appeler une offensive. Ils débarquèrent sur la petite île de Ponza, située au large de la côte, et la présence d'une de leurs escadres empêcha Murat d'y envoyer des renforts. Lorsque la faible garnison eut capitulé, Lord Bentinck renvoya sur le continent un administrateur français qui se trouvait là et le chargea de porter au roi des propositions de négociations.

Ainsi Murat, sollicité à la fois par les Autrichiens et les Anglais, s'estima-t-il dans une situation particulièrement forte. Mais il ne réalisa pas, semble-t-il, ce qu'elle avait de provisoire. En effet, d'une part elle était liée à la lutte contre Napoléon et de l'autre elle impliquait la défaite de celui-ci, que Murat prévoyait.

Toutefois, contrairement aux souhaits de Metternich, qui était peut-être sincère au départ, mais dont la franchise varierait avec les événements, Murat ne s'engagea pas résolument aux côtés de l'Autriche. On a accusé son irrésolution. En réalité, il devait mener un jeu subtil vis-à-vis de partenaires dans lesquels il lui était difficile d'avoir totalement confiance. Son caractère d'usurpateur de trône était trop flagrant aux yeux de certains de ses interlocuteurs pour qu'il ne prît pas la précaution de garder plusieurs fers au feu.

Les Anglais, c'est-à-dire Lord Bentinck, se montrèrent brutaux et pas du tout diplomates, ce qui ne fit que justifier le comportement de Joachim. Pour eux, Murat devait fournir des garanties sérieuses, soit livrer Gaète, puis tout son royaume, contre la vague promesse de compensations territoriales à définir plus tard. Il est vrai qu'en Sicile le noble lord avec ses manières de soudard ne réussissait pas mieux : il était en état d'hostilité ouverte avec la reine Marie-Caroline et n'avait en tête que de faire de l'île une colonie britannique.

Ayant lancé des ponts du côté des adversaires présents ou futurs de Napoléon, Murat entreprit de prendre des assurances du côté de ce dernier, car au fur et à mesure que les semaines passaient, l'Empereur semblait en passe de rétablir sa situation. Celui-ci ne daigna pas répondre à ces nouvelles ouvertures. Il était parfaitement au courant de la mission du prince Cariati et décida de se passer des services de son beau-frère dans la campagne qui allait s'ouvrir en le remplaçant par son ami Bessières, qui était certes un grand cavalier mais ne valait pas Murat.

La guerre reprit à la fin d'avril 1813. Dès le premier combat, à Weissenfels, le 1er mai, Bessières fut tué. Les deux batailles qui suivirent, Lützen et Bautzen, furent gagnées par Napoléon sans être décisives, car il manquait certes de cavalerie mais surtout d'un chef à mettre à la tête de celle qu'il avait et qui aurait su mener une poursuite comme après Iéna.

En même temps qu'il négociait avec tout le monde, Murat poussait ses préparatifs militaires. Il savait qu'à présent il ne pouvait plus compter que sur ses propres forces et étoffait son armée en conséquence. Certes, il ne se faisait pas excessivement d'illusions sur la valeur guerrière de ses Napolitains, et Caroline avait eu un mot dur à leur sujet [1]. Mais ils représentaient tout de même une force et, correctement encadrés, pourraient jouer leur rôle dans un conflit.

Comme toujours, les soucis financiers primaient sur les autres, et sur l'avis du fidèle Agar il prit des mesures draconiennes : avance du paiement des impôts, diminution du traitement des fonctionnaires et enfin ouverture des frontières aux marchandises d'importation afin d'augmenter le produit des taxes douanières. Bientôt, Naples disposa d'une armée d'environ 30 000 hommes bien équipée et assez correctement entraînée. Mais quand Napoléon la lui demanda pour l'incorporer dans celle qu'Eugène réunissait en Italie du nord face aux Autrichiens, Murat fit la sourde oreille. Il agit de même lorsqu'un peu plus tard Metternich lui demanda s'il serait disposé à la voir se joindre à ses propres troupes. Jusqu'au dernier moment il entendait préserver l'avenir et il est certain que l'armée napolitaine, dont personne ne connaissait la valeur réelle, faisait l'objet de beaucoup de convoitises.

Cependant, dcpuis le 4 juin, un armistice existait entre les belligérants : Napoléon en avait besoin pour renforcer son armée, en particulier la cavalerie venant d'Espagne, et pour recompléter ses munitions. Les Alliés désiraient entre autres donner à l'Autriche le temps de se joindre à eux. Ce soutien leur était absolument nécessaire pour être suffisamment puissants face aux Français. Mais si Vienne poussait rapidement ses préparatifs, les chefs militaires, entre autres, s'y montraient hésitants sur la conduite à tenir et il en était de même pour les civils.

1. « Habillez-les de vert, de rouge ou de jaune, ils foutront toujours le camp ! »

Le souvenir de Wagram les rendait tous extrêmement prudents. Metternich pensait que s'ils se joignaient aux Russes et aux Prussiens (les Anglais et les Suédois ne comptaient pas) et si Napoléon avait encore une fois le dessus, sa vengeance contre l'Autriche serait cette fois terrible. Par ailleurs, le pays traversait une nouvelle crise financière et craignait, malgré l'aide promise par la Grande-Bretagne, de ne pouvoir entretenir la guerre.

Napoléon s'était établi à Dresde et c'est là que Metternich vint le voir le 26 juin, pour tenter un dernier effort en faveur d'une paix de compromis, ce qui montre à quel point il se souciait peu de jeter son pays dans le conflit. Il se faisait fort, dit-il, d'amener Russes et Prussiens à composition. Mais par son intransigeance, l'Empereur rendit la négociation impossible.

Murat attendait des nouvelles des pourparlers menés en son nom à Vienne et elles n'arrivaient pas. En leur place, il reçut à la fin de juillet une lettre comminatoire de Napoléon. Les termes ne nous en sont pas connus car elle ne nous est pas parvenue, mais son sens était clair : Murat était convoqué à Dresde pour justifier son « étonnante conduite ». Il partit le 2 août. Vingt-quatre heures plus tard, une dépêche de Vienne parvenait à Naples. C'était une proposition ferme d'alliance, avec garantie du maintien de la couronne du royaume continental à Murat. Metternich faisait bon marché des droits des Bourbons des Deux-Siciles, mais il était trop tard. Murat avait pris parti. Ce fut ce que Caroline, à nouveau régente, déclara au comte de Mier, ambassadeur d'Autriche.

*

À Dresde, où il arriva le 14 août, si Napoléon fit un effort pour l'accueillir avec chaleur, Murat trouva une atmosphère terriblement pessimiste à l'état-major, en particulier chez Berthier qui ne lui cacha pas sa lassitude. Il estimait la disproportion des forces en présence trop grande pour la France. Elle ne pouvait compter raisonnablement vaincre, surtout si l'Autriche se joignait aux coalisés. Le 17 août, Murat, Berthier et Caulaincourt, parlant tant en leur nom qu'en celui de leurs camarades, essayèrent de persuader Napoléon d'accepter les conditions de paix que lui avait proposées Metternich. Une fois encore l'Empereur, par orgueil, et peut-être parce qu'il estimait qu'en y souscrivant il ne pourrait se maintenir sur le trône ou parce que, avec Murat à ses côtés, il croyait pouvoir gagner, refusa d'écouter ses lieutenants.

La séance dura trois heures et quand elle se termina, ses interlocuteurs comprirent qu'il allait rouvrir les hostilités dans des conditions épouvantables. Effectivement, l'armistice de Pleiswitz n'était valable que jusqu'au 20 juillet et se survivait depuis cette date. Or, dès le 11 août, l'Autriche avait déclaré la guerre à la France, y mettant automatiquement fin et indiquant ainsi de façon claire quel était son camp. Napoléon avait donc en un sens eu raison de tenir tête à ses généraux.

Le premier combat eut lieu à Dresde le 26 août. Les Autrichiens reçurent de plein fouet le choc de la cavalerie de Murat au mieux de sa forme. Des torrents de pluie mouillant la poudre empêchèrent les carrés de l'infanterie autrichienne de tirer mais nullement les escadrons de Murat de les charger et de les enfoncer puis de les poursuivre pendant deux jours. Leurs pertes étaient très lourdes et le moral des Alliés au plus bas. L'harmonie ne régnait pas entre eux et une fois de plus Metternich songea à traiter. Mais Oudinot battu par Bernadotte, Macdonald par Blücher, Vandamme capitulant le 30 à Kulm avec tout son corps d'armée, Davout qui comptait prendre Berlin obligé de reculer devant Bennigsen et allant s'enfermer dans Hambourg, amenèrent un nouveau retournement de situation.

Cependant les Autrichiens, impressionnés par Murat, lui offrirent une nouvelle fois de traiter. Le 7 octobre, un de leurs agents vint le trouver de la part de Metternich et lui proposa, s'il abandonnait sur-le-champ Napoléon, la garantie de la conservation de son trône. Encore une fois, était-il sincère ? Murat considéra qu'il ne pouvait à ce moment déserter le parti français, et cette position est tout à son honneur. Mais sa situation devenait désespérée. Le 10 octobre, il battit encore les Russes à Borna. Le 13, il manqua être tué. Alors que son cheval enlisé dans un terrain fangeux s'en sortait avec peine, un officier russe surgit par-derrière sans être remarqué. Il allait percer Murat de son sabre quand le piqueur du roi, survenant à son tour, fut plus rapide et le tua. La promptitude de son intervention lui valut la gratitude de Joachim et une rente de 6 000 francs sur la ville de Naples.

Dans la nouvelle bataille qui allait se livrer du 16 au 19 octobre devant Leipzig, et où il commandait la droite française, Murat reçut pour mission de résister avec 50 000 hommes fatigués aux 125 000 du prince de Schwarzenberg. Menant contre toute raison des charges fantastiques, au cours desquelles son régiment chéri des lanciers de Berg se distingua mais fut anéanti, culbutant tout, il parvint à trois cents mètres d'une butte d'où le tsar observait le combat. Le reconnaissant, et non sans ironie, Alexandre, au courant des tractations de Metternich, déclara au prince Cariati qui se tenait à ses côtés :

– Vraiment, notre allié cache trop bien son jeu !

Mais la disproportion des forces était trop grande, et Napoléon n'était pas au mieux de sa forme. Contraint à la retraite par la défection de ses alliés saxons en pleine bataille, il vit celle-ci se dérouler dans les pires conditions. Et pourtant quand, le 23 octobre, à Erfurt, Murat et les autres maréchaux contemplant les débris de la nouvelle Grande Armée le conjurèrent une fois de plus de solliciter la paix, il refusa. Pourtant, au sud comme en Allemagne, la situation tournait au désastre. Les Anglais avaient franchi la frontière hispano-française le 7 octobre et Soult envoyé sur place n'avait plus assez de forces à leur opposer. Il se contentait de faire de la manœuvre retardatrice.

Le 22 octobre, Murat reçut une nouvelle missive de Metternich lui faisant clairement comprendre que s'il n'abandonnait pas sur-le-champ Napoléon, l'Autrichien ne pourrait plus répondre de son avenir. La position de la France napoléonienne devenait il est vrai de plus en plus difficile. Ses alliés allemands l'abandonnaient les uns après les autres. Aussi, le 24, Joachim déclara brusquement à Napoléon qu'il devait retourner à Naples car, Caroline n'étant plus à la hauteur des circonstances, la fortune du royaume exigeait sa présence. L'Empereur ne fit aucun geste pour le retenir et la séparation des deux hommes manqua de cordialité.

*

Arrivé à Milan le 31 octobre, Murat y séjourna quarante-huit heures, le temps de s'aboucher avec La Vauguyon, l'ancien amant de Caroline qu'il avait ignominieusement chassé de Naples. Celui-ci fit miroiter à Joachim qu'il avait un rôle à jouer, celui de libérateur et d'unificateur de l'Italie. L'idée en était déjà vaguement venue à Murat après les conversations qu'il avait eues avec ses amis francs-maçons à Rome en 1809. Et il avait certes tout pour entrer dans la peau d'un tel personnage : la fougue, la prestance, le courage, mais en même temps l'esprit de calcul et une certaine rouerie. Mais était-ce vraiment le moment de tenter une telle aventure ? Bien qu'intéressé, le roi de Naples restait d'autant plus sceptique qu'il se préparait à continuer à négocier avec l'Autriche, certainement opposée à toute forme d'unité italienne. Il reprit sa route, ayant fait à La Vauguyon la vague promesse d'un commandement, et le 4 novembre il parvint à Naples.

Là, il découvrit une situation encore plus compliquée qu'il ne l'avait craint. Caroline, régente, avait poursuivi la politique de son mari mais sans envisager toutes les hypothèses que Joachim avait prévues, et elle avait simplement joué à fond la carte de l'alliance autrichienne. Curieusement, alors que son pays était en guerre avec la France et ses alliés, Metternich avait laissé en place à Naples son ambassadeur, le comte de Mier, et pour s'en faire un complice, Caroline avait employé la meilleure méthode qu'elle connût : elle en avait fait son amant (un de plus). Ainsi, tout en servant son gouvernement, Mier devenait l'homme de liaison entre celui-ci et la reine de Naples.

Mais Murat, s'il était prêt à signer maintenant un traité de neutralité avec l'Autriche et à garder ses forces militaires intactes, n'entendait pas pour autant rompre totalement avec l'Empereur. Au fond, en demeurant en dehors du conflit, il comptait ménager l'avenir. C'est pourquoi, au cours d'un premier entretien avec Mier, il mit très haut la barre de ses exigences pour sortir éventuellement de la neutralité : il renonçait à la Sicile mais demandait en compensation la cession des États pontificaux. Puis, se rappelant ses conversations avec La Vauguyon, il commença à préparer le rôle d'arbitre qu'il pourrait être appelé à jouer dans la péninsule italienne. Sa position était assez forte. La puissance de la France s'achèverait avec la chute de l'Empire. Les Autrichiens étaient honnis. Le pape, les grands-ducs de Parme, Toscane, etc., comptaient pour rien. Dans cette espèce de vide politique, le personnage d'unificateur de l'Italie lui conviendrait à merveille. Certes, les Autrichiens seraient difficiles à convaincre ; les Anglais, dont les chances d'implantation sur le continent étaient nulles, le seraient moins. Mais, curieusement, le pays dont Murat ne sembla pas chercher à solliciter l'appui était celui dont les dirigeants lui étaient le plus favorables : la Russie. Si éloignée qu'elle fût, elle s'était intéressée au royaume de Naples par le biais duquel elle avait pris pied en Méditerranée, et l'avait assuré de sa protection. Alexandre et son frère Constantin éprouvaient de la sympathie pour Murat. Que celui-ci eût fait les premiers pas, sans doute se seraient-ils accordés avec lui. Mais, toujours en raison de son esprit d'allégeance pour Napoléon, il n'en fit rien.

En attendant, l'Empereur, comme s'il avait senti les hésitations de son beau-frère dont il n'ignorait pas les tractations, lui dépêcha un ambassadeur extraordinaire, et quel ambassadcur ! C'était Fouché, qu'il maintenait en Italie, ne désirant pas le voir trop près de Paris. Il arriva à Naples le 30 novembre et y fut bien accueilli. Des liens d'amitié et de complicité existaient depuis longtemps entre les deux hommes, et ils trouvèrent immédiatement un terrain d'entente. Le duc d'Otrante demeura sur place une quinzaine de jours, eut l'aplomb d'écrire à Napoléon que Murat lui restait secrètement fidèle, et en même temps le conforta dans ses idées de créer un royaume d'Italie. Il semble que Fouché s'intéressa beaucoup plus à l'avenir des Murat qu'à celui de Napoléon, comme s'il avait pensé pouvoir jouer un rôle dans le royaume agrandi. Avant de partir, il recommanda simplement à Joachim de continuer de mener cette politique de bascule qui était devenue la sienne et de prendre du champ vis-à-vis des Autrichiens.

Or précisément ceux-ci, qui commençaient à percer le jeu du roi de Naples, avaient décidé de le forcer à entrer en guerre aux côtés des Alliés, mettant désormais cette condition à son maintien sur son trône. De cette manière, il cesserait d'être aux yeux des patriotes italiens le libérateur qu'ils croyaient entrevoir en lui. Voulant hâter sa prise de position, Metternich envoya à Murat Neipperg avec le texte d'un traité en poche. Il fut signé le 8 janvier 1814. Ce fut peu après que les époux Murat reçurent la visite de Mme Récamier qui, quoique en disgrâce auprès de Napoléon, fut reçue avec les plus grands égards par Caroline.

Cependant Murat ne se hâtait pas d'entrer en campagne. Son armée avait fait mouvement vers le nord depuis la fin novembre 1813 et occupait les États pontificaux et la Toscane. Il avait nommé La Vauguyon gouverneur de Rome à la place du général Miollis, et celui-ci s'était contenté de s'enfermer dans le château Saint-Ange avec la petite garnison française, sans que Joachim pensât à l'inquiéter. Il allait jusqu'à le ravitailler. Mais il ne semblait pas se résoudre à attaquer les Français d'Eugène. Il craignait en effet la réaction anglaise, la position de Lord Bentinck lui paraissant douteuse. Cette incertitude allait durer jusqu'à la fin de janvier, quand Bentinck reçut de Londres l'ordre formel de reconnaître

Murat et de signer un armistice avec lui, ce dont Joachim fut immédiatement averti. Le ministre anglais des Affaires étrangères, Castlereagh, faisait peu de cas des Bourbons de Naples. La Sicile ne l'intéressait pas et Malte lui semblait un point d'appui très suffisant en Méditerranée centrale. La rage au cœur, Bentinck s'inclina. Son rêve de devenir vice-roi de Sicile s'effondrait.

Aussitôt après, Murat quitta Naples et alla prendre la tête de son armée. Il avait stipulé, suivant les conseils de Fouché, que celle-ci ne servirait pas la cause alliée au-delà des frontières italiennes.

Cette dernière campagne d'Italie est curieuse et n'aura aucune influence sur la situation générale. Réduit à de faibles forces, Eugène craignait de voir le roi de Naples l'attaquer. De leur côté, les Autrichiens n'avaient pas entière confiance en ce nouvel allié. Ils avaient peur de le voir prendre parti pour Eugène, d'où ces mouvements assez décousus. Murat se montra remarquable dans l'inaction, ne mettant en ligne ses soldats que par petits paquets et n'appuyant jamais l'action des généraux autrichiens. Il continuait de chercher à gagner du temps, expliquant ses atermoiements par la crainte où il se trouvait de voir les Anglo-Siciliens débarquer chez lui s'il s'engageait trop, voulant faire croire à ses interlocuteurs qu'il n'était pas au courant de la nouvelle politique du cabinet de Londres.

Cette situation allait durer jusqu'à l'abdication de Napoléon, qui mit fin aux opérations militaires en Italie, et le 2 mai Joachim était de retour à Naples. Pour le moment, il sauvait sa couronne, ce qui était l'essentiel, mais il devait abandonner toutes ses conquêtes : États pontificaux, Toscane, Parme. L'unité italienne dont il avait rêvé semblait bien compromise.

Chapitre XIV

UN FANTASTIQUE PARI
(1814-1815)

Ce fut à Vienne qu'une conférence à quatre (déjà) allait décider du destin de l'Europe. Les États membres n'étaient pas à priori hostiles à Murat. L'Autriche le considérait à présent comme son vassal, et la mort de Marie-Caroline de Naples réglait l'épineuse question des liens de parenté avec l'empereur François. À la Prusse, il était indifférent. Le tsar, on l'a vu, regardait Murat avec sympathie. Seule la Grande-Bretagne lui était peut-être un peu hostile. Mais au fond, le sort de Ferdinand de Sicile, pour qui ils ne ressentaient aucune bienveillance, laissait insensibles les quatre souverains et leurs ministres. Malheureusement pour Joachim, un cinquième partenaire fut invité un peu plus tard à se joindre aux autres : la France de Louis XVIII. Elle était représentée par Talleyrand, décidé à faire du zèle au nom de son nouveau maître. Or Louis XVIII était un Bourbon qui avait le sens de la famille et se mit en tête de faire rétablir sur son trône son cousin des

Deux-Siciles, appuyé dans son action par Ferdinand d'Espagne.

Fouché avertit Murat du danger que cette nouvelle donne lui faisait courir et lui conseilla d'utiliser la seule parade possible : acheter Talleyrand en précisant qu'il ne fallait pas lésiner sur les moyens. Murat pensa qu'un million constituerait un pot-de-vin suffisant, du moins dans un premier temps. Le prince de Bénévent l'accepta tranquillement sans même remercier. Mais, mieux conseillé sans doute, ou disposant de davantage de fonds, Ferdinand de Sicile offrit quatre millions. Du reste, même s'il s'était montré plus généreux, il n'est pas certain que Joachim eût réussi à intéresser Talleyrand qui tenait par-dessus tout à rester, pour l'heure, dans les bonnes grâces de Louis XVIII. Celui-ci était d'autant plus hostile à Murat que, mal informé, il lui attribuait un rôle qui n'avait pas été le sien dans l'exécution du duc d'Enghien.

À Vienne, donc, les affaires de Murat se gâtaient. Pourtant les Autrichiens le soutenaient encore, parce que leur empereur, qui avait signé un traité avec lui, n'était pas homme à renier sa parole. Mais il était clair qu'un jour prochain Murat risquait de perdre son trône et que certains attendaient qu'il commît une erreur pour l'abattre. « On » parlait de compensations, mais lesquelles et sous quelle forme ? Personne ne se hasardait à le préciser. De ces dangers, Murat était informé grâce à l'excellent service de renseignement que formaient les loges maçonniques, intéressées au premier chef par les décisions du congrès de Vienne.

À Naples, Caroline avait repris sa vie insouciante, donnait des fêtes, ne jurait que par l'amitié autrichienne et ne comprenait rien aux soucis de son mari dont la situation semblait pourtant s'éclaircir puisque l'Angleterre avait rappelé Lord Bentinck.

Ce fut vers la fin de 1814 que Napoléon, de l'île d'Elbe, se remit en rapport avec Murat. Il lui envoya un de ses fidèles Corses, Colonna d'Istria. Il était chargé d'annoncer au roi de Naples la prochaine tentative de retour en France de l'Empereur. Mieux, il proposait une alliance à Murat dont l'armée de 80 000 hommes, suivant ses dires, intéressait fortement Napoléon. Avec beaucoup de dignité et quelque hauteur, Joachim refusa de signer un traité, disant que la parole de son beau-frère lui suffisait. Il reprenait donc son jeu de bascule. De son côté, Napoléon espérait pouvoir s'appuyer sur Murat comme intermédiaire dans ses futures négociations avec l'Autriche.

Il débarqua à Golfe-Juan le 1er mars 1815. Dès le 13, les Alliés le mettaient hors la loi et rejetaient par avance ses propositions de paix. Le 17, Murat montait en voiture pour rejoindre son quartier général et déclarer la guerre à l'Autriche, en partie pour réaliser ses propres ambitions et pour servir les desseins de Napoléon.

Il disposait non pas de 80 000, mais à peine de 40 000 hommes, et ce n'étaient pas de fameuses troupes. Elles étaient déployées assez au nord de la péninsule, car malgré ses engagements Joachim n'avait évacué ni les États pontificaux, ni la Toscane, ni la région d'Ancône. Pourquoi avait-il agi avec une précipitation que lui reprochera plus tard Napoléon, s'imaginant que ses offres de paix seraient favorablement accueillies par les coalisés ? En fait, Murat avait fort bien choisi le moment de prendre l'offensive. Il y était d'ailleurs poussé par les patriotes italiens qui espéraient enfin voir se concrétiser grâce à lui leur rêve d'unité, et par les francs-maçons, qui de leur côté tablaient sur une victoire de Naples pour rétablir leur influence fortement battue en brèche.

À présent, Joachim avait des raisons de se méfier de Metternich, que Talleyrand intéressait chaque jour davantage à la cause des Bourbons. Dès lors, l'alliance avait beaucoup moins de valeur pour le roi de Naples et, même si cela représentait un risque sérieux, il avait tout intérêt à ne pas attendre que l'Autriche déclenche la première les hostilités. Le retour de Napoléon la mettait dans une position difficile. Elle allait devoir concentrer ses efforts militaires contre la France et, du reste, mobiliser allait lui demander du temps. Les effectifs dont elle disposait en Italie n'étaient pas considérables et il ne serait pas question de les étoffer. Cet ensemble permettait à Murat d'avancer dans le nord contre un ennemi momentanément réduit à la défensive. Enfin, il comptait (ses amis libéraux le lui avaient promis) sur la levée en masse de 150 000 Italiens.

Au sud, sa situation paraissait encore meilleure : depuis la paix de 1814, les Anglais avaient repris le commerce avec le royaume sur une grande échelle et y avaient ouvert des comptoirs. Ils ne voyaient aucune raison de recommencer la guerre là où le négoce repartait admirablement. Ils n'allaient toutefois pas tarder à changer d'avis.

La marche de Murat vers le nord surprit les Autrichiens qui, s'ils la prévoyaient, ne l'attendaient pas si tôt. Ils replièrent en toute hâte leurs faibles garnisons. Leur commandant en chef, le maréchal Frimont, décida de céder tout le terrain nécessaire pour opérer sa concentration, mais de tenir la ligne du Pô. Ce fut là que, le 8 avril, vint buter Murat avec son armée après quelques succès initiaux. Il était soucieux, commençant à saisir ce que la situation avait d'inquiétant : les patriotes italiens, peu avares de promesses et de démonstrations d'enthousiasme, ne se bousculaient pas pour s'engager dans l'armée napolitaine ou dans les légions italiennes, malgré les proclamations que leur avait lancées Murat. D'ailleurs, et au fur et à mesure qu'il avançait dans le nord, les réceptions triomphales se faisaient plus rares. De ce côté-là, le fiasco était complet. Et puis les troupes de Murat elles-mêmes ne répondaient pas à l'espoir qu'il avait mis en elles. Les désertions se multipliaient et au premier coup de canon les Napolitains se débandaient par compagnies entières. L'encadrement se révélait médiocre. Aussi, le 8 avril, la tentative de forcer le passage du Pô au pont d'Ochiabello se traduisit-elle par un échec.

Ce n'était pas que les défenses autrichiennes élevées à la hâte y aient été particulièrement solides, mais les troupes de Murat manquèrent de mordant. Il dut donc battre en retraite, suivi prudemment à distance par Neipperg et décidé à se replier sur le royaume avec ce qui lui restait de combattants. Seule la mollesse des Autrichiens empêcha que dès cet instant la retraite ne tournât en déroute. En avant de Rimini, Joachim s'établit sur une position fortement défensive et attendit l'ennemi. Neipperg l'ayant reconnue se garda de l'attaquer, ne voulant pas prendre le risque d'essuyer un échec. Il craignait même de voir Murat reprendre l'offensive et préféra laisser son camarade, le feld-maréchal Bianchi, tenter un mouvement tournant pour forcer par cette seule manœuvre les Napolitains à continuer leur retraite.

Ces opérations avaient pris du temps. Ce fut seulement le 2 mai que Bianchi s'empara de la ville de Tolentino, poursuivant son mouvement d'encerclement. Et là Murat vint l'attaquer. La bataille dura deux jours. Indécise le premier, elle se termina néanmoins par un coup sévère pour le roi de Naples. Son meilleur général, d'Ambrosio, grièvement blessé, dut être emporté loin du champ de bataille. Le lendemain, au moment où les colonnes d'assaut napolitaines auraient dû s'élancer sur les positions ennemies, elles se débandèrent. La présence de Murat, qui s'exposait comme à son habitude, ne servit à rien et il dut se résoudre à reculer. Une fois de plus, la retraite tourna en fuite et seule l'inertie habituelle des Autrichiens empêcha que le désastre ne fût complet. Les restes de l'armée refluèrent vers Pescara puis Capoue. Là se regroupa ce qui restait des régiments napolitains, à peine 9 000 hommes.

À ce moment, Murat eut la surprise de voir débarquer son ancien chef d'état-major et ami Belliard, envoyé par Napoléon pour empêcher Joachim de se lancer dans la guerre. Il arrivait trop tard et pour constater que la situation semblait désespérée. C'était également l'avis de Murat. Belliard lui conseilla alors de se retrancher dans Capoue avec les restes de son armée, ou encore de gagner Gaète, car il pensait que les soldats se battraient mieux à l'abri de fortifications. Mais Murat n'avait plus confiance en ses sujets. Il estimait la partie définitivement perdue et le 18 mai au soir rentrait à Naples, sachant à quoi s'en tenir sur les promesses des libéraux italiens et ayant perdu toutes ses illusions. Ayant chargé deux de ses généraux, Carrascosa et Colletta, de retourner à Capoue pour négocier avec les Autrichiens la cessation des hostilités, mais sachant que son règne était fini et ne voulant pas tomber aux mains de l'ennemi, il se décida à partir, un départ qui ressemblait fort à une fuite. Le 19, accompagné de quelques amis, il s'embarqua à Miniscola sur un bateau de pêche et gagna Ischia. Le lendemain, il put monter à bord d'un chebec maltais où il eut l'heureuse surprise de retrouver le général Manhès, le pacificateur du royaume, peu soucieux de se voir prisonnier des nouvelles autorités.

Ensemble, ils prirent le chemin de la France, réussirent à éviter les croisières anglaises grâce à une tempête qui dispersa les vaisseaux de surveillance, et le 25 débarquaient à Cannes.

La flotte anglaise bloquant Naples, il avait dû laisser Caroline derrière lui. Celle-ci, menacée par la populace napolitaine qui l'avait acclamée quelques jours plus tôt, fut contrainte de chercher refuge à bord du vaisseau amiral de Lord Exmouth (Pellew), tandis que la foule acclamait Ferdinand. Lorsque Neipperg atteignit Naples, il exigea que les Anglais lui livrent la « ci-devant reine », qu'il entendait ramener en Autriche les fers aux pieds. Lord Exmouth n'aimait pas particulièrement la famille Bonaparte, mais c'était un gentleman. Il refusa de remettre Caroline à cet excité et, après avoir touché Gaète où elle récupéra ses enfants, alla la débarquer à Trieste où des Autrichiens plus pondérés la prirent en charge. Elle allait demeurer captive de fait, une captivité plutôt légère, jusqu'à la fin de la Restauration.

*

Le premier soin de Murat fut d'écrire à Napoléon pour lui annoncer sa venue et lui offrir ses services, conformément au rapprochement qui s'était esquissé depuis l'île d'Elbe, précisa-t-il. Mais en même temps il prévint son ami Fouché, à nouveau ministre de la Police, pensant que ce dernier pourrait lui être très utile, ce en quoi il ne se trompait pas. La réaction de l'Empereur fut assez étonnante. Au lieu d'accepter l'aide de Murat, il inventa de mauvais prétextes pour la refuser, l'accusa d'être la cause, par son attaque précipitée de l'Autriche, des difficultés auxquelles il devait faire face et, sans vouloir tout à fait rejeter ses propositions, l'assigna en quelque sorte à résidence dans le Midi, « quelque part entre Grenoble et Digne ». Afin de maintenir le contact, Murat lui expédia son secrétaire Coussy.

Fouché, par contre, se montra plus qu'aimable : amical. Il lui annonça qu'il allait lui faire rendre ses biens confisqués en 1808 et l'engagea à se rapprocher de Lyon. C'est que la nouvelle campagne que préparait Napoléon ne lui disait rien qui vaille. Il prévoyait déjà la catastrophe qui allait survenir et concoctait un gouvernement de transition à trois, dans lequel il se réservait le rôle principal, avec pour collègues Murat et Lucien Bonaparte. Il avait donc besoin de Joachim pour s'assurer de l'armée.

Depuis son débarquement, Murat séjournait à côté de Toulon, où il avait longtemps escompté voir débarquer Caroline, dans une propriété de l'amiral Allemand nommée Plaisance. Ce fut là qu'il apprit le désastre de Waterloo. Une fois de plus, il s'adressa à Fouché qui, tout en lui promettant de plaider sa cause auprès des Alliés, l'engagea à ne pas bouger pour le moment. Pendant ce temps Coussy, d'ordre de son maître, prenait langue avec Wellington arrivé à Paris. L'Angleterre serait-elle disposée à accueillir Murat ? Wellington laissa entendre que la chose était envisageable mais qu'auparavant le roi de Naples devrait signer une abdication, et Murat s'y refusa. Mais la situation devenait précaire. La terreur blanche déferlait sur le Midi et bientôt le maréchal Brune serait assassiné en Avignon. Murat allait devoir se cacher, se sauver. Désormais, ce ne serait plus qu'un être traqué par les événements et par les hommes.

Chapitre XV

LE GUET-APENS ET L'ASSASSINAT
(1815)

La seconde abdication de Napoléon et le retour de Louis XVIII rendaient impossible le séjour de Murat en France et il allait devoir chercher refuge ailleurs. Où ? En Europe, peu de pays semblaient décidés à l'accueillir. En Amérique ? Il avait en tant que roi de Naples entretenu de bons rapports avec les États-Unis, mais pour traverser l'océan, il fallait l'accord au moins tacite de la Grande-Bretagne et il était problématique qu'il l'obtînt. Il se mit en rapport avec Lord Exmouth, dont l'escadre mouillait en rade de Toulon. Celui-ci lui fit dire qu'il l'accueillerait volontiers à son bord, mais ne pouvait rien lui promettre quant à son avenir.

Cependant, il lui fallait trouver à tout prix un asile car sa présence commençait à être connue et des fanatiques royalistes, d'autant plus ardents qu'ils l'étaient de fraîche date, s'étaient mis à sa recherche sans savoir, du reste, comment le découvrir.

Tant que Fouché exerça le pouvoir – intermède

qui dura quelques semaines –, il ne risqua rien. Mais, courant juillet, il fut remplacé par Decazes qui, quoique ancien préfet de l'Empire, n'avait aucune raison de le ménager. À Marseille arriva bientôt un envoyé extraordinaire du roi, le marquis de Rivière, ancien chouan et complice de Cadoudal, qui avait dû à l'intervention de Murat de ne pas être fusillé. Joachim pensa que le personnage lui serait favorable, mais dans l'ambiance du moment, où les enragés tenaient le haut du pavé, il lui était difficile de se poser en protecteur de Murat. Il fit même en apparence tout le contraire, en annonçant qu'une prime de 24 000 francs serait versée à qui permettrait la capture du fugitif [1]. Si cette promesse décupla l'ardeur de la populace, par contre la police, tout en donnant l'illusion de se dépenser, demeura sur l'ordre de Rivière étrangement inactive. L'eût-elle vraiment voulu que l'arrestation de Murat n'aurait été qu'une question de jours. Mais si elle multiplia les perquisitions chez les bonapartistes notoires, elle se garda d'aller fureter du côté de la villa Plaisance, et les recherches ne donnèrent aucun résultat.

En fait, le gouvernement de Louis XVIII ne tenait pas à voir Murat tomber entre ses mains. Qu'en eût-il fait ? À l'inverse d'un Ney, qui avait trahi son serment au roi, il n'y avait rien à lui reprocher. Traduit en justice – mais sous quel prétexte ? –, il eût été acquitté. Le pouvoir préférait de beaucoup le voir aller se faire pendre ailleurs. Et c'est ce qui se produisit fin août, alors que depuis deux mois il jouait à cache-cache avec les forces de l'ordre. Des officiers de marine réussirent à le faire embarquer, au prix de péripéties rocambolesques, sur la balancelle qui

1. Cette mise à prix a été contestée. À en croire Lucas-Dubreton, il aurait même envoyé à Murat un sauf-conduit.

assurait le service du courrier entre Toulon et Bastia. Il parvint dans ce port le 25 août, encore incertain sur ce que serait son avenir. Sur le conseil d'une de ses anciennes connaissances qu'il avait retrouvée à bord, il se rendit aussitôt au village de Vescovato, où résidait un de ses compagnons d'armes, le général Franceschetti, qui lui offrit la plus large hospitalité. Murat eut donc le temps de réfléchir à tête reposée et envoya un de ses fidèles, un Corse nommé Lambruschini, à l'île d'Elbe, puis à Naples pour s'informer de la situation.

Cependant, averties de sa présence par le beau-père de Franceschetti, qui était maire de son village, les autorités de l'île, en la personne du général Verrier, avaient bien essayé de le faire arrêter, mais avaient dû se rendre à l'évidence : l'hostilité déclarée d'une partie de la population rendait la chose impossible, bien que les Corses fussent à présent assez divisés entre factions royaliste et bonapartiste. Verrier s'avisa alors d'un biais. Il conseilla au roi de Naples de quitter l'île ou d'accepter son hospitalité dans la citadelle de Bastia, une reddition déguisée, en somme. Mais Murat refusa.

Cependant, sur le continent, on se préoccupait beaucoup du sort de Joachim. Bentinck, revenu en Italie en tant que commandant des forces anglaises à Gênes, et qui savait que la popularité de Ferdinand à Naples n'avait pas duré, vit clair et craignit de voir Murat tenter dans son royaume un retour de l'île d'Elbe. Et il estima qu'il aurait des chances de le réussir. Il envoya donc une petite division navale bloquer le port de Bastia. Dans le même temps, dans les milieux diplomatiques, la danse du scalp contre Murat continuait et c'était à qui crierait le plus haut pour demander sa tête. Cependant, dans cette désespérance, deux amis lui restaient : Fouché d'abord, et surtout Bernadotte. Le duc d'Otrante connaissait parfaitement les liens qui avaient uni le roi de Naples et l'Autriche. Aussi, avec quelque cynisme, s'adressa-t-il au chancelier en le priant d'offrir un asile à Murat. Il n'est pas certain que Metternich aurait obtempéré, mais c'est alors qu'intervint Bernadotte.

Depuis son royaume de Suède, que l'on ne songeait guère à lui contester, il cherchait surtout, quels qu'aient été les services qu'il avait rendus à la coalition, à se faire oublier. Mais il se crut obligé, ce qui est tout à son honneur, d'intercéder en faveur de son ami. Il pouvait lui offrir l'hospitalité, mais la traversée de l'Europe serait sans doute difficile. Alors il écrivit au tsar, avec qui il était dans les meilleurs termes et qui n'avait rien à lui refuser. Car c'était grâce à Bernadotte que la Russie avait pu mettre la main sur la Finlande, qu'elle convoitait de longue date. Alexandre réagit immédiatement et pria – une prière qui ressemblait à un ordre – Metternich non seulement de sauver Murat, mais encore de lui trouver une compensation territoriale à la perte de Naples.

Metternich n'était nullement disposé, du moins pour l'heure, à accéder à la demande d'Alexandre en ce qui concernait un territoire souverain, mais il concéda qu'il pouvait lui accorder l'asile autrichien et lui permettre d'y retrouver sa famille. Par l'intermédiaire d'un de ses agents nommé Macirone, il lui envoya plusieurs passeports et mit à son accueil des conditions, somme toutes légères :

– Il vivrait sous un nom de simple particulier ;

– Il s'installerait en Bohême, Moravie ou haute Autriche, dans une ville ou à la campagne, suivant son choix ;

– Il s'engagerait à ne pas quitter l'Autriche sans l'accord de l'empereur et à se conformer aux lois en vigueur dans l'empire.

Que Murat acceptât, et son avenir était assuré, sans gloire mais également sans risques. Dans le vent de haine antibonapartiste qui balayait l'Europe, Alexandre et Metternich avaient un certain mérite à agir comme ils le faisaient.

*

En Corse, Murat ignorait tout de ces tractations et de la bouée qui allait lui être lancée. Il comprenait qu'il ne pourrait s'éterniser à Vescovato et bientôt apprit que le général Dalesme, commandant de l'île d'Elbe, à qui il avait envoyé Lambruschini, venait de s'engager vis-à-vis des Alliés à évacuer l'île. C'était encore une porte qui se fermait, mais Joachim affecta de prendre la nouvelle à la légère.

Cependant, il voyait accourir à lui un certain nombre d'anciens soldats, dont plusieurs avaient servi sous ses ordres. Parmi eux, il y avait des aventuriers et même des individus de sac et de corde. Son attitude ambiguë vis-à-vis de Napoléon ne les troublait guère. Ces demi-solde étaient prêts à se lancer dans une expédition hasardeuse sous les ordres du chef prestigieux qu'était encore à leurs yeux Murat. Ce fut alors qu'il commença à concrétiser l'idée de refaire à son profit l'opération que Napoléon avait si bien réussie depuis l'île d'Elbe. Il savait que Ferdinand IV s'était rapidement rendu impopulaire auprès d'une bonne partie de la population, par sa répression féroce contre tout ce qui avait approché les Français de près ou de loin. De ce triste roi, incapable de gouverner, il pensa qu'il se débarrasserait le plus aisément du monde et, peu sanguinaire, projetait de le renvoyer en Sicile. Mais il semble que dans son calcul il ne tint pas compte du fait qu'une armée autrichienne campait aux portes de Naples ou qu'alors il estimait pouvoir négocier avec ses chefs.

Il n'était pas question, avec sa petite troupe, d'embarquer à Bastia surveillé par les Anglais, et il décida de traverser la Corse et de gagner Ajaccio. Il envoya un courrier aux familles Bonaparte et Ramolino (celle de Madame Mère) pour les prévenir de sa prochaine arrivée et solliciter par la même occasion une aide financière. Assez piteusement, celles-ci se déclarèrent à voix haute fidèles au roi et qu'elles ne voulaient rien avoir à faire avec lui, tant était grande leur peur de se voir accusées de complicité avec Murat.

La marche sur Ajaccio qui débuta le 17 septembre fut véritablement triomphale. Tous ceux qui vivaient plus ou moins en marge de la loi (ils étaient nombreux en Corse) vinrent l'acclamer. À son approche, les autorités civiles et militaires ainsi que les familles Bonaparte et Ramolino prirent la fuite. La garnison s'enferma dans la citadelle. Son commandant eut pour seul souci d'éviter les désertions, et Murat put s'installer le plus tranquillement du monde dans une auberge de la ville où il continua à préparer la reconquête de son royaume.

Cependant les conseils de prudence, les avis de renoncer à sa tentative ne lui manquèrent pas. Tout d'abord, les trois officiers qui l'avaient aidé à passer en Corse, Blancard, Donnadieu et Anglade, qui jusque-là ne l'avaient pas quitté, refusèrent de le suivre dans ce qu'ils considérèrent comme une tentative sans espoir et rentrèrent en France. Ensuite, il reçut une lettre de Fouché, au courant, bien entendu, de ses préparatifs et qui prêchait lui aussi la circonspection. Il écrivait : « Le malheur a souvent des résultats heureux. Vous trouverez dans une vie privée le repos dont vous ne pouviez jouir sur le trône. (...) Croyez en celui qui connaît les illusions humaines et qui ne cessera de prendre intérêt à vous », et il concluait en lui recommandant fortement de ne pas se lancer dans l'aventure.

Enfin, le 28 septembre, jour où Murat avait promis de s'embarquer, arriva à Ajaccio Macirone avec les fameux passeports de Metternich. Il n'avait pu quitter Paris que le 10 septembre mais avait fait diligence. Débarqué à Calvi sur un faux renseignement, il avait couru après Murat en passant par Bastia d'où enfin il allait le rejoindre. Mais il venait bien tard. Tout était prêt pour le voyage : hommes, bateaux, uniformes, et Murat lui-même jugea et expliqua à Macirone qu'il avait franchi le point de non-retour et qu'étant donné la confiance qu'avaient mise en lui ses compagnons, il ne pouvait les abandonner sans se déshonorer. Néanmoins, il accepta les passeports et la lettre de Metternich qui les accompagnait.

À ce moment, un homme avait en quelques jours pris une influence considérable sur Joachim. C'était un nommé Barbara, prétendu ancien corsaire maltais puis napolitain, dont pourtant Murat n'avait jamais entendu parler. Il s'était présenté à Joachim comme un de ses fidèles partisans plus ou moins persécuté par les autorités napolitaines, et avait poussé de toutes ses forces pour persuader le roi de tenter son débarquement. Celui-ci, alors dans l'impasse, avait fini par se laisser séduire. En vain Franceschetti, à qui ce Barbara ne disait rien qui vaille, avait prêché la prudence et recommandé d'attendre le retour de Lambruschini. En réalité, Barbara était un sbire à la solde de Ferdinand. Ce dernier, tenu au courant des préparatifs de son rival, mourait de peur de le voir débarquer dans son royaume. Il avait donc décidé de s'en débarrasser en le faisant assassiner, procédé courant dans la famille, sans même songer aux répercussions internationales que pourrait avoir son geste. Il ne voyait pas si loin. Mais l'opération était difficile à réaliser. Pour abattre Murat au milieu de ses amis, il fallait disposer d'un véritable commando suicide, ce qui n'était pas le cas, d'où l'idée de l'attirer dans un guet-apens sur le continent et là de le mettre à mort grâce à une mise en scène bien réglée. C'est à cela que servit Barbara. Ce fut en vain, on l'a vu, que l'entourage de Joachim, qui subodorait le traquenard, tenta de lui faire différer son départ.

En fait, il ne pouvait s'éterniser en Corse. À présent à court d'argent, il lui était difficile de continuer longtemps à entretenir la troupe qui s'était formée autour de lui et qui vivait à ses crochets.

Barbara avait réuni avec beaucoup de difficultés, soutenait-il – ce qui n'était pas le moins curieux, car les embarcations abondaient aux environs d'Ajaccio –, cinq barques pontées et une felouque. Du fait de la faiblesse de la flottille, on ne put y embarquer qu'un peu moins de trois cents hommes au lieu des cinq cents prévus. L'appareillage eut lieu dans la nuit du 28 au 29 septembre. C'était assez tard dans la saison pour faire prendre le large à d'aussi petits bateaux et, de fait, la tempête se leva dès qu'ils furent en mer, les contraignant à relâcher pour réparer sur l'îlot de Maddalena devant les côtes de Sardaigne, où ils demeurèrent jusqu'au 1er octobre.

Pendant ce temps, Lambruschini était enfin revenu de Naples. Il rapportait d'assez fâcheuses nouvelles : un général proche de Murat qu'il avait contacté avait déconseillé toute tentative de débarquement, et même ajouté qu'il serait prudent que Lambruschini se sauve, s'il tenait à la vie. Quant au banquier de Murat, il lui avait appris qu'une partie de la fortune de Joachim, en particulier ses biens immeubles qu'il avait reçus en 1808 en lieu et place de ses propriétés en France, était sous séquestre et que par précaution le reste avait été transféré au nom d'Agar. Mais Murat n'était plus là pour l'accueillir et Lambruschini ne jugea pas utile de lui courir après.

De la Sardaigne, l'expédition fit route vers le continent. Murat était toujours hanté par le souvenir du retour de l'île d'Elbe et oubliait que Napoléon avait débarqué avec 1 000 soldats bien exercés. Mais l'oubliait-il vraiment ? Avait-il perdu à ce point sa lucidité ou, subodorant ce qui l'attendait en Italie, cherchait-il simplement une fin héroïque, digne de son personnage ? Son comportement fut, dès ce moment, tellement anormal que toutes les suppositions sont permises. Le 5 octobre, on arriva en vue de... Naples ! L'erreur de navigation était trop flagrante pour ne pas paraître suspecte. Il y avait pourtant là un moyen de mettre fin à l'aventure, car la ville était occupée par les Autrichiens, et grâce au sauf-conduit de Metternich, il suffisait à Murat de se mettre sous leur protection. Mais une fois encore, ce serait abandonner ses compagnons. En tout cas, ce n'est pas ce qui avait été prévu puisqu'il avait été décidé que la troupe prendrait terre en Calabre. Sans être inquiétée, la petite armada remit le cap au sud mais cette fois la tempête la dispersa. Lorsque le 7 le vent mollit un peu, le navire de Murat était seul et il ne lui restait que trente hommes. Réalisant ce que sa situation avait de désespéré, il décida alors de gagner Trieste pour rejoindre Caroline. Cela ne faisait pas l'affaire de Barbara, chargé de le livrer aux Napolitains, et il objecta qu'une aussi longue navigation était impossible à bord d'une embarcation d'aussi faible jauge. Il proposa donc d'entrer au port proche du Pizzo où il pensait trouver, affirma-t-il, un plus gros navire. Seulement il demanda à Murat de lui confier son passeport autrichien, « pour réussir dans sa démarche ». Cette demande était tellement suspecte que Murat refusa net d'y souscrire et, devant l'insistance de Barbara, déclara qu'il irait lui-même à terre, malgré les supplications de ses amis de n'en rien faire.

Ils débarquèrent donc tous, mais en uniforme. Murat espérait-il encore se faire reconnaître et acclamer par la population ? Les habitants du Pizzo se montrèrent immédiatement hostiles. Sur place se trouvait comme par hasard un officier de gendarmerie avec ses hommes. C'était un ancien bandit nommé Trentacapilli, fidèle de Ferdinand IV, et dont les frères avaient été pendus sur ordre de Murat. Tout de suite, il fut évident que la petite troupe était tombée dans un piège soigneusement tendu et si un doute avait subsisté, il se dissipa quand, ayant reflué vers la plage, suivie par une population à présent en furie, elle découvrit que contrairement aux ordres, Barbara avait pris le large. N'ayant pas réussi à mettre à l'eau une barque échouée sur la grève, car il n'y avait pas de plus gros navires, Murat cria qu'il se rendait. Mais la populace déchaînée (par qui ?) les aurait certainement lynchés si l'intendant du duc d'Infantado n'était intervenu et n'avait calmé la foule, car il était très influent dans le pays. Il est certain que si Murat avait été assassiné sur place, le fait eût bien arrangé Ferdinand, qui eût pu décliner toute responsabilité dans le traquenard qu'il avait organisé.

Prisonnier, Murat fut conduit au château du Pizzo où on lui confisqua ses papiers, son argent, ses armes et, hélas pour lui, l'original de la proclamation qu'il avait compté faire distribuer aux Napolitains pour les avertir de son retour, ce qui en fait ne devait pas changer grand-chose au sort auquel il était destiné.

Dès que la nouvelle de sa capture parvint à Naples, le roi réunit les ambassadeurs étrangers, prétendument pour leur demander leur avis. Celui d'Espagne recommanda l'exécution, celui de France se récusa, par contre ceux d'Autriche, de Prusse et surtout de Russie s'y déclarèrent formellement opposés et préconisèrent l'expulsion. Mais Sir William A'Court, représentant l'Angleterre, affirma non sans impudence : « Tuez-le, je prends tout sur moi. »

En fait, la décision de Ferdinand était arrêtée et cette consultation n'avait été qu'une scène ajoutée à la mascarade. Son décret était préparé depuis plusieurs jours et c'est une des plus belles tartuferies juridiques qui soit connue :

Article premier. Le général Murat sera traduit devant une commission militaire dont les membres seront nommés par notre ministre de la Guerre.

Article 2. Il ne sera accordé au condamné qu'une demi-heure pour recevoir les secours de la religion.

Autrement dit, le tribunal devait obligatoirement le condamner à mort et il n'était pas question de recours en grâce.

Devant ses juges – mais peut-on leur donner ce nom ? – Murat, qui ne se faisait aucune illusion, eut une attitude parfaitement digne. Il refusa de répondre à leurs questions et de comparaître devant eux, d'autant que plusieurs avaient servi dans son armée. Il écrivit une dernière lettre à sa femme, qui ne la reçut jamais.

Le « tribunal » le condamna, conformément aux ordres de Ferdinand et par application d'un article du code pénal qui avait été promulgué par Joachim lui-même. Murat fut passé par les armes le 13 octobre 1815 entre quatre et cinq heures du soir. Jusqu'à la fin, il se comporta avec courage et n'accepta qu'avec réticence de se confesser car, par-dessus tout, il ne voulait pas avoir l'air de demander pardon à

Ferdinand. Il refusa de se laisser bander les yeux et commanda le feu au peloton d'exécution, en précisant que l'on épargnât le visage, ce qui ne fut pas tout à fait le cas. Les soldats jetèrent à la hâte sa dépouille dans un mauvais cercueil et à la nuit on le transporta dans la fosse commune sous l'église. Les recherches entreprises bien des années après ne permirent pas d'identifier son cadavre. Un rocambolesque récit dû à la plume d'Alexandre Dumas prétend que Ferdinand lui avait fait trancher la tête et l'aurait conservée dans l'alcool dans une armoire secrète. Ce conte est sans fondement.

Ferdinand IV, qui dans cette affaire s'était complètement déshonoré, venait sans le savoir de signer l'arrêt de mort de sa dynastie. Sur le moment, seul Bernadotte osa protester et le tsar rompit les relations diplomatiques avec Naples. Mais ce crime allait laisser une tache indélébile et lorsque cinquante ans plus tard Garibaldi débarqua en Sicile pour chasser les Bourbons, il ne se trouva pas un seul souverain européen pour leur venir en aide.

Pour son attitude, Trentacapilli reçut de l'avancement, la croix de commandeur de l'ordre de Saint-Ferdinand et une pension de 1 000 ducats. Barbara disparut et certains pensèrent que Ferdinand l'avait lui aussi fait assassiner, car c'était un témoin gênant. Les membres de l'expédition capturés furent un peu plus tard relâchés et expulsés, ce qui tendait à confirmer que c'était Murat et lui seul dont Ferdinand entendait se débarrasser. Mais Franceschetti intenta un procès à Caroline pour rentrer dans les frais qu'il avait avancés afin de financer l'expédition. Il le perdit. Agar disparut de la scène politique et eut la sagesse de se faire oublier sous la Restauration. Élu député en 1830, il fut élevé à la pairie par Louis-Philippe en 1837 et entreprit d'écrire une biographie de son ami qu'il ne put mener à terme avant de mourir.

*

Caroline allait survivre de nombreuses années à son mari. Installée en Autriche, elle ne tarda pas à y prendre un nouvel amant, le général Macdonald, dernier ministre de la Guerre de Joachim, dont une rumeur non confirmée fit son second époux. Son seul geste de regret pour Murat fut de se commander des vêtements de deuil... à Paris. Ses fils s'expatrièrent plus tard en Amérique sans que cela la préoccupât. Elle eut la satisfaction de voir les Bourbons chassés de France en 1830 et Louis-Philippe l'autorisa à y revenir. Il lui fit même une pension. Elle mourut en 1839, dans l'indifférence générale.

ÉPILOGUE

UN PERSONNAGE ÉBLOUISSANT MAIS COMPLEXE

La plupart des historiens qui se sont intéressés à Murat étaient des admirateurs inconditionnels de Napoléon et leur jugement s'en est ressenti. Pendant tout son règne, et encore davantage à Sainte-Hélène, l'Empereur se montra plus que sévère, injuste, vis-à-vis de celui à qui il devait une partie de sa prodigieuse ascension. La victoire d'Aboukir, c'est Murat ; le succès du 18 Brumaire, c'est encore Murat ; la magnifique poursuite de 1806, c'est toujours Murat, sans parler d'Eylau et d'autres batailles.

Certes, il n'était pas sans défauts et ils se voyaient de loin : vaniteux, orgueilleux, vantard, un peu tout fou, impulsif... Ses opinions politiques varièrent non pas suivant ses convictions, mais suivant ses ambitions et les opportunités qui se présentèrent. Mais à côté de cela, que de qualités, pas toujours apparentes. D'une bravoure folle, téméraire, mais en même temps réfléchi, profond calculateur, froidement ambitieux, ses excès lui servaient souvent à camoufler ses pensées profondes. Ce n'était pas un rustre, loin de là. Maîtrisant à fond le latin et le grec, il connaissait tous les classiques français, plus cultivé que la plupart de ses contemporains et peut-être que Napoléon lui-même. Bon, il croyait peut-être trop en la générosité de la nature humaine et ce penchant optimiste lui joua des tours, mais il sut se faire aimer des petites gens par des gestes spontanés. Grand amateur de femmes, il se fit un devoir de les respecter. Certes, dans sa jeunesse, surtout sous la Révolution, il eut un comportement qui porte à discussion, mais il changea rapidement de mentalité.

L'entente avec Napoléon n'exista vraiment jamais et l'Empereur ne manqua pas une occasion de se poser en magister et de rabrouer Murat. Si ce dernier l'admira, ils ne s'aimaient pas et Napoléon le jalousa pour son étincelante attitude au feu, qu'en dehors d'une ou deux exceptions lui-même n'eut pas. Le caractère complexe de Murat le déroutait alors qu'il était habitué à celui plus simple, souvent presque enfantin, de la plupart des autres maréchaux. Et pour couronner le tout, Joachim osait lui tenir tête et lui dire ses quatre vérités.

Il ne fit pas vraiment partie de la famille Bonaparte, car Napoléon avait un sens très restrictif du clan, qui s'étendait difficilement aux alliés par mariage. L'assassinat de l'ex-roi laissa froid l'ex-empereur qui après coup regretta pourtant de ne pas l'avoir eu à la tête de sa cavalerie à Waterloo, estimant que le charisme de Murat lui aurait permis de gagner la bataille. C'est assez probable. Mais quelle eût été la suite ? Et puis, le vrai responsable de cette absence n'a-t-il pas été Napoléon lui-même ?

En fait, la grande erreur de Murat fut son mariage. Caroline à dix-huit ans était fraîche, mais sa personnalité laissait entrevoir tous ses défauts : ignorante, férocement ambitieuse, avide d'argent, d'un égoïsme forcené, ne voyant de la vie que le côté superficiel – luxe et mondanités –, ce ne fut pas l'épouse idéale pour un officier promis à une grande carrière. Pour couronner le tout, son comportement fut davantage celui d'une courtisane que d'une grande dame. Sa sœur Pauline, qui avait d'elle la plus mauvaise opinion, disait : « N'est-ce pas elle qui a excité Murat ! Ce bon Murat aurait-il jamais imaginé de parler, de penser seulement contre l'Empereur ? »

Et le restant des Bonaparte avait une opinion identique. Il est bien certain qu'elle le poussa à commettre des fautes. L'aimait-elle réellement ? Sans doute au début se sentit-elle flattée d'attirer l'attention de ce brillant soldat, mais bientôt elle ne vit plus en lui que l'instrument qui lui permettrait de concrétiser ses rêves, voire de supplanter son frère.

Crut-il vraiment être en mesure de jouer un rôle, dans ce principe à peine naissant qu'était l'éveil des nationalités ? Ses constantes relations avec les libéraux italiens et les francs-maçons, auxquels il laissait entendre qu'il était attentif à leurs aspirations, sa malheureuse campagne de 1815, où il ne cessa de proclamer qu'il combattait pour l'unité de la péninsule, le feraient supposer. Pourtant les appels de Fichte au peuple allemand, quand l'armée française occupait Berlin, ne trouvèrent aucun écho chez lui et la révolte patriotique d'Andreas Hofer au Tyrol le laissa indifférent. Mieux, bien qu'il en comprît la portée et le sens, il écrasa sans pitié le soulèvement des Madrilènes le 2 mai 1808, alors qu'il pouvait encore penser recueillir la couronne d'Espagne. On peut donc difficilement associer son nom à ce mouvement qui s'épanouit au XIXe siècle.

Si Murat avait eu le temps et surtout le désir d'écrire ses mémoires, nous aurions sans doute connu de nombreuses facettes de son caractère demeurées dans l'ombre, tant l'homme paraît complexe, ce que sa correspondance n'éclaire pas. Mais quoique, sous l'influence d'Agar, il en vînt vite à s'intéresser à l'administration des États qu'il gouverna et qu'il y prît un certain goût, il demeura principalement et avant tout un soldat.

Ce qu'il y a peut-être de plus remarquable, quand on suit le déroulement de sa carrière, c'est la manière dont peu à peu il acquit des connaissances qui auraient pu laisser croire qu'il avait été formé dans une école militaire. Il faut voir sans doute là la conséquence de son éducation chez les pères. Dans toutes les opérations qu'il mena, seul le résultat compta et pour l'obtenir il ne ménagea ni les hommes, ni les chevaux, qu'il aimait plus que les hommes, ni lui-même, passant ainsi aux yeux de certains pour une brute insensible. Peut-être le fut-il parfois, mais quel succès au bout du compte ! On lui a beaucoup reproché son comportement en 1813, en 1814. Certes, il abandonna le parti de Napoléon, poussé du reste par sa femme. Mais en toute objectivité, dès ce moment la cause impériale était sans espoir et il ne fit que devancer ses camarades qui se rallièrent sans complexes à Louis XVIII, pour ne pas évoquer Bernadotte. En réalité, là encore il se montra tel qu'il avait toujours été : scrupuleux, honnête, tiraillé entre plusieurs choix, car il louvoya entre ses anciennes amitiés et les nouvelles. Il le fit, a-t-on dit, par calcul. Ce n'est pas si simple. Il éprouvait des remords à brûler ce qu'il avait aimé.

Trop d'historiens ont manqué d'objectivité vis-à-vis de ce centaure. Sa fin tragique, où ils se sont obstinés à chercher la folie des grandeurs, alors qu'il voulait trouver une mort digne de sa légende, jette un ultime reflet sur la gloire de ce héros.

La Bûcherie, 1997.

BIBLIOGRAPHIE

1. Documents originaux, mémoires contemporains

ARCHIVES MURAT à Florence, classées par Gaissart

ARCHIVES MURAT : Dossier militaire (Archives de l'armée, château de Vincennes)

MURAT, *Correspondance,* lettres et documents, Paris, 1899-1908-1914

NAPOLÉON, *Correspondance,* Paris, 1857-1859

TALLEYRAND, *Lettres inédites à Napoléon,* par Pallain, 1899 ; *Mémoire sur l'Égypte,* Archives nat., AF III 9

BERNADOTTE, *Correspondance*

STENDHAL, *Correspondance*

MARIE, IMPÉRATRICE DE RUSSIE, *Correspondance avec l'empereur Alexandre Ier*, Moscou, 1911

ABRANTÈS (duchesse d'), *Mémoires,* Paris, 1831-1835

AGAR, *Mémoires historiques sur la catastrophe du duc d'Enghien,* Paris, 1824 ; *Éléments pour une biographie de Murat,* Archives nat., AN 31 AP 44

D'AMBROSIO (général), *La campagne de Murat en 1815,* Paris, 1899

BELLIARD (général), *Mémoires*, Paris, 1842
BENNIGSEN, *Mémoires*, Paris, 1908
BERTHIER (maréchal), *Relation de la campagne du général Bonaparte en Égypte et en Syrie*, Paris, 1801
BOIGNE (comtesse de), *Mémoires*, Paris, 1922-1924
CAULAINCOURT, *Mémoires*, Paris, 1933
CHATEAUBRIAND, *Mémoires d'outre-tombe*, Paris, 1948
CHOISEUL-GOUFFIER (comtesse), *Mémoires historiques sur l'empereur Alexandre Ier et la cour de Russie*, Paris, 1829
CLAUSEWITZ, *La campagne de Russie*, trad., Paris, 1906
DAMAS (comte), *Mémoires*, Paris, 1912
GALVANI, *Mémoires sur les événements qui ont précédé la mort de Joachim Murat*, Paris, 1843
D'HAUTPOUL, *Souvenirs*, Paris, 1904
HORTENSE (reine), *Mémoires*, Paris, 1927
KLÉBER, *Carnets inédits*, archives du ministère de la Guerre
LANDRIEUX, *Mémoires*, Paris, 1893
LANGERON (général), *Mémoires*, Paris, 1902
LAS CASES, *Mémorial de Sainte-Hélène*, Paris, 1935
MACDONALD (maréchal), *Souvenirs*, Paris, 1892
MACIRONE, *Interesting facts relating the fall of J. Murat*, Londres, 1817
MARBOT (général), *Mémoires*, Paris, 1891
MARMONT (maréchal), *Mémoires*, Paris, 1857
MASSÉNA (maréchal), *Mémoires*, Paris, 1849-1850
MONTBEL (comte), *Souvenirs publiés par son petit-fils*, Paris, 1913
PARQUIN (capitaine), *Récits de guerre*, Paris, 1892
PASQUIER, *Histoire de mon temps*, Paris, 1893-1895
POTOCKA (comtesse), *Mémoires*, Paris, 1911
RÉCAMIER (Mme), *Souvenirs et correspondance*, publiés par sa nièce (Mme Lenormant), Paris, 1859
ROEDERER, *Journal*, Paris, 1909
SAVARY, *Mémoires du duc de Rovigo*, Paris, 1828
SÉGUR (général de), *Histoire de Napoléon et de la Grande Armée*, Paris, 1873 ; *Du Rhin à Fontainebleau*, Paris
THIÉBAULT (général), *Mémoires*, Paris, 1893

2. *Études anciennes et contemporaines*

AETON, *The Bourbons of Naples*, 1734-1823, Londres, 1974

ATTERIDGE, *Joachim Murat, marshall of France and king of Naples*, Londres, 1911

BAINVILLE, *Le 18 brumaire*, Paris, 1926 ; *Napoléon*, Paris, 1931

BEAUCOUP, *Murat et l'unité italienne en 1815*, Florence, 1957 ; *André Dumont, ami de Murat*, Abbeville, 1975

BERTRAND, *Le ménage Murat*, Paris, 1958

BOSSU, *Fichier sur la franc-maçonnerie*, BN, inédit

BOTTINEAU, *Les Bourbons d'Espagne*, 1700-1808, Paris, 1993

BOUTOURLINE, *Histoire militaire de la campagne de Russie*, Paris, 1824

BRACK (général), *Avant-postes de cavalerie légère*, Paris

BRÉCARD (général), *La cavalerie*, Paris, 1930

BRIAN-CHANINOV, *Histoire de Russie*, Paris, 1940

BULOT, *Le général Exelmans, aide de camp de Murat, cavalier et roi*, 1996

CAMON (général), *Guerres napoléoniennes, théorie et technique*, inédit

CHAMBRAY (de), *Histoire de l'expédition de Russie*, Paris, 1838

CHAVANON, Saint-Yves, *Joachim Murat, 1767-1815*, Paris, 1905

COLE, *The betrayers, Joachim & Caroline Murat*, Londres, 1972

COLLAVERI, *La franc-maçonnerie des Bonaparte*, Paris, 1982

CORSINI, *Bonaparte et Firenze*, Florence, 1961

COURVILLE, *Jomini*, Paris, 1935

DERRÉCAGAIX (général), *Le maréchal Berthier*, Paris, 1904 ; *Le lieutenant général comte Belliard*, Paris, 1909

DUMAS, *Les crimes célèbres*, Paris, 1932 ; *Mémoires*, Paris, 1954

DUPONT, *Murat cavalier, maréchal de France, prince et roi*, Paris, 1934 ; *Lasalle*, Paris, 1929 ; *Caroline Bonaparte*, Paris, 1937

DUPUIS, *Historique du 12e chasseurs de 1788 à 1891*, Paris, 1891
Encyclopédie britannique, articles « Bentinck », « Murat »
ESPITALIER, *Napoléon et le roi Murat*, Paris, 1910
GAISSART, *Les titres du prince Murat*, Florence
GARNIER, *Murat roi de Naples*, Paris, 1959
GAXOTTE, *La Révolution française*, Paris, 1928
GOUBERT, *Introduction à l'histoire de France*, Paris, 1984
GRANDMAISON, *L'Espagne et Napoléon*, Paris, 1908
GRASSET, *La guerre d'Espagne*, Paris, 1914
GRUNWALD, *La campagne de Russie, 1812*, Paris, 1963
HOUSSAYE, *Iéna et la campagne de 1806*, Paris ; *1814*, Paris ; *La terreur blanche*
HULOT, *Le maréchal de Saxe*, Paris, 1989 ; *Trafalgar*, inédit
JACOBY, *Napoléon et la Russie*, Paris, 1938
LACOUR-GAYET, *Talleyrand*, Paris, 1931
LACOUR-GAYET (M.), *Joachim et Caroline Murat*, Paris, 1996
LAURENT DE L'ARDÈCHE, *Napoléon*, Paris, 1839
LÉONARD, *L'armée et ses problèmes au XVIIIe siècle*, Paris, 1958
LÉVY, *Les dissentiments de la famille impériale*, Paris, 1932 ; *Napoléon et Eugène de Beauharnais*, Paris, 1926
LUCAS-DUBRETON, *Murat*, Paris, 1944 ; *Napoléon*, Paris, 1942 ; *Napoléon devant l'Espagne*, Paris, 1946
LUMBROZZO, *L'agonia di un regna*, Milano, 1904
MANSEL, *Louis XVIII*, Paris, 1982
MASSON, *Cavaliers de Napoléon*, Paris, 1896 ; *Napoléon et sa famille*, Paris, 1897
MURAISE, *Introduction à l'histoire militaire*, Paris, 1964
MURAT, *Campagne des Autrichiens contre Murat en 1815 par un témoin oculaire*, Bruxelles, 1821
MURAT (comte), *Murat, lieutenant de l'Empereur en Espagne, 1808*, Paris, 1897
NAPOLÉON, *Lettres d'amour à Joséphine*, Paris, 1981
PAIXHANS (général), *La retraite de Moscou*, Paris, 1868
PIÉTRI, *Lucien Bonaparte*, Paris, 1939
PRIEUR, *Murat & Caroline*, Paris, 1985

QUOY BODIN, « La franc-maçonnerie dans les armées de la Révolution et de l'Empire », *Revue de l'Institut Napoléon*, n° 137

RAMBAUD, « La fin de Saliceti », *Revue des Études napoléoniennes*, 1910

ROSELLI, *Lord William Bentinck and the british Occupation of Sicily*, 1811-1814, Londres, 1956

SASSENAY, *Les derniers mois de Murat*, Paris, 1896

SAVANT, *Napoléon*, Paris, 1974

SCHMITT, *Le grand-duché de Berg*, Paris, 1905

SIX, *Dictionnaire biographique des maréchaux et généraux français de la Révolution et de l'Empire*, Paris, 1934

SOUL, *L'Europe et la Révolution française*, Paris, 1885

SUZANNE (général), *La cavalerie française*, Paris, 1874

TARLÉ, *Murat*, Paris, 1914

THIERS, *Histoire du Consulat et de l'Empire*, Paris, 1840-1855

THIRY (cycle Napoléon), *L'avènement de Napoléon Bonaparte en Égypte – Le concordat et le consulat – Ulm, Trafalgar, Austerlitz, Iéna – Eylau, Friedland – Tilsit – La guerre d'Espagne – La campagne de Russie*, Paris

THOMAS (général), *Les grands cavaliers de l'Empire*, Paris, 1890

TOLSTOÏ, *Guerre et Paix*, trad., Paris, 1948

TONNELE, « Murat roi de Naples », *Revue de l'armée*, 1968

TROYAT, *Alexandre Ier*, Paris, 1980

TULARD, *Les rapports entre Murat et Napoléon, cavalier et roi ; Napoléon ou le mythe du sauveur*, Paris, 1977 ; *Murat ou l'éveil des nations*, Paris, 1983 ; *Dictionnaire Napoléon*

ULRICH, *La guerre à travers les âges*, trad., Paris, 1942

VANDAL, *L'avènement de Bonaparte*, Paris, 1907

VANEL, *Les origines de la famille Murat, cavalier et roi ; Murat et la campagne de Russie ; Les débuts de Joachim Murat dans la carrière militaire*

VILLANI, « Le royaume de Naples pendant la domination française 1806-1815 », *Annales de la Révolution*, 1972

WATTEVILLE, *Un Murat inconnu*, Paris, 1864
WEIL, *Le prince Eugène et Murat*, Paris, 1902 ; *Joachim Murat, roi de Naples*, Paris, 1909
ZIVY, *Le 13 vendémiaire*, Paris, 1898

ANNEXE I

États de service de Murat d'après son dossier militaire

Né le 25 mars 1767 à La Bastide-Fortunière (Lot)
Chasseur 12e régiment, 23 février 1787
Garde à cheval, garde constitutionnelle du Roi, 8 février 1792
Brigadier, 29 avril 1792
Maréchal des logis, 15 mai 1792
Sous-lieutenant escadron franç. 12e chasseurs, 19 août 1792
Lieutenant, 31 octobre 1792
Capitaine, 14 avril 1793
Chef d'escadrons 21e chasseurs, 14 août 1793
Chef de brigade (colonel), 18 novembre 1795
Premier aide de camp de Bonaparte, 29 février 1796
Général de brigade, 10 mai 1796
Général de division, 25 juillet 1799, confirmé 19 octobre 1799
Commandant de la garde consulaire, 2 décembre 1799
Commandant de l'armée d'observation du Midi, 25 février 1801
Maréchal de France, 19 mai 1804
Grand amiral et prince, 1er février 1805
Grand aigle de la Légion d'honneur, 2 février 1805
Commandant de la réserve générale de cavalerie, 30 août 1805
Commandant en chef de l'armée d'Espagne, 20 février 1808
Commandant la réserve de cavalerie de l'armée de Russie, mai 1812
Commandant en chef de la cavalerie, août 1813

Assassiné le 13 octobre 1815

Blessé à Aboukir le 25 juillet 1799, et à Winkowo le 18 octobre 1812

A reçu un sabre d'honneur après Marengo où il commandait la cavalerie, 21 juin 1800

ANNEXE II

Composition de l'armée d'invasion de la Russie (1812)

Commandant en chef : S.M. l'Empereur Napoléon Ier

Armée française

État-major général : maréchal Berthier
Garde impériale : Molitor, Bessières
7 corps d'infanterie : Davout, Oudinot, Ney, Eugène, Victor, Macdonald, Augereau
4 corps de cavalerie (Murat) : Nansouty, Montbrun, Grouchy, Latour-Maubourg
4 corps d'infanterie mixtes : Poniatowski + 1 corps polonais ; Gouvion-Saint-Cyr + 1 corps bavarois ; Reynier + 1 corps saxon ; Vandamme + 1 corps westphalien

Armée alliée

1 corps autrichien : Schwarzenberg
1 corps prussien : York
1 corps wurtembergeois (infanterie et cavalerie)
1 corps hispano-portugais
1 division danoise : Ewald

1 200 pièces de canons
678 000 hommes plus 150 000 auxiliaires non combattants

Table

Table des cartes

Achevé d'imprimer en février 1998
sur presse Cameron
par ***Bussière Camedan Imprimeries***
à Saint-Amand-Montrond (Cher)

N° d'édition : 550. N° d'impression : 98943/4.
Dépôt légal : février 1998.

Imprimé en France